Jochen Albert

Besser entscheiden

Gebrauchsanweisung für Unentschlossene

berufsstrategie

Eichborn

Der Autor

Jochen Albert, Jahrgang 1965, ist Diplom-Psychologe und Verhaltenstherapeut. Seit 1997 arbeitet er als selbstständiger Coach, Seminarleiter und Therapeut mit eigener Praxis in Frankfurt am Main. Er ist Experte für Kommunikation, Selbstmanagement und Wissensmanagement.

www.jochenalbert.de

1 2 3 07 06

Umschlaggestaltung: Christina Hucke
Lektorat: Josefine Janert
Druck und Bindung: FVA, Fulda
ISBN 3-8218-5864-8

Verlagsverzeichnis schickt gern:
Eichborn Verlag, Kaiserstraße 66, 60329 Frankfurt am Main
www.eichborn.de

Inhalt

Einleitung

Sobald morgens der Wecker klingelt, treffen Sie die erste Entscheidung. Bleibe ich noch liegen oder stehe ich schon auf? Koche ich erst Kaffee oder putze ich mir erst die Zähne? So geht es den lieben langen Tag. Hinzu kommen natürlich Fragen, die Sie weit mehr beschäftigen als das Zähneputzen. Bevorzugen Sie das finanziell abgesicherte oder das riskante Projekt? Wählen Sie für Ihre Magisterarbeit das Thema, das Ihnen Ihr Professor vorgeschlagen hat, oder Ihr eigenes, für das Sie sich mehr interessieren? Besser den Job in Hamburg oder die Stelle in München antreten? Sollen Sie die offene Position im Team mit einer Frau oder lieber mit einem Mann besetzen?

Dieses Buch wendet sich an Menschen, die in ihrem Beruf und ihrem Privatleben häufig Entscheidungen treffen müssen und die es künftig besser und professioneller machen wollen. An Sie werden dabei recht unterschiedliche Anforderungen gestellt, Sie müssen mit vielfältigen Umständen zurechtkommen. Es kann sein, dass Sie Ihre Beschlüsse mit Kunden diskutieren, dass Sie strategische Entscheidungen zur Steuerung von Projekten treffen. Manchmal stehen Sie unter Zeitdruck, sind unsicher und fürchten sich vor den Risiken, die Sie eventuell eingehen müssen. Ihre Entscheidungen sind mit Konsequenzen für das Personal und für das Budget Ihrer Firma verknüpft. Sie müssen Kosten und Nutzen abwägen. Mit diesen Situationen beschäftigen wir uns auf den folgenden Seiten. Natürlich geht es auch um Privates.

Im Grunde haben Sie zwei Probleme. Zum einen laufen Sie Gefahr, sich falsch zu entscheiden. Das wieder zu korrigieren kostet später Zeit und Geld. Zum anderen geht es darum, dass Sie aus welchen Gründen auch immer gar keinen Beschluss fassen, die Angelegenheit aussitzen. Das passiert den meisten Menschen irgendwann einmal. Hatte ich mir nicht im letzten Jahr vorgenommen, mehr Sport zu treiben? Ist es nicht an der Zeit, sich um die Versicherung für die Reise zu kümmern? Ich habe immer noch nichts für meine Weiterbildung unternommen! Ich überlege mir nach dem Urlaub, ob ich das neue Projekt akzeptiere.

Schlimmer als eine falsche Entscheidung ist es, gar keine Entscheidung zu treffen. Wenn wir nicht aktiv werden, tun es entweder andere für uns oder wir sind damit konfrontiert, dass sich die Sache einfach weiterentwickelt – ohne dass jemand die Initiative ergreift. Unsere Interessen kommen dabei garantiert zu kurz.

In diesem Buch geht es auch darum, warum uns manche Entscheidungen schwer fallen, warum wir sie verschleppen. Das setzt uns zusätzlich unter Druck, raubt uns Energie – die Motivation geht verloren. Darunter können die Karriere, die Partnerschaft, das Projekt, das Team leiden. In der Folge sind Sie weniger zufrieden mit Ihrem Leben.

Wenn Sie eine kluge Entscheidung treffen, hat das umgekehrt eine Menge positiver Auswirkungen. Sie arbeiten effektiver, sparen Zeit und Geld, sind zufriedener und motivierter. Sie müssen weniger Energie in die Korrektur von Fehlentscheidungen investieren. Sie können Ihre Ziele anderen Menschen gegenüber besser rechtfertigen und kriegen dadurch auch mehr Unterstützung.

Entscheidungssituationen sind sehr unterschiedlich. Die richtige Strategie, die sich auf alle diese Probleme anwenden lässt und dabei optimale Entscheidungen ermöglicht, gibt es nicht. Unterschiedliche Probleme erfordern ein unterschiedliches Vorgehen. Oft müssen Sie erst einmal definieren, um was es Ihnen eigentlich geht, wo das Problem liegt. Manchmal ist das sonnenklar, manchmal auch nicht. Dieses Buch hilft Ihnen dabei. Es stellt Techniken vor, mit deren Hilfe Sie Ihre Ziele konkret formulieren und Handlungsmöglichkeiten entwickeln. Sie lernen, Risiken besser abzuwägen und Denkfehler zu vermeiden oder wenigstens auf ein geringes Maß zu beschränken. Sie erfahren, welche Prozesse im menschlichen Gehirn ablaufen und wie sie unsere Wahrnehmung beeinflussen.

Kann man lernen, gute Entscheidungen zu treffen? Mitarbeiter von Personalabteilungen sprechen im Allgemeinen von drei Arten menschlicher Kompetenz. Man kann sie sich wie die Schichten einer Zwiebel vorstellen. Die innere Schicht der Persönlichkeit beruht am stärksten auf angeborenen Fähigkeiten und Eigenschaften. Sie ist am wenigsten durch Lernen veränderbar. Die äußere Schicht besteht aus Wissen, das durch ein Studium, eine Weiterbildung und so weiter erworben wurde.

Das Kompetenzen-Modell

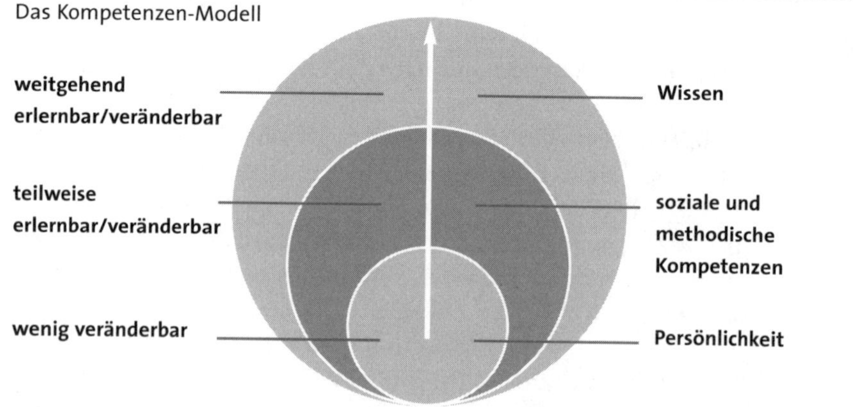

Die Entscheidungsfähigkeit gehört zum mittleren Bereich, den so genannten methodischen Kompetenzen. Sie sind zum großen Teil veränderbar, beispielsweise dadurch, dass Sie etwas Neues lernen oder Ihre Methodik verbessern. Wenn Ihnen die Fähigkeit, gute Entscheidungen zu treffen, nicht angeboren ist, besteht die Chance, dass Sie sie im Nachhinein erwerben.

Wie entscheiden wir uns?

Menschen treffen sehr unterschiedliche Entscheidungen. Ein Pilot findet beim Durchchecken des Flugzeugs einen Fehler und überlegt, wie er weiter vorgeht. Die Mitglieder des Sportvereins denken darüber nach, wohin ihr diesjährige Ausflug sie führen wird. Der Mitarbeiter eines Teams beschwert sich über das Verhalten einer Kollegin und der Chef wägt ab, wie er in der Sache vorgeht. Auf den ersten Blick gibt es da wenig Gemeinsamkeiten. Erst auf den zweiten offenbaren sich einige Konstanten.

In der Psychologie bedeutet Entscheiden, dass eine Person zwischen zwei oder mehr Optionen wählt. Das ist der kleinste gemeinsame Nenner der Situationen, die oben beschrieben wurden. Für Wissenschaftler ist diese Definition hilfreich, für unseren Alltag jedoch kaum.

Was passiert also, wenn wir einen Entschluss fassen? Was beeinflusst uns dabei? Wonach richten wir uns, wo treten Probleme auf? Werfen wir einen Blick auf den Entscheidungsprozess im Allgemeinen.

Wann sind Entscheidungen erforderlich? Entscheidungen werden immer durch bestimmte Situationen notwendig. Dies ist deshalb der Ausgangspunkt für alle unsere Entscheidungen. Welche Gegebenheiten erfordern eine Entscheidung? Manchmal wissen Sie genau, worum es geht: Welche Geschirrspülmaschine ist für unsere winzige Küche geeignet? Gelegentlich ist Ihnen das aber überhaupt nicht klar. Sie empfinden eine leichte Unzufriedenheit, haben aber keine Ahnung, warum. Sie merken: Eine Entscheidung bahnt sich an. Nur welche? Was soll sich ändern?

- **1. Klären Sie, welcher Aspekt der Situation eine Entscheidung erfordert.**
  Erst wenn Sie das wissen, können Sie überlegen, was genau Sie erreichen wollen. Was ist das Ziel Ihrer Entscheidung?
- **2. Formulieren Sie das Ziel konkret.**
  Verspüren Sie nun Tatendrang oder klingeln die Alarmglocken? Was sagt Ihr Bauch zu der Sache? Tut er weh? Achten Sie darauf, wie Ihr

Körper reagiert. Bedenken Sie, dass Emotionen bei Entscheidungen eine wichtige Rolle spielen.

- **3. Was sagen Ihre Gefühle?**
  Sie wissen, was sich ändern soll, kennen auch Ihr Ziel, aber wie sollen Sie es erreichen? Das ist der nächste Schritt: die Suche nach Ideen. Wie können Sie die Situation verändern?
- **4. Suchen Sie nach Ideen, nach Handlungsmöglichkeiten.**
  Nun haben Sie Wege und Optionen gefunden, aber welche ist geeignet? Für welche sollen Sie sich entscheiden? Sie müssen die Möglichkeiten, die Ihnen offen stehen, beurteilen, Vor- und Nachteile und die jeweiligen Konsequenzen abwägen.
- **5. Bewerten Sie Handlungsmöglichkeiten und Optionen.**
  Auch wenn Sie mittlerweile genau wissen, was Sie wollen und wie Sie das schaffen können, fällt es Ihnen eventuell noch immer schwer, eine Entscheidung zu treffen. Sie müssen sich mit den Konsequenzen und den Risiken auseinander setzen.
- **6. Wägen Sie Konsequenzen und Risiken ab.**
  Treffen Sie die Entscheidung.

So gebrauchen Sie dieses Buch

Die Kapitel folgen dieser Übersicht. Sie können alle Punkte in dieser Reihenfolge abarbeiten oder einzelne herauspicken. Es ist also nicht notwendig, für jede Entscheidung auch jedes Kapitel von vorn bis hinten durchzuackern und sich mit allen Stationen ausführlich zu beschäftigen. Dadurch würden Sie einfache Entscheidungen sogar unnötig erschweren. Bei den Stufen, wo Sie hängen bleiben, die Ihnen im Alltag immer wieder Schwierigkeiten bereiten, sollten Sie tiefer einsteigen. Klammern Sie sich nicht an ein Schema, sondern lernen Sie, sich entsprechend der Situation zu verhalten. Darum geht es in diesem Buch. Es bietet Ihnen eine Menge Material, das Sie im Berufsalltag und im Privatleben verwenden können.

1

Entscheidungen haben ein Vorspiel

Womit beginnen Entscheidungen eigentlich? In welchen Situationen fällen wir sie? Denken Sie einmal kurz an die letzten zwei bis drei Monate zurück: Was waren Ihre wichtigsten Beschlüssse in diesem Zeitraum? Wie ging es Ihnen, als Sie merkten, dass Sie eine Entscheidung treffen mussten?

In der Regel werden Sie sozusagen mit der Nase darauf gestoßen, dass bald eine Entscheidung ins Haus steht. Meist sind Sie mit einer bestimmten Sache unzufrieden. Sie wissen, was gemeint ist: Irgendetwas ist nicht so, wie Sie es gerne hätten, und sollte sich möglichst verändern. Ein Problem ist aufgetaucht. Oder etwas, das bisher funktioniert hat, funktioniert nicht länger. Es sind Umstände eingetreten, die eine neue Vorgehensweise erfordern oder auch nur eine schnelle, aber sehr gut überlegte Reaktion.

Entscheidungssituationen können mitunter auch angenehm sein. Wenn Sie beispielsweise bestimmen können, welches von zwei Jobangeboten Sie annehmen oder in welchen Kindergarten Ihre Tochter oder Ihr Sohn demnächst gehen soll. Auch in diesen Fällen wollen oder müssen Sie über eine Veränderung entscheiden.

Entscheidungen sind Problemlösungen

Genau das ist eines der gemeinsamen Kennzeichen von Entscheidungssituationen: an der momentanen Lage soll etwas verändert werden. Wenn man den Begriff Problem weit fasst und darunter versteht, dass über eine Veränderung entschieden werden soll, dann sind Ausgangssituationen für Entscheidungen immer auf irgendeine Art mit einem Problem verbunden.

Entscheidungen bestehen immer:

- aus der Suche nach Möglichkeiten für Problemlösungen und
- aus dem Entschluss für eine bestimmte Problemlösung.

Sehen wir uns einige Beispiele an:

- Wenn Sie sich für eine Weiterbildung interessieren, ist das Problem, wie Sie eine bessere Qualifikation in Ihrem Beruf erreichen.
- Wenn Sie als Arzt bei einem Notfall eine Entscheidung für geeignete Maßnahmen treffen müssen, geht es um das Problem, wie Sie den Gesundheitszustand von Menschen stabilisieren oder sogar ihr Leben retten.

- Wenn Sie überlegen, in welche Aktien Sie am sinnvollsten investieren, besteht das Problem darin, eine gute Geldanlage zu finden.
- Wenn Sie nicht wissen, ob Sie abends ins Kino oder lieber zum Sport gehen, dann ist das Problem, was Sie mit Ihrer Freizeit anfangen wollen.

Der augenblickliche *Ist*-Zustand macht eine Entscheidung für etwas nötig, damit ein besserer *Soll*-Zustand erreicht wird.

Nehmen wir an, Sie waren am Samstag zum Shopping in mehreren Kaufhäusern, es war brechend voll. Auf dem Heimweg stellen Sie plötzlich fest, dass offenbar Ihr Handy gestohlen wurde. Ihnen wird relativ schnell klar, dass Sie eine Entscheidung treffen müssen: Sie können sich zum Beispiel sofort ein neues Mobiltelefon besorgen oder Sie gehen zunächst zur Polizei und versuchen mit deren Hilfe, das alte wiederzubekommen.

Schauen wir bei diesem Beispiel etwas genauer auf den Moment, in dem deutlich wird, dass ein Problem existiert. Dass Sie etwas unternehmen und entscheiden müssen, ist eine Bewertung dieser Situation. Wie machen Sie das eigentlich? Wie bewerten Sie die Situation? Sie vergleichen den momentanen Zustand mit einer angestrebten Situation. Das bedeutet, Sie haben einen Bewertungsmaßstab im Kopf, mit dessen Hilfe Sie das, was im Moment ist, vergleichen. Der Gedanke, dass Sie aktiv werden und eine Entscheidung treffen müssen, ist das Ergebnis einer solchen Bewertung.

Vergleich zwischen Ist-Zustand und Soll-Zustand

1. Wahrnehmung der *Ist*-Situation
2. Vergleich mit dem *Soll*-Zustand
3. Bewertung der Situation

Wenn Sie in diesem Moment einen Unterschied bemerken zwischen dem, was ist, und dem, was sein sollte, muss es eine Veränderung gegeben haben, die einen Entschluss notwendig macht. Welche Veränderungen liegen der Entscheidungssituation zugrunde? Um diese Frage beantworten zu können, müssen wir uns genauer anschauen, wie Situationen wahrgenommen und bewertet werden.

Probleme können durch innere oder äußere Veränderungen entstehen

Entscheidungssituationen entstehen dadurch, dass Sie einen Zustand als Problem bewerten. Sehr häufig machen äußere Veränderungen eine Entscheidung erforderlich. Ihr Handy ist weg. Ein anderes Beispiel:

Das Ende Ihres Studiums naht und Sie müssen überlegen, bei welchen Unternehmen Sie sich jetzt bewerben.

Äußere Veränderungen machen Entscheidungen notwendig

»Ich muss einige Entscheidungen treffen:

- **Das Auto ist kaputt gegangen,**
- **mein Chef will wissen, ob ich für ein neues Aufgabengebiet zur Verfügung stehe,**
- **und meine Freundin möchte mit mir zusammen in eine Wohnung ziehen.«**

Es kann auch sein, dass sich der Maßstab verändert, mit dem Sie Situationen bewerten. Ihre »inneren« Einstellungen oder Ziele wandeln sich. Das macht eine Entscheidung notwendig. In diesem Fall ist Ihre persönliche Situation möglicherweise genau dieselbe geblieben, aber sie entspricht nicht mehr Ihren Wünschen.

Stellen wir uns einmal einen Berufseinsteiger vor: Nach seinem Betriebswirtschaftsstudium tritt Peter seine erste Stelle zunächst mit einem guten Gefühl an. Nach zwei bis drei Jahren merkt er aber, dass er mit seiner Arbeit häufig unzufrieden ist. Wahrscheinlich haben sich inzwischen seine Ziele verändert. Dadurch bewertet er seine Tätigkeit anders. Die anfängliche Zufriedenheit darüber, sofort nach dem Studium einen Job gefunden zu haben, der ihm die Möglichkeit bietet, Berufserfahrungen zu sammeln und an interessanten Projekten zu arbeiten, ist mit der Zeit verflogen. Äußerlich hat sich an dem Job nichts geändert, doch für Peter sind nach zwei bis drei Jahren andere Dinge wichtig. Sein Bewertungsmaßstab hat sich weiterentwickelt. Peter schätzt die Situation nun anders ein. Er sucht jetzt nach einer Position, in der er seine neu erworbenen Fähigkeiten einsetzen und mehr Verantwortung übernehmen kann.

Entscheidungen sind also auch dann erforderlich, wenn eine innere Veränderung geschehen ist und Sie in Ihrem Leben andere Prioritäten setzen.

Veränderungen Ihrer inneren Einstellungen und Zielsetzungen machen Entscheidungen notwendig

»Hm, ich muss noch mehr Entscheidungen treffen:

- **die Arbeit fordert mich nicht mehr genug,**
- **ich möchte meine Fähigkeiten anders einsetzen,**
- **außerdem bin ich unzufrieden mit der Einrichtung meiner Wohnung.«**

Auf einen Blick

Entscheidungssituationen laufen häufig gegen unsere Routine. Daher müssen wir bewusst aktiv werden. Ausgangspunkt für Entscheidungen ist immer die Erkenntnis, dass sich etwas verändern soll. Dieses Etwas kann als Problem beschrieben werden, sofern der Begriff weit gefasst wird. Probleme entstehen dadurch, dass sich entweder Situationen oder unsere Einstellungen und Ziele wandeln. Es ist natürlich möglich, dass beides zugleich passiert, dass Probleme durch innere und äußere Veränderungen hervorgerufen werden.

Wenn sich das Vorspiel hinzieht

Die meisten Ratgeber zur Entscheidungsfindung beginnen mit Tipps, wie die Leser ihr Problem beschreiben können. Hernach sollen sie überlegen, welche Optionen sie haben, es zu lösen. Damit unterschlagen die Autoren allerdings, dass es für die Leser bereits ein erster Schritt ist, zu erkennen, dass sie überhaupt ein Problem haben. Immerhin müssen sie sich zunächst eingestehen, dass eine Entscheidung erforderlich ist.

Wir neigen in unserem Tagesablauf zu Gewohnheiten und Routine. Alles, was sich ohne viele Überlegungen erledigen lässt, passt gut in unser Weltbild. Es erfordert normalerweise keine große Aufmerksamkeit und wir müssen vor allem nicht darüber nachdenken. Situationen, in denen wir bewusst eine Entscheidung treffen, zeichnen sich meist dadurch aus, dass wir sie bisher nicht routiniert bewältigt haben. Sie sind uns also nicht hundertprozentig vertraut. Wir wissen zunächst nicht, wie wir richtig reagieren sollen. Genau das müssen wir ja erst beschließen. Eine Entscheidung zu treffen bedeutet also im ersten Schritt, sich bewusst mit einer Sache auseinander zu setzen und aktiv zu werden.

In manchen Fällen ist dieser Prozess langwieriger als die Entscheidung an sich. Die Vorgeschichte erinnert dann regelrecht an eine Irrfahrt. Vielleicht kennen Sie Menschen, die sich einfach nicht zu einem Entschluss durchringen können, Menschen, die sich in einer schwierigen Situation drehen und wenden und nicht wissen: Trauen sie sich nun oder lassen sie es besser bleiben?

Entscheidungen beginnen mit einer Entscheidung

Bereits die Entscheidung, ob Sie in einer bestimmten Situation reagieren oder nicht, ist eine Entscheidung. So gesehen beginnen viele Entscheidungen schon in dem Moment, in dem Sie sich dazu durchringen, sich mit einer Sache oder einem Zustand auseinander zu setzen. Sie haben das Ziel, für das Problem eine Lösung zu finden. Dieser Prozess endet in dem Augenblick, in dem Sie beschließen, nichts zu tun, abzuwarten oder andere entscheiden zu lassen.

Diese Aufschieberitis – also die Angewohnheit, Entscheidungen vor sich herzuschieben – steht in der Liste der Karrierebremsen an erster Stelle. Sie sind insgeheim unzufrieden mit Ihrer Arbeit, Sie kommen nicht voran. Allerdings haben Sie auch nicht so klar vor Augen, wohin Sie eigentlich wollen und warten nun darauf, dass vielleicht von alleine etwas passiert. So zieht sich die Sache weiter hin. Sie sind zwar nicht glücklich, allerdings erreichen Sie auch den Punkt nicht, an dem Sie sich aufraffen und die Sache in die Hand nehmen.

Woran liegt es, dass manche Entscheidungen eine so lange Vorgeschichte haben? Ihnen ist unklar, ob sich etwas verändern soll oder Sie denken immer wieder *»Eigentlich sollte ich mich doch mal entscheiden, aber…«*. Wenn es Ihnen so geht, liegt es mit hoher Wahrscheinlichkeit daran, dass auf der Ebene der Situationswahrnehmung und -bewertung irgendetwas »hängt«. Konkret bedeutet das, dass Sie entweder Schwierigkeiten haben, die Situation wahrzunehmen und sich daher kein Bild von dem Problem machen können, oder es gelingt Ihnen nicht, die Situation nach Ihren Maßstäben einzuschätzen.

Im Folgenden sehen wir uns einige dieser Hindernisse genauer an.

Erste Hürden

Wenn sich Entscheidungen hinziehen und Sie neben der ersten Erkenntnis, dass sich etwas verändern sollte, keine weiteren Fortschritte machen, dann überlegen Sie, was Sie bremst.

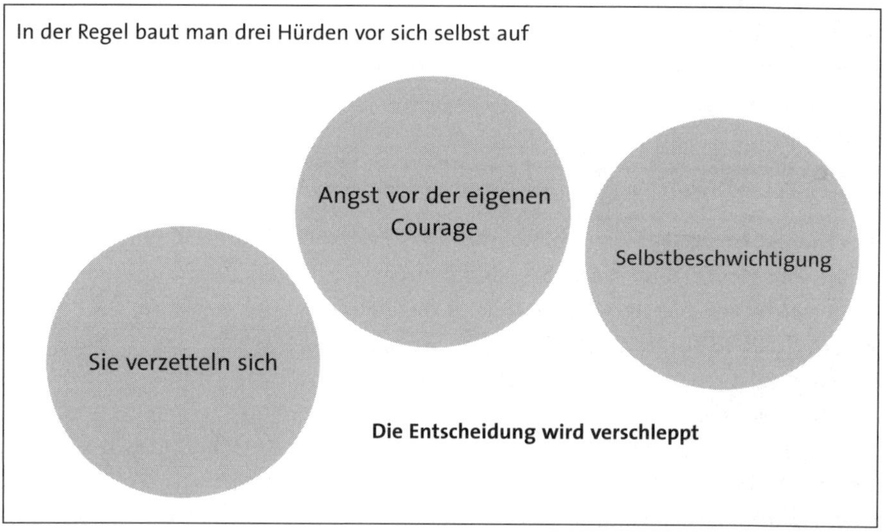

Die Angst vor der eigenen Courage

In manchen Situationen ist bereits am Anfang klar, dass eine Entscheidung unangenehm werden könnte. Sie riskieren vielleicht, dass jemand wütend reagiert, dass sich Ihre Lebensumstände in größerem Ausmaß wandeln oder dass Sie eine Lawine lostreten, deren Folgen im Moment nicht abzusehen sind. Sie befürchten also, dass Sie mit den Konsequenzen Ihrer Entscheidung nicht fertig werden. In diesem Fall sollten Sie überdenken, ob die Sache den Ärger wert ist oder ob es besser ist, den Deckel draufzulassen. Häufig geschieht dann zunächst erst mal gar nichts.

Der Wille, etwas zu verändern, ist möglicherweise genauso groß wie die Angst vor den Folgen. Sie befinden sich in einer Pattsituation. Sie trauen sich nicht ran, da Sie die Ungewissheit scheuen, was dann passiert. Der Missstand bleibt bestehen und die Auseinandersetzung damit wird von einem Tag auf den nächsten verschoben.

Wahrscheinlich ist an Ihrer Vermutung, dass es Ärger geben könnte, etwas dran. Nehmen Sie Ihre Befürchtungen ernst. Gehen Sie Schritt für Schritt vor und wägen Sie ab, was Sie davon abhält, sich mit dem Problem zu beschäftigen und eine Entscheidung zu fällen.

So gehen Sie vor

Ihre Ängste sind möglicherweise berechtigt, deshalb dürfen Sie sie nicht einfach übergehen. Um aus der Pattsituation herauszukommen, müssen Sie sich bewusst dafür entscheiden, sich mit dem Thema zu befassen. Und zwar konkret! Was würde die Auseinandersetzung kosten, welcher Aufwand wäre notwendig und welchen Nutzen könnte sie bringen?

- **Überlegen Sie, was passiert, wenn Sie sich der Sache nicht stellen!** Wägen Sie die unterschiedlichen Aspekte ab, die für oder gegen die Beschäftigung mit dem Thema sprechen. Sammeln Sie Argumente. Hilfsmittel können dabei zum Beispiel ein Mind Map (S. 144) oder eine Pro-und-Kontra-Liste (S. 190) sein.
- **Ihre Ängste sind möglicherweise sehr berechtigt.** Setzen Sie sich mit ihnen auseinander. Manchmal haben wir irrationale Vorstellungen davon, was geschehen wird, wenn eine Befürchtung eintrifft, Gedanken wie »Dann ist alles vorbei« oder »Es bricht alles zusammen«. Überlegen Sie: Was könnte im schlimmsten Fall tatsächlich geschehen und wie könnten Sie damit umgehen? Sie werden sehen, dass selbst das schrecklichste Szenario nicht dazu führt, dass alles zusammenbricht.
- **Nehmen Sie Ihre Gedanken unter die Lupe.** Wahrscheinlich kreisen sie um lauter Dinge, die Ihr Unbehagen und Ihren Stress noch vergrößern. Diese inneren Kommentare geben wir alle ständig ab zu dem, was wir

gerade erleben. Wenn Sie sich unentwegt ausmalen, was bei der Entscheidung alles schief gehen kann oder sich immerfort Ihre Unzufriedenheit mit sich selbst bestätigen, dann wird sich Ihr Missbehagen natürlich weiter verstärken. Ein solcher innerer Monolog kann Ihnen sehr viel Energie rauben – und das in einer Situation, in der Sie eher Ihre Reserven mobilisieren sollten. Behalten Sie also Ihren inneren Kommentar im Auge.

Manche inneren Monologe sind keine Hilfe, wenn Sie eine Entscheidung treffen müssen

»Oje, das kriege ich niemals hin!«
»Das wird eine furchtbare Katastrophe geben, wenn ich das Thema weiter verfolge…«
»Ich bin völlig konfus und weiss überhaupt nicht mehr was ich jetzt machen soll«
»Ich kriege überhaupt nichts hin, nicht mal dieser Entscheidung bin ich gewachsen.«

Stattdessen sagen Sie sich innerlich Sätze, die Sie beruhigen und Ihr Selbstvertrauen wiederherstellen

»Du hast schon einiges geschafft im Leben, auch das wirst du hinkriegen!«
»Du hast gerade zu viel Stress, mach erst mal eine Pause.«
»Ich bleibe ruhig und mache jetzt eins nach dem anderen.«
»Sehr gut, den ersten Schritt habe ich schon mal gemacht.«

Sie haben das Recht, eine Entscheidung zu treffen, mit der es Ihnen gut geht. Motivieren Sie sich, indem Sie eine positive Vision formulieren. Was wollen Sie erreichen und was spricht dafür, die Entscheidung voranzutreiben? Malen Sie sich die angenehmen Konsequenzen Ihrer Entscheidung aus. Welche Vorstellung, welche Reaktion auf Ihren Beschluss bringt Sie dazu, die Mundwinkel wieder nach oben zu ziehen?

Arbeitsblatt Erste Hürden: Angst vor der eigenen Courage

Unangenehme Gefühle, die mich bei dieser Entscheidung bremsen?
Welche Aspekte der Entscheidung bereiten mir Unbehagen oder Angst?

....

....

....

Realistisch bewerten: Was würde im schlimmsten Fall wirklich geschehen?

....

....

....

Wie kann ich darauf reagieren?

....

....

....

Positive Vorstellung: Welche angenehmen Folgen kann meine Entscheidung haben? Was möchte ich für mich verbessern?

....

....

....

Meine inneren Kommentare: Diese Sätze helfen mir, mich zu beruhigen.

....

....

....

Sie verzetteln sich

Wenn Sie den Überblick über Ihre Situation und Ihre Ziele verlieren, kann Ihre Fähigkeit, sich zu entscheiden, massiv beeinträchtigt werden. Sie geraten in Stress. Plötzlich stehen eine Menge Entscheidungen an und Sie wissen nicht mehr, wo Sie beginnen sollen. Oder Sie arbeiten auf den falschen Baustellen und bemerken zu spät, dass der Hund ganz woanders begraben liegt.

All das führt dazu, dass Sie Entscheidungen herauszögern, sie gar zu spät treffen. Sie sehen den Wald vor lauter Bäumen nicht mehr. Entweder basteln Sie gleichzeitig halbherzig an zu vielen Baustellen herum und kommen dabei kaum voran. Oder Sie sind bereits erschöpft oder frustriert von dieser Situation und wollen sich gar nicht mehr damit beschäftigen. Sie lassen die Dinge liegen, weil Sie nicht mehr wollen oder können. Beides ist natürlich nicht wirklich hilfreich. Entscheidungen, die Sie nicht selbst treffen, dienen nur selten Ihren Interessen.

Stress engt die Aufmerksamkeit ein. In Situationen, in denen wir uns unter Druck fühlen, verlieren wir besonders leicht den Überblick. So kommt es, dass Sie schneller Fehler machen, Dinge liegen lassen oder sie aus dem Blickfeld verlieren. Die Folge ist, dass Sie vermehrt falsche Entscheidungen treffen, zu spät reagieren oder gar keinen Beschluss mehr fassen.

So gehen Sie vor

Werden Sie wieder Herr der Situation. Das Problem ist, dass Sie bisher keine klaren Prioritäten gesetzt haben oder in Ihrer Situation zunächst gar nicht setzen konnten. Sie können schließlich nicht alle Ihre Probleme mit einem Mal lösen. Akzeptieren Sie das! Wählen Sie aus, was vorerst liegen bleiben muss und welchen Missstand Sie sofort angehen. Dazu müssen Sie sich als Erstes den Überblick verschaffen, der Ihnen verloren gegangen ist. Das wird Ihnen helfen, Ihre Kräfte besser einzuteilen. Außerdem sollten Sie sich darum bemühen, Ihre innere Balance wiederzufinden.

Aufräumen ist in vielen Fällen eine gute Möglichkeit, die Orientierung wiederzuerlangen. Beginnen Sie mit Ihrem Schreibtisch. Möglicherweise haben Sie Papierstapel angehäuft oder auf endlose Listen geschrieben, was Sie alles tun wollen oder müssen …

Sortieren und ordnen Sie. Wenn die Stapel sehr groß sind, nehmen Sie sich jeden Tag eine Stunde Zeit, um den Berg abzuarbeiten.
Konzentrieren Sie Ihre Kräfte. Dazu müssen Sie überlegen, was im Moment wichtig für Sie ist und was noch warten soll. Beschränken Sie sich auf wenige Vorhaben. Richten Sie Ihre Aufmerksamkeit lieber auf die Entscheidungen, die gerade anstehen, als auf eine Vielzahl von Projekten, die Sie nur halbherzig vorantreiben könnten. Welche Entscheidungen sind im Moment wirklich von Belang?

- **Verschaffen Sie sich eine Verschnaufpause!** Wenn der Stress überhand nimmt, sollten Sie auch mal Luft holen. Beschäftigen Sie sich in solchen Momenten mit angenehmen Dingen und nicht mit Ihren Entscheidungen und Problemen. Begeben Sie sich dorthin, wo Sie sich wohl fühlen. Machen Sie einen Spaziergang, schauen Sie sich einen Kinofilm an, gönnen Sie sich einen Abend mit Freunden oder hören Sie Musik. Kümmern Sie sich darum, dass es Ihnen gut geht.
- **Entlasten Sie sich.** Möglicherweise beschäftigen Sie sich mit zu vielen Dingen gleichzeitig. Welche Aufgaben und Entscheidungen können Sie verschieben oder sogar aufgegeben? Entledigen Sie sich zu großer Anstrengungen. Ein solcher Beschluss bedeutet zwar manchmal, dass Sie auf etwas verzichten müssen, das Ihnen auch wichtig ist, aber es hat nicht so viel Bedeutung wie das, was Sie sonst noch vorhaben. Lassen Sie davon ab und wirken Sie der Überforderung entgegen, wenn Sie schon am Rand Ihres Leistungsvermögens sind.
- **Überprüfen Sie Ihren inneren Antreiber.** Häufig verschaffen wir uns in einer schwierigen Lage mit überhöhten Ansprüchen noch mehr Druck und verschlimmern dadurch unsere Situation.

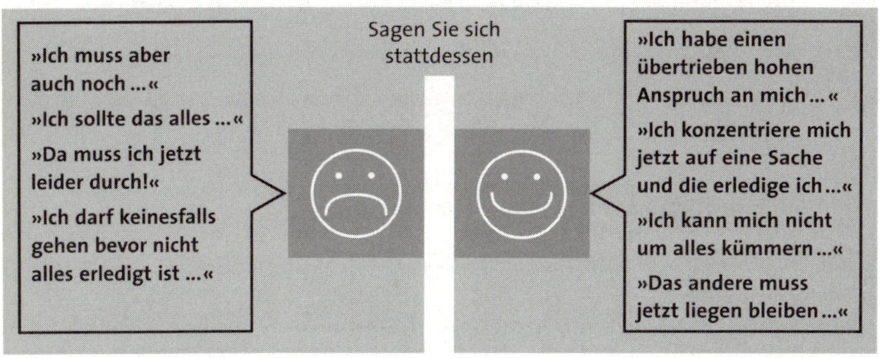

Arbeitsblatt Erste Hürden: sich verzetteln

Mich konzentrieren
Welche Entscheidungen stehen an, auf die ich mich konzentrieren will?

....

....

....

Mich entlasten
Welche Aufgaben/Entscheidungen kann ich zurzeit abgeben?
Was raubt mir Zeit und Kraft, die ich in Wichtigeres stecken möchte?

....

....

....

Verschnaufpausen organisieren
Wo und wie kann ich wieder auftanken? Was tue ich für mich?

....

....

....

Innere Antreiber überprüfen
Wie mache ich mir selbst Druck? Welche Gedanken zeugen von einem überhöhten Anspruch? (z. B. »Du sollst noch ...«, »du musst alles ...«)

....

....

....

Welche Gedanken verschaffen mir Entlastung?

....

....

Problemen ausweichen und beschwichtigen

Diese Strategie ist eine Folge Ihres Bestrebens zu harmonisieren. Werden Sie wachsam, wenn Sie trotz eines offensichtlichen Problems Sätze denken oder sagen wie *»Ach, das ist doch alles halb so schlimm«*, *»Eigentlich kann ich mich ja nicht beklagen«* oder gar *»Es ist doch alles in bester Ordnung«*. Im extremen Fall kann das dazu führen, dass Sie einen Missstand vollständig ausblenden oder verleugnen. Möglicherweise gewöhnen Sie sich so stark an bestimmte problematische Umstände, dass sie Sie überhaupt nicht mehr stören. Entscheidungen werden erst mal aufgeschoben. Was bleibt, ist Ihre Unzufriedenheit.

Hinter dieser Strategie stecken vielleicht Befürchtungen wie *»Andere werden es nicht verkraften, wenn ich über meine Schwierigkeiten spreche«* oder *»Es wird sehr unangenehme Konsequenzen für mich haben, wenn ich diese Entscheidung treffe und mich mit den Problemen auseinander setze«*. Wenn Sie zur Beschwichtigung neigen, werden Sie den Missstand nicht ernsthaft angehen und herausfinden, was die Ursachen sind. Fürs Erste haben Sie zwar Ihre Ruhe, aber längerfristig verändert sich nichts und Ihr Unbehagen bleibt. Wenn Sie in bestimmten Situationen diese Tendenz bei sich beobachtet haben und das Buch trotzdem noch in der Hand halten, besteht jedoch Hoffnung.

Harmonisch in einem Team zusammenzuarbeiten oder in einer einträchtigen Beziehung zu leben bedeutet nicht, dass es keine Probleme gibt. Gute Entscheidungen lassen sich nur treffen, wenn sich die Kollegen und Partner in einer konstruktiven Art und Weise auseinandersetzen.

So gehen Sie vor

Die Beschwichtigungsstrategie äußert sich darin, dass Sie unangenehmen Fragen, Problemen oder Kritik ausweichen, indem Sie sie herunterspielen. Daher ist alles hilfreich, was dazu führt, dass Sie den Dingen auf den Grund gehen.

- **Klarheit schaffen.** Analysieren Sie die kritischen Aspekte der Situation. Beginnen Sie beispielsweise damit, dass Sie alle Probleme auf eine Liste schreiben. Vermeiden Sie dabei allgemeine Beschreibungen. Formulieren Sie konkret, was Ihnen missfällt.
- **Beziehen Sie einen Menschen Ihres Vertrauens ein.** Fragen Sie ihn, was er von der Sache hält. Möglicherweise sehen andere sofort, was Sie schon gar nicht mehr registrieren.

- **Suchen Sie nicht nur Feedback und Kritik von anderen,** sondern geben Sie anderen selbst ein klares Feedback und kritisieren Sie. Was stört Sie, welche Dinge sollten entschieden werden? Beachten Sie dabei die folgenden Regeln:

Regeln für Kritik

- **Neugierig werden.** Nehmen Sie eine neue Haltung gegenüber Ihrem Problem ein. Probieren Sie eine andere Sichtweise aus. Werden Sie neugierig, statt Ihr Unbehagen glatt zu bügeln.
- **Kritik erklären.** Den meisten Menschen fällt es schwer, Kritik zu äußern. Sie machen es deshalb kurz. Häufig ist dann schwer zu verstehen, was gemeint ist. Fragen Sie daher nach.
- **Nehmen Sie sich Zeit.** Versuchen Sie nachzuvollziehen, worin das Problem besteht. Erklären Sie dem anderen, was Ihnen Unbehagen bereitet, und erkundigen Sie sich nach seinen Beweggründen.
- **Nicht an die Decke gehen.** Auch wenn es Ihnen in diesem Moment schwer fällt, bleiben Sie ruhig und stellen Sie sich der Kritik. Gehen Sie dem Problem auch nicht aus dem Weg, indem Sie es herunterspielen.
- **Differenzieren Sie.** Um schwierige Aspekte zu klären und für Entscheidungen zu nutzen, ist es hilfreich zu differenzieren. Welche negativen Seiten hat die Sache – und welche positiven? In den seltensten Fällen ist etwas nur schwarz oder weiß. Vermeiden Sie daher Pauschalurteile.
- **Debatten über Kritik** fallen allen Beteiligten außerdem sehr viel leichter, wenn der, der etwas bemängelt, gleichzeitig auch lobt. Sie werden anderen dadurch meistens besser gerecht. Was ist so gut, dass es gar nicht verändert, sondern bewahrt werden sollte?
- **Kritik konkret formulieren.** Viele Menschen äußern sie unspezifisch.

Sie sagen etwa:

»Das hat mir nicht gefallen!«
»Das ist doch wieder typisch!«
»Das genügt den Ansprüchen nicht.«
»Davon halte ich gar nichts!«

- **Das ist für Sie kein hilfreiches Feedback**, denn es ist nicht konkret. Sie wissen gar nicht, was Sie bei den nächsten Entscheidungen verändern sollen. Helfen Sie in diesem Fall Ihrem Gesprächspartner, sein Feedback zu spezifizieren. Bitten Sie ihn, genauer zu sagen, was er bemängelt.

Erwidern Sie:

»Was genau hat Ihnen nicht gefallen?«
»Können Sie konkreter sagen, wo Sie das Problem sehen?«
»Was müsste ich verändern, damit es den Ansprüchen genügt?«
»Wovon genau halten Sie nichts?«

Arbeitsblatt Erste Hürden: Problemen ausweichen und beschwichtigen

Problemen nicht aus dem Weg gehen
In welchen Situationen vermeide ich es, Probleme anzusprechen?

....

Probleme differenzieren

Welche positiven Aspekte sehe ich? Welche negativen Aspekte sehe ich?

....

Kritik von anderen
Wer kann mir ein Feedback zu dieser Situation geben?

....

Welche konkreten Fragen kann ich stellen, um mehr Klarheit zu bekommen?

....

Andere kritisieren
Wem sollte ich ein klares Feedback geben, um eine Entscheidung voranzutreiben?

....

Was sollte ich ansprechen?

....

Ihre Grundausrüstung

Bevor wir noch tiefer einsteigen in das Thema, noch ein paar Hinweise zu grundlegenden Prinzipien, die es Ihnen erleichtern sollen, kluge Entscheidungen zu treffen. Was ist Ihre Basis? Aus Erfahrung lässt sich sagen, dass Menschen, die vor Entscheidungen stehen, häufig mit einigen grundsätzlichen Themen konfrontiert sind. Zufrieden stellende Entschlüsse zu fassen bedeutet in den meisten Fällen eben nicht nur, eine Technik gut anzuwenden, sondern es bedeutet auch, den Prozess aktiv zu steuern und genau zu durchdenken, und zwar von den ersten Überlegungen bis zur Entscheidung. Sei es, dass Sie das für sich alleine tun oder in einer Gruppe. Sie können Entscheidungsprozesse leichter steuern, wenn Sie die folgenden maßgeblichen Punkte beachten.

Eine konstruktive Haltung

Treffen Sie Entscheidungen verantwortungsbewusst – egal, ob Sie dafür viel Zeit haben oder nicht, ob Sie allein handeln oder ob andere beteiligt sind. Und egal, ob Ihr Beschluss nur den nächsten Moment anbelangt oder ob er Auswirkungen von größerer Tragweite hat. Wenn Sie sich bewusst für oder gegen Dinge entscheiden, haben Sie damit immer auch die Verantwortung für Ihr Handeln und die Konsequenzen, die daraus entstehen, übernommen. Fassen Sie deshalb Beschlüsse, die für Sie selbst und für andere konstruktiv sind und die Sie vor sich selbst rechtfertigen können.

Aber was bedeutet »konstruktiv« eigentlich? Laut Wörterbuch meint der Begriff: sinnvoll aufbauen. Konstruktive Entscheidungen können Sie also nur dann fällen, wenn Sie sich über Ihre eigenen Interessen und Ziele im Klaren sind. Sofern andere Menschen betroffen sind, sollten Sie auch deren Motivation und Wünsche kennen. Gehen Sie deshalb offen und direkt mit sich selbst und auch mit anderen um. Fassen Sie Beschlüsse, die nach Möglichkeit verschiedene Bedürfnisse oder unterschiedliche Ansprüche miteinander vereinbaren.

Oft müssen Sie Kompromisse finden. Das gilt nicht nur für Entschlüsse, die Sie in einer Gruppe treffen, in der mehrere Ansichten vertreten sind. Auch Ihre ganz privaten Entscheidungen sind häufig Kompromisse. Ein Beispiel:

Überlegen Sie auch, ob Sie lieber in der Stadt oder auf dem Land wohnen? Viele Menschen verbinden sowohl das eine als auch das andere mit Vor- und Nachteilen. Die Stadt bietet viele Annehmlichkeiten, das Land hingegen die Ruhe und die Nähe zur Natur. Wer wäre nicht gern in fünf Minuten im Wald?

Aber wollen Sie auch eine Stunde lang zum nächsten Kino fahren? Konstruktiv wird eine solche Entscheidung, wenn Sie Ihre Bedürfnisse kennen. Sie machen Kompromisse in die eine und in die andere Richtung. Und falls Sie nicht als als Single leben, müssen Sie natürlich auch Ihren Partner und Ihre Familie einbeziehen.

Entscheidungen erfordern Mut

Eine Portion Mut ist für Entscheidungen besonders wichtig. Sie bringen es häufig mit sich, dass man sich mit sich selbst und mit anderen auseinander setzen muss. Das fällt nicht immer leicht. In der Regel sind Probleme nun einmal unangenehm. Es braucht Courage, um vor ihnen nicht auszuweichen, sondern ihnen – im Gegenteil – auf den Grund zu gehen.

Mut ist auch erforderlich, um Entscheidungen im Sinne der eigenen Ziele und Interessen zu fällen und sie vor sich selbst, aber auch vor anderen zu vertreten. Vor allem wenn Sie ganz andere oder sogar gegensätzliche Absichten verfolgen. Ob ein Beschluss richtig ist, dafür gibt es letztlich kein anderes Kriterium als Ihre eigenen Vorstellungen und Wünsche. Um gute Entscheidungen treffen zu können, müssen Sie deshalb Ihre Stärken und Schwächen kennen, müssen sich auseinander setzen mit Ihren Bedürfnissen und Zielen. Wo wollen Sie hin? Etwas zu entscheiden bedeutet, dass Sie wissen, was Sie erreichen möchten und wer Sie überhaupt sind. Klar, Sie könnten auch ständig Ihre Bekannten oder sogar Fremde fragen, was deren Meinung nach das Richtige für Sie ist und wie sie sich an Ihrer Stelle verhalten würden. Vielleicht bekommen Sie tatsächlich ein paar gute Tipps. Doch selbst Ihr bester Freund kennt Ihre Bedürfnisse und Ziele nicht so gut wie Sie selbst. Entwickeln Sie deshalb Vertrauen in Ihre eigenen Ziele.

Nicht zuletzt benötigen Sie Courage, um Unsicherheit auszuhalten und ein Risiko einzugehen. Entscheiden bedeutet immer, über die Zukunft zu verhandeln. Was ganz genau passieren wird, kann man vorher meist nicht abschätzen. Man muss sich entscheiden und die Ungewissheit ertragen, ob man dabei das gewünschte Ziel erreicht. Mit Mut ist hier keinesfalls Tollkühnheit gemeint. Sie sollten also nicht unbesonnen Risiken auf sich nehmen und sich in Gefahren stürzen, wie Sylvester Stallone und Vin Diesel. Gehen Sie lieber ins Kino, wenn Sie an deren Furchtlosigkeit teilhaben wollen. Uns geht es hier um Situationen, in denen Sie ein kalkuliertes Wagnis auf sich nehmen, um Ihren persönlichen Zielen näher zu kommen.

Systematisch vorgehen

Etwas zu entscheiden kann harte Arbeit sein. Um Techniken zur Entscheidungsfindung wirksam einzusetzen und konsequent bestimmte Szenarien durchzuspielen oder um das Für und Wider von Argumenten abzuwägen, sollten Sie systematisch vorgehen, das heißt: nach einem bestimmten Muster. Dazu müssen Sie sich manchmal durch eine trockene Analyse durchbeißen oder Disziplin an den Tag legen, wenn Sie sich Termine und Fristen setzen. Die sollten Sie natürlich auch einhalten. Beweisen Sie Ausdauer!

Gerade schwierige und unübersichtliche Entscheidungsprozesse können Sie mit Hilfe dieser Systematik sehr vereinfachen. Stellen Sie sich einmal vor, Sie suchen einen neuen Fernseher. Der Verkäufer sagt Ihnen die technischen Daten von drei oder vier Geräten. Sie haben nichts zum Schreiben dabei und versuchen, alles im Kopf zu behalten. Den meisten Menschen würde schnell der Schädel dröhnen. Umfangreiche Informationen können wir meist nicht mit einen Mal erfassen, geschweige denn, dass wir sie ohne Hilfsmittel analysieren und die wesentlichen Aspekte miteinander vergleichen.

Sie erreichen mehr Effizienz, indem Sie systematisch vorgehen und Entscheidungstechniken benutzen. Sie sortieren Informationen und verhindern so, dass Sie Dinge spontan falsch einschätzen und etwas Wesentliches aus den Augen verlieren. Systematisches Strukturieren hat noch mehr Vorteile. Diese Technik ist auch dazu geeignet, Ordnung in das Wirrwarr von Gedanken zu bringen, die vor bestimmten Entschlüssen vielleicht in Ihrem Kopf herumschwirren. Mit Hilfe dieser Technik können Sie Gruppen durch die Phasen einer Entscheidungsfindung führen. Sie verfolgen eine gerade Linie, zu der Sie zurückkehren können, wenn Sie einmal vom Kurs abgekommen sind.

Mit Kritik umgehen

Seien Sie konfliktbereit und halten Sie Auseinandersetzungen aus. Darum kommen Sie bei Entscheidungen nicht herum. Selbst wenn Sie nur für Ihren privaten Bedarf einkaufen, etwa eine Hose oder ein Parfüm, müssen Sie möglicherweise die Kritik vom Partner oder von Freunden ertragen.

Gute Entscheidungen können Sie nur treffen, wenn Sie sich mit der jeweiligen Situation kritisch auseinander setzen. Wie wollen Sie zum Beispiel die Argumente bewerten, die für oder gegen einen neuen Job sprechen, ohne dabei Ihre Stärken und Schwächen zu überdenken? Wie wollen Sie über eigene Vorschläge diskutieren ohne auch über die jeweiligen Schwachstellen zu reden? Wie wollen Sie sich für eine bessere Vorgehensweise entscheiden – ohne vorher zu überlegen, wie es überhaupt zu dem Konflikt kam?

Bei vielen Entscheidungen müssen Sie wohl mit Kritik rechnen, sei es mit Selbstkritik oder mit einem skeptischen Feedback von anderen. Machen Sie deshalb um das Unangenehme keinen Bogen! Zum Erkennen von Problemen braucht es Kritik. Die Scheuklappen aufzusetzen, wenn sich Schwierigkeiten ankündigen, wäre daher grundfalsch. Steuern Sie lieber direkt auf die Sache zu und versuchen Sie, neugierig zu sein! Sprechen Sie mit anderen, überprüfen Sie Ihren Standpunkt, indem Sie sie um Rückmeldungen bitten. Fragen Sie nach, wo sie die Ursachen sehen.

Viele Menschen haben die Befürchtung, dass Kritik zwangsläufig in handfesten Streit ausartet. Aber solange Sie sich fair und konstruktiv verhalten, ist das Gegenteil der Fall. Die Auseinandersetzung mit Schwachstellen und Problemen bringt Sie in Ihrer persönlichen Entwicklung voran. Schauen Sie genau hin, wo es brennt, und seien Sie nicht zu empfindlich dabei. Das heißt, fassen Sie nicht jede Kritik als Schlag unter die Gürtellinie auf. Manche Menschen tragen ihren Gürtel so hoch, dass sie jede kritische Bemerkung als fiesen Tiefschlag interpretieren. Überlegen Sie, in welcher Höhe Ihr Gürtel hängt, und rücken Sie ihn gelegentlich etwas zurecht, wenn's notwendig ist.

Die Chancen ins Auge fassen und Visionen entwickeln

Für gute Entscheidungen brauchen Sie manchmal eine Vision, also eine Vorstellung davon, was sich in Ihrem Leben ändern soll. Das bedeutet, dass Sie sich klarmachen, wohin Sie wollen. Was wäre Ihr optimales Ziel? Fassen Sie es ins Auge, wenn Sie den Entschluss fassen.

Auch wenn Sie durch das Nachdenken über ein Problem mitunter erst dazu gebracht werden, eine kluge Entscheidung zu treffen: Widmen Sie sich nicht übermäßig und nicht ausschließlich dem Negativen. Wenn Sie den Missstand im Geiste immer wieder hin und her wälzen, nimmt Ihnen das auf Dauer nur die Lust, sich wirklich damit auseinander zu setzen. Haben Sie auch so einen Bekannten? Bei jedem Anruf bringt er die gleiche Leier über ein und dasselbe Ärgernis in seinem Leben. Irgendwann wollen Sie das nicht mehr hören und stattdessen den Hörer auflegen.

Klar, die negativen Aspekte der Situation sind ja gerade das Problem und Sie sollen nicht wegschauen. Im Gegenteil, analysieren Sie sie. Aber konkretisieren Sie auch, was Sie erreichen wollen. Hierbei ist ein gesundes Maß wichtig. Sorgen Sie also dafür, dass Sie nicht ausschließlich von Dingen in Anspruch genommen werden, die Ihnen Kopfschmerzen bereiten. Sie können sich vorstellen, mit was für einem Gesicht Sie dann durch die Welt laufen. Gerade wenn Sie einen längeren Atem brauchen, sollten Sie bei Laune bleiben. Malen Sie sich aus, was Sie erreichen wollen. Schaffen Sie sich eine Vision von Ihrem Ziel. Sie sind viel motivierter und womöglich sogar begeistert von Ihrem Plan, wenn Sie eine »positive Zukunft« ansteuern, statt nur »aus der Misere herauszuwollen«.

Beschäftigen Sie sich also mit den Möglichkeiten, die Ihnen die Situation eröffnet. Wie sähe Ihr Leben aus, wenn Sie eine optimale Entscheidung getroffen hätten und die Situation genau so wäre, wie Sie es sich wünschen? So gewinnen Sie Kraft, um Durststrecken zu überwinden und längerfristige Ziele zu verfolgen.

Mit Ideen spielen

Menschen, die gute Entscheidungen treffen, spielen viel mit Ideen – und zwar im Kopf und auf dem Papier. Eigentlich können wir das alle. Aber häufig gestehen wir uns nicht die Freiheit zu. Vor allem unterlassen wir es, wenn wir gerade im Stress sind oder unter Entscheidungsdruck. Wenn wir also, allgemein gesagt, in Schwierigkeiten stecken.

Dabei kann es sehr befreiend wirken, wenn Sie einmal in Gedanken die gewohnte Perspektive wechseln und Ihren Entschluss zum Beispiel aus der Sichtweise eines Außenstehenden betrachten. Wie würde ein anderer mit dieser Situation umgehen? Aus einer neuen Perspektive fallen Ihnen möglicherweise ganz andere Aspekte oder Möglichkeiten für eine Entscheidung auf. Sie können auch mit Ideen dafür spielen, was eine ideale Lösung für Ihr Problem wäre. Fantasie zu haben ist bei Entscheidungen von Vorteil. Natürlich sollen Sie die Realität dabei nicht aus den Augen verlieren. Doch wenn Entscheidungsträger verbissen versuchen, Daten und Fakten zu sammeln und zu bewerten, führt das oft dazu, dass sich ihr Horizont verengt. Fixieren Sie sich daher nicht zu schnell auf einen bestimmten Blickwinkel, eine Vorgehensweise oder auch nur auf eine Option, die für Sie in Frage kommt. Stattdessen kann es Ihnen helfen, auf andere Lösungen neugierig zu sein.

Gebrauchen Sie Ihre Kreativität und spielen Sie mit Ideen und Möglichkeiten. Stellen Sie sich vor, wie es wäre, wenn … Vor allem verkrampfen Sie sich nicht – auch wenn Sie mit schwierigen Entscheidungen kämpfen. Das Spiel mit Ideen hilft Ihnen dabei, flexibel zu bleiben, wenn Sie Optionen erwägen und Lösungen entwickeln.

Ein guter Draht zu Ihrem Gefühl

Viele alte Hasen vertrauen beim Entscheiden auf ihr Bauchgefühl. Sie hören auf das, was ihnen ihr Gefühl signalisiert. Rät es zur Vorsicht oder vermittelt es »Das ist gut – das solltest du machen«? In ihrer Intuition offenbaren sich die Erfahrungen, die sie in vielen ähnlichen Situationen gemacht haben. Einige alte Hasen sagen selbst, dass ihr Gespür die wichtigste Quelle für ihren Erfolg darstellt. In unserer Leistungsgesellschaft haben jedoch viele Menschen verlernt, ihre Gefühle zu beachten. Sie verlassen sich ausschließlich auf ihren Verstand und agieren gegen ihre Emotionen. Verstand und Gefühl bilden bei diesen Menschen keine Einheit.

Neuere wissenschaftliche Untersuchungen zeigen jedoch, dass Menschen, die tatsächlich auf ihren Bauch hören, im Vorteil sind und bessere Entscheidungen treffen. Wir werden uns später noch genauer damit beschäftigen, woran das liegt (siehe S. 157).

Schieben Sie also Ihre Gefühle nicht beiseite, beziehen Sie sie in Ihre Entscheidung mit ein. Versuchen Sie zu verstehen, warum Sie so empfinden. Werden Sie gewarnt oder auf einen wichtigen Aspekt Ihres Beschlusses aufmerksam gemacht? Wer einen guten Draht zu seinem Bauch hat, versteht seine eigenen Reaktionen besser und kann daher ausgewogene Entschlüsse fassen.

Auf sich allein gestellt ist Ihr Verstand nicht in der Lage, Maßstäbe für befriedigende Entscheidungen zu finden. Um sich an Werten und an anderen Kriterien zu orientieren, die für Sie von Belang sind, dazu benötigen Sie Ihr Gefühl. Man kann sagen, Emotionen helfen Ihnen dabei festzulegen, was in der Welt für Sie wichtig ist.

Zum Abschluss können Sie den folgenden Test machen, der Ihnen einen Überblick über die Bereiche verschafft, in denen Ihre Stärken und Schwächen liegen. Welche grundsätzlichen Fähigkeiten, die in diesem Kapitel besprochen wurden, haben Sie, und wo können Sie sich in Bezug auf Ihr Verhalten bei Entscheidungen noch verbessern? Der Test beruht auf Ihrer Selbsteinschätzung. Sie erhalten nur dann ein brauchbares Ergebnis, wenn Sie ehrlich zu sich selbst sind. Beurteilen Sie sich so, wie Sie sich auch tatsächlich erleben.

Selbstcheck: Meine Grundausstattung für Entscheidungen

Schätzen Sie sich bei den folgen Fragen selbst ein.
Wo liegen Ihre Stärken und Fähigkeiten, wo stecken Ihre Schwächen?
Anweisung zum Ausfüllen siehe rechte Seite oben.

Eine konstruktive Haltung	Stimmt ←					→ Stimmt nicht
1. Ich stimme mich mit den Zielen anderer ab.	6	5	4	3	2	1
2. Ich gebe häufig anderen die Schuld an meiner Situation.	1	2	3	4	5	6
3. Ich setze mich gerne mit anderen auseinander.	6	5	4	3	2	1
4. Ich habe manchmal keine Ahnung, was ich eigentlich will.	1	2	3	4	5	6
5. Ich übernehme auch die Verantwortung, wenn meine Entscheidungen negative Konsequenzen haben.	6	5	4	3	2	1
6. Ich verliere meine Interessen schnell aus den Augen.	1	2	3	4	5	6
Gesamt						

Entscheidungen erfordern Mut						
1. Ich gebe nicht so schnell auf, wenn ich ein Ziel habe.	6	5	4	3	2	1
2. Es macht mir häufig Angst, alleine zu entscheiden.	1	2	3	4	5	6
3. Ich weiß meistens, wo ich hin will.	6	5	4	3	2	1
4. Ich hole mir zu oft Rat, wenn ich etwas zu entscheiden habe.	1	2	3	4	5	6
5. Ich kann Entscheidungen anderen gegenüber gut vertreten, auch wenn sie eine andere Meinung haben.	6	5	4	3	2	1
6. Ich habe eher wenig Selbstvertrauen.	1	2	3	4	5	6
Gesamt						

Beurteilen Sie, wie stark Sie jeder Aussage zustimmen können. Kreuzen Sie die Zahl ganz links in der Spalte an, wenn Sie der Aussage am meisten zustimmen. Je weiter rechts Sie ankreuzen, umso weniger stimmen Sie der Aussage zu. Kreuzen Sie die Zahl ganz rechts an, wenn Sie der Aussage gar nicht zustimmen.

Systematisch vorgehen	Stimmt ←					→ Stimmt nicht
1. Ich kann sehr diszipliniert arbeiten.	6	5	4	3	2	1
2. Wenn ich einen Plan gemacht habe, kommt mir ständig etwas dazwischen.	1	2	3	4	5	6
3. Ich halte Zeiten und Termine genau ein.	6	5	4	3	2	1
4. Ich gehe ungern mit Zahlen um.	1	2	3	4	5	6
5. Ich mache zuerst das Wichtige.	6	5	4	3	2	1
6. Ich lasse mich leicht ablenken.	1	2	3	4	5	6
Gesamt						

Mit Kritik umgehen						
1. Wenn ich kritisiert werde, zieht es mir immer den Boden unter den Füßen weg.	1	2	3	4	5	6
2. Wenn ich kritisiert werde, frage ich nach, was mein Gegenüber genau meint.	6	5	4	3	2	1
3. Ich vermeide es, oft über meine Schwächen nachzudenken.	1	2	3	4	5	6
4. Wenn ich Probleme sehe, packe ich sie oft direkt an.	6	5	4	3	2	1
5. Ich reagiere häufig so, als ob ich angegriffen werde, wenn mich jemand kritisiert.	1	2	3	4	5	6
6. Es fällt mir leicht, anderen zu sagen, wo ich Probleme sehe.	6	5	4	3	2	1
Gesamt						

	Stimmt			Stimmt nicht		
Chancen ins Auge fassen	←					→
1. Ich stelle mir gerne vor, dass ich erfolgreich bin.	6	5	4	3	2	1
2. Ich sehe Dinge häufig pessimistisch.	1	2	3	4	5	6
3. Auch in negativen Ereignissen entdecke ich etwas Positives.	6	5	4	3	2	1
4. In vielen Situationen grübele ich stundenlang.	1	2	3	4	5	6
5. Ich kann mich auch bei schwierigen Aufgaben gut motivieren.	6	5	4	3	2	1
6. Ich male mir in Gedanken oft aus, dass alles schief geht.	1	2	3	4	5	6
Gesamt						

Mit Ideen spielen

1. Ich kann mir leicht vorstellen, welche Perspektive andere haben.	6	5	4	3	2	1
2. Ich blockiere mich manchmal, weil ich nur eine Möglichkeit sehe.	1	2	3	4	5	6
3. Meine Kollegen und Freunde schätzen an mir, dass ich so viele Ideen habe.	6	5	4	3	2	1
4. Es fällt mir schwer, mir vorzustellen, was für Konsequenzen meine Entscheidungen haben.	1	2	3	4	5	6
5. Wenn ich etwas verstehen will, zeichne ich häufig ein Bild davon.	6	5	4	3	2	1
6. Es fällt mir schwer kreativ, zu sein und Ideen zu entwickeln.	1	2	3	4	5	6
Gesamt						

Ein guter Draht zu meinem Gefühl

1. Ich vertraue bei wichtigen Entscheidungen meistens auf meinen Bauch.	6	5	4	3	2	1
2. Sehr oft schalte ich meine Gefühle ein bisschen ab, weil sie mich eher stören.	1	2	3	4	5	6
3. Wenn ich etwas entscheide, bin ich mir über meine Werte im Klaren. Ich weiß, was mich zufrieden stellt.	6	5	4	3	2	1

	Stimmt					Stimmt nicht
4. Ich bemühe mich, möglichst rational zu entscheiden und meine Gefühle dabei herauszuhalten.	1	2	3	4	5	6
5. Meine Gefühle zeigen mir meistens einen klaren Weg zu meinen Entscheidungen.	6	5	4	3	2	1
6. Bei meinen Entscheidungen fehlt mir oft die Motivation, die Dinge später auch umzusetzen.	1	2	3	4	5	6
Gesamt						

Auswertung

Zählen Sie nun die Punkte jeder Rubrik zusammen und tragen Sie die Summen in das Profil ein, das unter diesem Text steht. Die maximale Punktzahl beträgt 36 pro Rubrik, die minimale ist 6. In dem Bereich, in dem Sie viele Punkte erreichen, sind Sie besonders gut, da, wo Sie wenig Punkte haben, liegen möglicherweise Ihre Schwächen. Anhand des Profils können Sie gut vergleichen, wie Sie in welcher Rubrik abschneiden.

Eine konstruktive Haltung	36	30	25	20	15	10	6
Entscheidungen brauchen Mut	36	30	25	20	15	10	6
Systematisch vorgehen können	36	30	25	20	15	10	6
Mit Kritik umgehen können	36	30	25	20	15	10	6
Chancen anvisieren und Visionen entwickeln	36	30	25	20	15	10	6
Mit Ideen spielen	36	30	25	20	15	10	6
Ein guter Draht zu Ihrem Gefühl	36	30	25	20	15	10	6

Wenn Sie in mehreren Rubriken eine hohe Punktzahl bekommen haben, verfügen Sie sicher über gute Voraussetzungen, um kluge Entscheidungen treffen.

Vergessen Sie bei aller Ernsthaftigkeit des Themas nicht, dass es Ihnen auch Spaß machen soll. Wozu wollen Sie schließlich sonst lernen, besser zu entscheiden, wenn nicht, um ein bisschen zufriedener mit sich und der Welt zu werden?

2

So analysieren Sie eine Entscheidungssituation

Nehmen wir also an, Sie wollen eine Entscheidung treffen. Sie sind in einer Situation, die das notwendig macht, und möglicherweise brennt Ihnen etwas auf den Nägeln und es drängt Sie, sofort etwas zu unternehmen. Aber halt! Warten Sie noch einen Moment. Wie wir im ersten Kapitel festgestellt haben, liegt einer Entscheidung meistens ein Problem zugrunde. Können Sie schon jetzt genau sagen, womit Sie unzufrieden sind?

Sie haben Recht, wenn Sie meinen, dass in vielen Fällen auf der Hand liegt, worum es bei der Entscheidung geht. Das ist beispielsweise der Fall, wenn Sie überlegen, was in diesem Jahr Ihr ideales Urlaubsziel ist, ob Sie Geld in Aktien investieren oder wenn Sie abwägen, ob Sie ein Haus kaufen oder nicht. In solchen Fällen beginnen Sie nicht mit einer Analyse der Situation, sondern damit, dass Sie über Ihre Ziele nachdenken. In allen anderen Fällen aber sollten Sie zunächst das Problem etwas genauer anschauen.

Worum geht es eigentlich?

Es ist durchaus nicht selbstverständlich, dass Ihnen von Anfang an klar ist, über welchen Aspekt Sie entscheiden werden. Oft ist es deshalb wichtig, die Situation zunächst genauer anzuschauen und das Problem zu untersuchen. Das bedeutet, dass Sie zuerst den augenblicklichen *Ist*-Zustand analysieren. Es geht darum, ins Auge zu fassen, was die Entscheidung notwendig macht. Was soll sich verändern?

Nehmen Sie sich für den ersten Schritt nicht mehr vor. Grübeln Sie also noch nicht über Lösungswege, Strategien und Risiken nach. Das macht erst Sinn, nachdem Sie erkannt haben, was sich wandeln soll.

Sie denken möglicherweise: *»Wenn ich über XY entscheiden muss, sollte ich unbedingt sofort loslegen! Warum muss ich mir vorher lange Gedanken darüber machen?«* Aber Vorsicht vor unüberlegten Kurzschluss-Entscheidungen! Sie beruhen häufig auf einer oberflächlichen Wahrnehmung und vereinfachten Einschätzung der Situation und gehen daher an den eigentlichen Problemen vorbei. So wichtig es gelegentlich ist, Entschlüsse nicht zu lange hinauszuzögern und rechtzeitig zu reagieren, so sinnvoll ist es auch, sich die Hintergründe anzusehen. Worüber wird hier eigentlich entschieden? Das liegt nicht immer offen auf der Hand.

Beginnen wir mit einer kurzen Geschichte

Nehmen wir einmal an, Sie sind der neue Abteilungsleiter in einer größeren Firma der Lebensmittelbranche. Ihr Unternehmen stellt leckere Schokoladenkekse her. In Ihrer Abteilung gibt es eine Arbeitsgruppe, in der Schwierigkeiten auftreten. Sie führen ein Gespräch mit der Teamleiterin der Gruppe, nennen wir sie Frau T. Sie erklärt Ihnen, dass der Mitarbeiter Herr P. zwar fachlich gut sei, aber durch sein Sozialverhalten unerträgliche Konflikte verursache. Sie vereinbaren mit Frau T., dass Herr P. in eine andere Abteilung der Firma versetzt wird. Das halten Sie beide für eine geeignete Maßnahme. Sie freuen sich, dass Sie so schnell zu einer Entscheidung gekommen sind.

Ein halbes Jahr später merken Sie, dass es in der Gruppe von Frau T. immer noch Probleme gibt. Diesmal wollen Sie eine neue Teamleitung bestimmen. Kurz bevor Sie sich öffentlich dazu äußern, sehen Sie während einer Sitzung eine Statistik, die in Ihrem Betrieb intern erhoben wurde. Sie belegt, dass die Fluktuation im mittleren Management, zu dem auch Frau T. gehört, innerhalb des letzten Jahres deutlich gestiegen ist. Sie holen weitere Informationen ein und überlegen, wieso es offenbar in vielen Team- und Gruppenleitungen zu Spannungen kommt, die sich auf die Arbeit auswirken. Weil das gesamte Unternehmen betroffen ist, regen Sie die Bildung einer Arbeitsgruppe an.

In der Arbeitsgruppe diskutieren Sie verschiedene Hypothesen, wie:

- Sind die Gruppenleiter mangelhaft qualifiziert?
- Hat die Personalabteilung die Bewerber für diese Positionen schlecht ausgewählt?
- Wie haben sich Aufgaben und Verantwortungsbereiche von Team- und Gruppenleitern im vergangenen Jahr verändert? Ist ihr Arbeitsalltag anders?

Schließlich finden Sie heraus, dass im mittleren Management viele Personen tätig sind, die zwar fachlich gut qualifiziert sind, aber wenig Führungserfahrung haben. Im letzten Jahr wurden einige Programme gestrichen, die bisher die Einarbeitung in die Führungsaufgaben erleichtert haben. Des Weiteren ist die Situation in Ihrem Betrieb angespannt, weil die Geschäftsleitung beschlossen hat, durch Rationalisierung Geld zu sparen.

Nachdem Sie die Situation genauer analysiert haben, verstehen Sie, dass der Kern des Problems ein völlig anderer ist, als Sie ursprünglich angenommen hatten. Ihre Gruppenleiterin Frau T. ist unerfahren. Sie entscheiden sich, ein weiteres Gespräch mit ihr zu führen. Bei dieser Gelegenheit überlegen Sie gemeinsam, welche Unterstützung von Seiten der Firma und von Ihrer Seite geeignet und möglich ist.

Werden Sie zum Detektiv und analysieren Sie die Situationen, in denen Sie Entscheidungen treffen wollen! Der neue Abteilungsleiter hat spontan beschlossen, die störende Person einfach zu versetzen. Für diese Art von Lösung ist typisch, dass nur an den jeweiligen Symptomen herumgedoktert wird – ohne zu bedenken, was sich dahinter verbirgt. Da wird nur an der Oberfläche gekratzt, während die Ursachen für den Missstand möglicherweise überhaupt nicht berührt werden.

Entscheidungen sind immer von unseren Vorstellungen darüber geleitetet, wie eine bestimmte Situation zustande kommt. In den meisten Fällen haben wir sehr schnell Ideen, was anders werden soll. Wenn wir über ein Problem nachdenken, wissen wir meist schon, an welchen Punkten wir mit einer Entscheidung ansetzen wollen, um etwas zu verändern.

Schauen wir uns dazu noch einmal das Beispiel des neuen Abteilungsleiters in der Keksfabrik an. Nach dem Gespräch mit der Teamleiterin Frau T. war er davon ausgegangen, dass Herr P. ein schwieriger Zeitgenosse sei. Seine erste Idee als Führungskraft lautete also:

- **Ursache 1:** Der schwierige Herr P. verursacht das Problem. Als es mit der Arbeit der Gruppe weiterhin haperte, hatte er eine neue Idee:
- **Ursache 2:** Die schwierige Frau T. verursacht das Problem. Nachdem der Abteilungsleiter erkannt hatte, dass Spannungen in mehreren Teamleitungen des Unternehmens häufig auftraten, vermutete er wiederum eine neue Ursache:
- **Ursache 3:** Die Firma sorgt zu wenig für die Einarbeitung der neuen Team- und Gruppenleitungen in Führungsaufgaben.

Es ist sinnvoll, sich nicht vorschnell auf eine Perspektive festzulegen, sondern verschiedene Ursachen in Gedanken durchzuspielen. Wie stellt sich die Situation dar, wenn ich sie aus anderen Blickwinkeln betrachte? Welche Fakten sprechen dafür, dass ich von der einen oder von der anderen Ursache ausgehe? Welche Fakten sprechen jeweils dagegen? Weitere Ideen in dieser Richtung könnten sein:

- **Ursache 4:** Die Firma achtet bei der Personalauswahl sehr auf fachliche, aber wenig auf persönliche Eignung.
- **Ursache 5:** Es ist Zufall, dass in kurzer Zeit zwei Mal ein Konflikt in dieser Gruppe aufgetreten ist.

Für Ihre Entscheidung macht es einen großen Unterschied, wo Sie die Ursache des Problems verorten. Bezogen auf das Beispiel hieße das also, ob Sie davon ausgehen, dass Frau T. das schlechte Arbeitsklima verursacht, oder ob Sie glauben, dass es durch den Verzicht der Firma auf die Programme zur Einarbeitung der neuen Führungskräfte entstanden ist. Die Frage, wie Sie das Problem definieren, führt Sie jeweils in eine andere Richtung, in der Sie die Entscheidung weiter denken. Ausgehend von der jeweiligen Perspektive liegen für den Abteilungsleiter unterschiedliche Möglichkeiten nahe, sich zu entscheiden. In unserem Beispiel könnten die Optionen so aussehen:

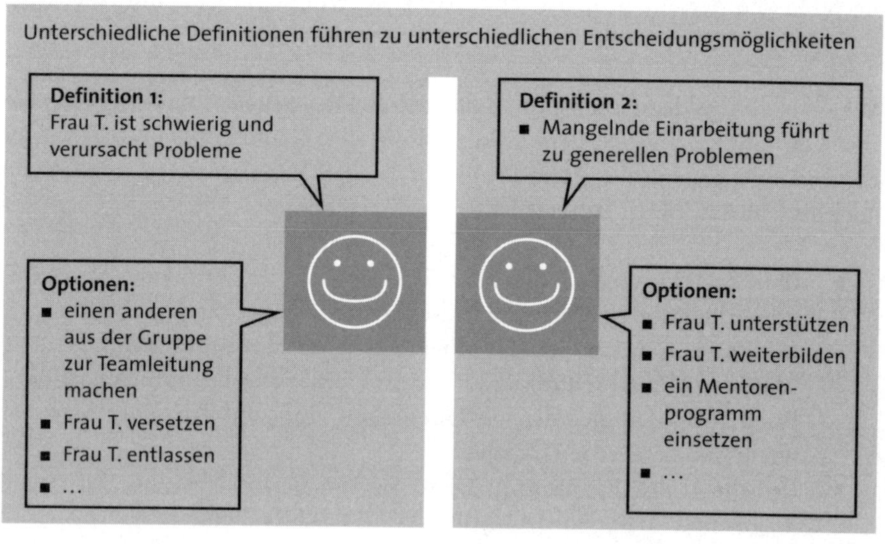

In dem oben beschriebenen Fall war es durchaus sinnvoll, dass der Abteilungsleiter über die Hintergründe der Angelegenheit nachgedacht und gründlich recherchiert hat, worin das zentrale Problem bestand.

Auf einen Blick

Überlegen Sie genau, was eigentlich der Punkt ist, über den Sie entscheiden sollen. Wir hatten bereits festgestellt, dass Entscheidungen immer ein Problem zugrunde liegt. Denken Sie darüber nach, wie es zustande gekommen ist.
Um einen guten Entschluss zu fassen, müssen Sie sich vor Augen führen, wo Sie ansetzen können, um eine Veränderung zu erreichen. Sonst vergeuden Sie Ihre Energien auf Nebenschauplätzen und lassen das eigentliche Thema unberührt. Das kann schlimmstenfalls sogar zu einer Verschlechterung führen.

Wann sollten Sie Entscheidungssituationen analysieren?

Schauen wir uns einige Fälle an, in denen es besonders wichtig ist, Entscheidungen gründlich zu durchdenken und die Situation sorgfältig zu analysieren:

- Analysieren Sie, wenn **andere Personen beteiligt sind.** In diesen Situationen spielen häufig andere Perspektiven eine Rolle. Was sehen die anderen als die entscheidenden Punkte an? Egal, ob sie von Ihrem Entschluss betroffen oder nicht betroffen sind: Sie schätzen die Lage möglicherweise ganz anders ein als Sie.

- Analysieren Sie, wenn **Probleme so komplex sind,** dass die Hintergründe auf den ersten Blick nicht offensichtlich sind. Komplexität kann zum Beispiel dadurch entstehen, dass unterschiedliche Bereiche betroffen sind, die miteinander verflochten sind, oder wenn mehrere Probleme gleichzeitig eine Rolle spielen.

- Analysieren Sie, wenn es für die Entscheidung wichtig ist, die **Zusammenhänge zwischen Ursachen und Wirkungen** möglichst genau zu kennen, um Ansatzpunkte für eine Veränderung zu finden. Das ist etwa bei Eingriffen in Ökosysteme oder Entscheidungen in der Medizin oder bei Risikotechnologien der Fall.

- Analysieren Sie, wenn eine Entscheidung über **Abläufe ansteht oder ein Prozess optimiert werden soll** – etwa, um den Fehler zu finden, der eine Produktionskette stört, oder um die Fertigung von Waren zu optimieren.

- Analysieren Sie, wenn Sie mit einer Situation unzufrieden sind, sie aber **nicht klar durchschauen.** Das hilft Ihnen zu erkennen, was genau das Problem ist oder an welchen Aspekten Sie mit Ihrer Entscheidung ansetzen müssen, um etwas zu verändern.

- Analysieren Sie, wenn Sie bereits **mehrere vergebliche Versuche** unternommen haben, eine bestimmte Situation zu bewältigen, Ihre Entscheidungen aber bisher zu keiner Veränderung oder Verbesserung geführt haben und die Möglichkeit besteht, dass Sie etwas Wesentliches übersehen haben.

Natürlich ist nicht jede Entscheidung so kompliziert, dass eine umfangreiche Analyse erforderlich ist. Aber gehen wir mal vom schlimmsten Fall aus. Worauf kommt es an, wenn Sie sich in einer schwierigen Lage befinden und eine Entscheidung treffen müssen? Die drei Stufen der Situationsanalyse helfen Ihnen dabei, den Punkt herauszuarbeiten, an dem Ihre Entscheidung ansetzen soll.

Was ist der Kern der Information?

Das Ziel besteht darin, dass Sie eindeutig definieren können, welches Problem hinter der Entscheidung steckt. Sammeln Sie Informationen über die einzelnen Aspekte der Situation und denken Sie über die Hintergründe nach. Dabei kristallisiert sich der Punkt heraus, der für Sie wesentlich ist und an dem Sie mit Ihrer Entscheidung ansetzen.

Erster Schritt: Situation beschreiben (diese Seite)
Information darüber, was zur Sache gehört

Zweiter Schritt: Ansatzpunkte festlegen (ab Seite 50)
Ursachen und Wirkungen unterscheiden

Dritter Schritt: Situation definieren (ab Seite 52)
Das Thema auf den Punkt bringen

So gehen Sie vor

Es ist nicht notwendig, die Hintergründe jeder einzelnen Ausgangssituation zu analysieren. Oft lassen sie sich auch ohne dieses Hilfsmittel schnell und klar benennen – zum Beispiel wenn Sie bereits wissen, dass Sie sich für eine neue Wohnung entscheiden müssen. Oder wenn Ihnen bewusst ist, dass Sie mit Ihrem Job unzufrieden sind, weil er Ihnen nicht die Möglichkeit bietet, Ihre Fachkenntnisse einzusetzen. In diesem Fall gehen Sie einfach weiter zum dritten Kapitel und versuchen Sie, Ihre Ziele zu formulieren. Häufig lohnt es sich allerdings, den Ausgangspunkt für die Entscheidung genauer zu bestimmen.
Wenn Sie aber meinen, dass es sinnvoll ist, intensiv über Ihre Ausgangssituation nachzudenken, und wenn Sie sich nicht sicher sind, an welchem Punkt Ihre Entscheidung ansetzen sollte, dann arbeiten Sie die folgenden Punkte durch.
Benutzen Sie auch die Checkliste am Ende des Kapitels! Wenn Sie auf Schwierigkeiten stoßen, lesen Sie das entsprechenden Kapitel dieses Buches. Gehen wir die einzelnen Stufen im Folgenden zunächst der Reihe nach durch.

Erster Schritt: Beschreiben Sie die Entscheidungssituation

Im ersten Schritt führen Sie sich die Ausgangssituation zunächst noch einmal vor Augen. Was geschieht da konkret? Schauen Sie sich das, worüber Sie entscheiden wollen, von allen Seiten an. Warum wollen oder müssen Sie diesen Beschluss fassen? Arbeiten Sie heraus, was Sie stört, was Sie verändern oder verbessern wollen.

Fragen zur Analyse der Situation

Vorgeschichte

- Hat die Entscheidung eine Vorgeschichte?
- Wie kam es zu der Situation, in der eine Entscheidung notwendig ist?
- Wann sind die Schwierigkeiten zum ersten Mal aufgetaucht?
- Wie ist mir klar geworden, dass ich eine Entscheidung treffen muss?
- Ist das Problem die Folge des missglückten Versuchs, einen anderen Konflikt zu lösen?

Beschreibung der Situation

- Welches Problem ist mir als Erstes aufgefallen?
- Was konkret stört mich?
- Womit genau bin ich unzufrieden?
- Was missfällt mir am allermeisten?
- Wer hat damit zu tun? Sind andere Menschen daran beteiligt?
- Was sehen andere als entscheidend an?

Zweiter Schritt: Ansatzpunkte festlegen

Im zweiten Schritt kommt es darauf an, sich auf die wesentlichen Informationen zu beschränken. Was ist an der Situation maßgeblich? Worum geht es Ihnen eigentlich? Wir hatten schon festgestellt, dass es im Sinne einer klugen Entscheidung wichtig ist, nicht an den Symptomen herumzudoktern, sondern vor allem ihre Hintergründe zu erforschen. Dabei müssen Sie zwischen Ursachen und Wirkungen unterscheiden. Ihre Entscheidung sollte an der oder den Hauptursachen ansetzen.

Worum geht es eigentlich?

- Warum ist diese Situation entstanden?
- Was sind Ursachen, was sind Wirkungen?
- Was ist mir wirklich wichtig an der Sache?
- Welcher Aspekt der Situation verursacht die Probleme?
- Worauf sollte ich mich bei meiner Entscheidung konzentrieren?
- Was müsste ich ändern, damit es sich verändert?

Häufig ist es eine große Hilfe, sich Ursachen und Wirkungen einer Situation optisch zu veranschaulichen. Das Ganze nur im Kopf durchzuspielen reicht nicht aus. Sie können die Zusammenhänge viel besser begreifen, wenn Sie sich die Faktoren, die zu dem Problem geführt haben, vor Augen führen. Diese Faktoren haben eine Richtung, in der sie wirken. Manchmal summieren sich bestimmte Einflüsse und manche Probleme verursachen Folgeprobleme. All das lässt sich leichter verstehen, wenn Sie es auf ein Blatt Papier aufmalen oder aufschreiben. Dafür können Sie zum Beispiel das Ursache-Wirkungs-Diagramm (siehe unten) benutzen.

Der Zusammenhang zwischen Ursache und Wirkung

Denken Sie noch einmal an unsere Firma aus der Lebensmittelbranche, die Schokokekse herstellt. Der Abteilungsleiter sollte eine Entscheidung treffen über einen Konflikt, der in der Arbeitsgruppe der Teamleiterin Frau T. aufgetaucht war. Den Zusammenhang zwischen Ursachen und Wirkung könnte man folgendermaßen veranschaulichen:

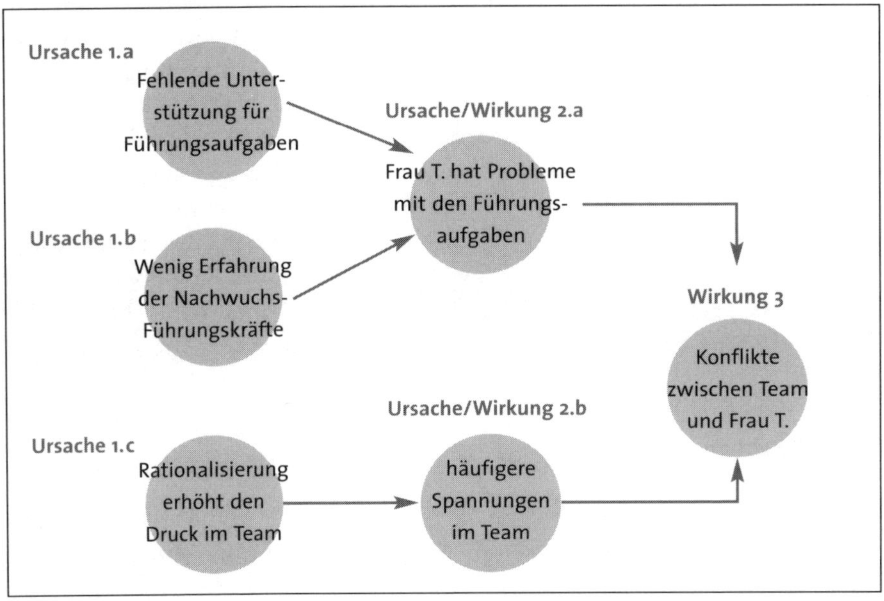

Mit Hilfe der Grafik auf der vorangegangenen Seite könnte der Abteilungsleiter leichter Ansatzpunkte für sein weiteres Vorgehen finden. In diesem Fall ist es so, dass einige Wirkungen (2.a und 2.b) weitere Wirkungen verursachen (3). Entscheidungen könnten sinnvollerweise im Team oder bei Frau T. ansetzen. Es wäre auch denkbar, eine andere Ebene anzuvisieren – die Qualifikation der Führungskräfte oder die Unterstützung, die sie innerhalb der Firma erhalten.

Tipp für Gruppen

Dieser Schritt ist besonders wichtig für Gruppen, die Entscheidungen vorbereiten oder treffen wollen. Dabei kommt es häufig deshalb zu Reibereien, weil die einzelnen Personen die Situation anders wahrnehmen. Einige empfinden Unbehagen über ein Problem, das andere gar nicht sehen. Damit später alle den Beschluss mit tragen, ist es wichtig, nachvollziehbar zu machen, wie die Situation entstanden ist, was zugrunde liegt und für einige zum Problem führt.

Dritter Schritt: Definition

Im letzten Schritt sollen die Ergebnisse der Analyse in einer kurzen Definition zusammengefasst werden. Dieser Schritt ist der wichtigste von allen. Mit der Definition schaffen Sie das Spielfeld, auf dem die Entscheidung fallen soll. Wenn Sie weiterdenken und Ziele und Möglichkeiten ins Auge fassen, gehen Sie von dem aus, was Sie für das zentrale Thema halten. Sie sehen das Problem aus einer bestimmten Perspektive – Sie ziehen bildlich gesprochen einen Rahmen um das, was Ihr Beschluss verändern soll.

Um sich bei der Suche nach Lösungen, für die Sie sich entscheiden könnten, nicht zu verlieren, sollten Sie gleich zu Beginn gründlich überlegen, auf welchen Aspekten der Schwerpunkt liegen soll. Andernfalls besteht die Gefahr, dass Sie sich in Nebensächlichkeiten verrennen.

So gehen Sie vor

- Beschreiben Sie in wenigen Sätzen, was Sie für den Anlass der anstehenden Entscheidung halten. Formulieren Sie kurz und präzise, am besten schriftlich.

- Berücksichtigen Sie dabei den oder die Aspekte, die durch die Entscheidung verändert werden sollen.
- Schildern Sie nur das Problem und lassen Sie Entscheidungsmöglichkeiten und -wege zunächst aus dem Spiel.
- Probieren Sie mehrere Möglichkeiten aus, den Missstand in Worte zu fassen.

Die Situationsanalyse empfiehlt sich vor allem, wenn **Entscheidungen in einer Gruppe** getroffen werden. Damit die Angelegenheit für alle transparent wird, sollten Sie sich auf eine gemeinsame Definition des Problems einigen. Davon ausgehend nehmen Sie die weiteren Stufen des Entscheidungsprozesses in Angriff.

Wenn Sie ein neues Auto brauchen, mag es Ihnen als Zeitverschwendung erscheinen, sich weiter mit dem Problem auseinander zu setzen, das diesem Bedürfnis zugrunde liegt. Allerdings kann es bereits in einer so eindeutigen Situation Auswirkungen auf Ihre Entscheidung haben, wie Sie die Lage definieren. Wenn Sie Ihre Ziele und Möglichkeiten Ihrer Entscheidung durchdenken, gehen Sie von dem aus, was Sie als das zentrale Thema ansehen. So fallen Ihnen möglicherweise auf die Frage *»Wie komme ich bequem zur Arbeit?«* völlig andere Antworten ein als auf die Frage *»Ein gebrauchtes oder ein neues?«*

Je nachdem, welche Frage Sie stellen, gehen Ihre Erwägungen in unterschiedliche Richtungen

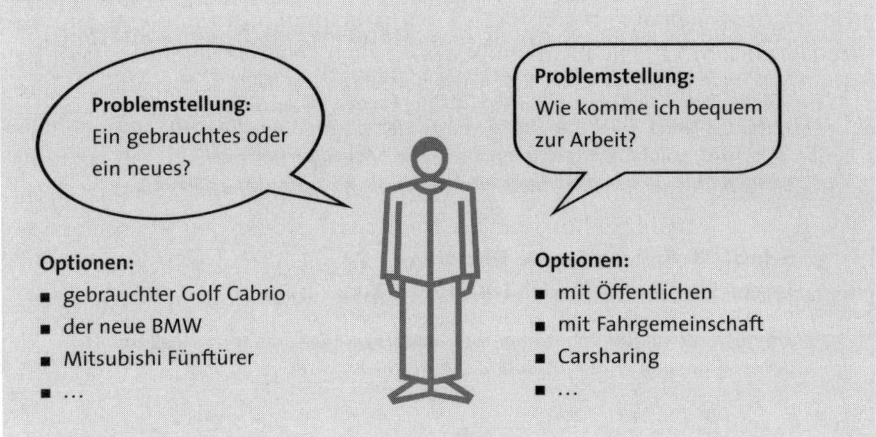

Arbeitsblatt: So definieren Sie die Situation, die der Entscheidung zugrunde liegt

Geben Sie der Entscheidungssituation eine Überschrift:
Teamkonflikt in der Schokoladenkeksfabrik

1. Schritt: Beschreiben Sie kurz die Situation

Notieren Sie die wichtigsten Aspekte des *Ist*-Zustandes in Stichworten.

- Spannungen im Team seit mehr als einem halben Jahr
- Mitarbeiter und Teamleiterin Frau T. beschweren sich darüber
- Frau T. bittet den Abteilungsleiter am Dienstag um ein Gespräch
- zwei Mitarbeiter des Teams sehr häufig krank

2. Schritt: Legen Sie die Ansatzpunkte fest

Lassen sich Ursachen und Wirkungen eindeutig voneinander unterscheiden? Ja ☒ Nein ☐

Besteht die Gefahr, dass ich meinen Vorurteilen auf den Leim gehe, weil ich zu wenige oder ungenaue Informationen habe? Ja ☒ Nein ☐

Wo erhalte ich gegebenenfalls weitere Informationen?

Herr M. aus der Abteilung Personalentwicklung verantwortet die unternehmensinterne Studie zur Entwicklung im mittleren Management. Sieht er ein ähnliches Problem auch in anderen Gruppen?

Was sind die Hauptursachen? Wo sollte meine Entscheidung ansetzen?

- Führungskräftenachwuchs wird einfach ins kalte Wasser geworfen
- Mangelnde Anleitung und Unterstützung bei den neuen Aufgaben
- Erhöhter Druck durch Rationalisierung innerhalb der Firma führt zu vermehrten Konflikten zwischen den Teammitgliedern und Frau T.
- Programme zur Qualifizierung von Führungskräften wurden gestrichen

3. Schritt: Definieren Sie die Situation

Fassen Sie die entscheidenden Aspekte kurz zusammen.

Rationalisierung führt zu vermehrten Problemen, Führungskräfte scheitern dabei häufig und finden im Unternehmen zu wenig Unterstützung

Arbeitsblatt: So definieren Sie die Situation, die der Entscheidung zugrunde liegt

Geben Sie der Entscheidungssituation eine Überschrift:
Überschrift

1. **Schritt: Beschreiben Sie kurz die Situation**
Notieren Sie die wichtigsten Aspekte des *Ist*-Zustandes in Stichworten.

....

....

....

2. **Schritt: Legen Sie die Ansatzpunkte fest**

Lassen sich Ursachen und Wirkungen eindeutig voneinander unterscheiden? Ja ☐ Nein ☐

Besteht die Gefahr, dass ich meinen Vorurteilen auf den Leim gehe, weil ich zu wenige oder ungenaue Informationen habe? Ja ☐ Nein ☐

Wo erhalte ich gegebenenfalls weitere Informationen?

....

Was sind die Hauptursachen? Wo sollte meine Entscheidung ansetzen?

....

....

....

3. **Schritt: Definieren Sie die Situation**
Fassen Sie die entscheidenden Aspekte kurz zusammen.

....

....

....

Auf einen Blick

Unterschiedliche Definitionen führen zu unterschiedlichen Vorstellungen über die Ansatzpunkte Ihrer Entscheidung und die Ziele, die Sie damit verfolgen. Die Analyse der Entscheidungssituation soll Ihnen dabei helfen, diese in allen Facetten wahrzunehmen. Das Ziel besteht darin, dass Sie begreifen, worum es bei dem Entschluss geht. Ähnlich einem Bilderrahmen, der einen bestimmten Teil eines Gemäldes zeigt oder sogar hervorhebt, nehmen Sie eine bestimmte Perspektive ein. Was Sie als Thema für Ihren Beschluss definieren, hat Auswirkungen darauf, in welche Richtung Sie weiterdenken, welche Ziele Sie ins Auge fassen und welche Optionen Sie erwägen.

Vorsicht, Vorurteil!

In vielen Fällen lässt sich der Aspekt einer Situation, über den entschieden werden soll, schnell definieren. Doch manchmal passiert es, dass Sie zu wenig Informationen haben und Ihren Beschluss auf der Basis von Vorurteilen fällen.

Ist es Ihnen schon einmal so gegangen, dass eine Person, die eigentlich an Ihnen interessiert ist, eine Verabredung hat platzen lassen? Relativ viele Menschen denken dann *»Sie oder er kann mich wohl doch nicht leiden«*. Später klärt sich die Sache zufällig auf und Sie merken, dass die Absage einen anderen Grund hatte. Es ist wirklich etwas dazwischengekommen. Sie haben aber aus dem Nichterscheinen gleich eine Schlussfolgerung gezogen, die für Sie unangenehm ist. Der größte Teil dieser Geschichte hat sich in Ihrem Kopf abgespielt.

Fast jeder hat wohl schon mal etwas in dieser Art erlebt. Wir alle leben mit unseren Vorurteilen. In Bezug auf Entscheidungen besteht manchmal die Gefahr, dass wir uns dadurch zu schnell auf eine bestimmte Idee fixieren, die den Kern der Sache nicht trifft.

Wenn Sie gerne Krimis lesen, merken Sie bei einem guten Autor, wie sich im Laufe der Handlung Ihre Vorstellung, wer wahrscheinlich der Mörder ist, verändert. Je nachdem, über welche Informationen Sie verfügen, ziehen Sie unterschiedliche Personen in Erwägung. Die Gefahr der gedanklichen Fixierung ist, dass Sie sich bei einer Entscheidung nicht von sachlichen Tatsachen leiten lassen, sondern von Vorurteilen. Sie glauben also die ganze Zeit, dass X der Mörder ist (weil Sie schon von den ersten Seiten des Buches an der Ansicht waren, dass mit X etwas nicht stimmt), und suchen nicht mehr nach weiteren Möglichkeiten.

Self-fulfilling prophecy

Wenn Sie Entscheidungen gemäß Ihren Vorurteilen treffen, besteht außerdem die Gefahr, dass Sie die Vorurteile damit zusätzlich bestätigen. Nehmen wir noch einmal das Beispiel mit der geplatzten Verabredung. Sie sind sauer auf die Person und Sie denken, dass sie sich mit Ihnen verabredet, obwohl sie offenbar kein Interesse an Ihnen hat. Sie entscheiden sich dafür, auf dem Anrufbeantworter eine Nachricht zu hinterlassen. Etwa: »Vielen Dank für den schönen Abend! War mir ja von Anfang an fast sicher, dass es wieder mal nichts wird.« Daraufhin wird sich die Person möglicherweise erst recht nicht mehr melden.

Ein zweites Beispiel: Nehmen wir an, Sie sind fest davon überzeugt, dass Ihre Mitarbeiter keine gute Arbeit leisten, weil sie faul sind, sich vor Verantwortung drücken und wenig Ehrgeiz besitzen. In der Folge werden Sie sich bei Ihren Entscheidungen häufig auf Ihre Autorität berufen, Anweisungen erteilen und Sanktionen androhen. Das wiederum hat Auswirkungen auf die Mitarbeiter. Sie werden so behandelt, als ob sie faul wären und sich vor der Verantwortung drückten. Die Tätigkeit gefällt ihnen wahrscheinlich nicht besser und sie werden in Zukunft eher noch weniger Bereitschaft signalisieren, Verantwortung zu übernehmen.

Auf diese Art bringen wir das Gegenüber dazu, dass es sich genau so verhält, wie wir es erwartet hatten. Paul Watzlawick meinte genau dieses Phänomen, als er den Begriff *self-fulfilling prophecy* prägte: sich selbst erfüllende Prophezeiung.

Das Tückische an Vorurteilen ist, dass wir sie meistens gar nicht als solche erkennen. Häufig sind wir sogar überzeugt davon, dass es sich um unsere sachlich fundierte Meinung handelt. Wenn Sie die folgende Liste durchgehen, versuchen Sie deshalb, besonders ehrlich zu sich zu sein. Sie können sich selbst überprüfen, indem Sie sich vorstellen, was eine andere Person dazu sagen würde, wie Sie die Liste ausgefüllt haben.

Wann besteht die Gefahr, Entscheidungen aufgrund von Vorurteilen zu treffen?

- Wenn Sie zu wenig handfeste, sachliche Informationen über die Sache haben.
- Wenn Sie merken, dass sich eine Geschichte vor allem in Ihrem Kopf abspielt und dass Sie nicht wirklich wissen, was dahinter steckt.
- Wenn Sie feststellen, dass Ihre Informationen durch die Meinungen und Informationen anderer stark gefärbt sind und der sachliche Gehalt einer Nachricht unklar ist.
- Wenn Sie in einer Situation sehr stark emotional reagieren und von Ihren Gefühlen gesteuert werden.
- Wenn Sie in einer Situation stecken, in der ein starker Gruppendruck herrscht, der eigentlich nur eine Meinung zulässt, die als korrekt gilt.

Wenn die Gefahr besteht, dass Sie sich von Vorurteilen leiten lassen, sollten Sie das Problem, das Ihrer Entscheidung zugrunde liegt, sehr genau definieren. Was für eine Idee lenkt Sie eigentlich, wenn Sie über seine Ursache nachdenken?

Überprüfen und wechseln Sie Ihre Perspektive

Legen Sie sich in solchen Fällen nicht vorschnell auf eine Sache fest, sondern machen Sie sich die eigenen Vorurteile klar und hinterfragen Sie sie. Welche anderen Möglichkeiten und Ursachen gibt es? Schauen Sie nicht nur in eine Richtung, wenn Sie darüber nachdenken. Und prüfen Sie schließlich Ihre Sichtweise! Welche Argumente und Fakten stützen Ihre Perspektive und welche sprechen dagegen?

So gehen Sie vor

Sehr hilfreich kann es an dieser Stelle sein, fremde Perspektiven zu nutzen und mit anderen über das Zustandekommen der Probleme zu reden. Wenn Sie keine anderen Personen darum bitten können oder wollen, dann spielen Sie einfach in Ihrer Fantasie verschiedene Antworten auf die Frage durch: Was würde ein Unbeteiligter zu der Sache sagen?

Fragen, um Ihre Sichtweise zu überprüfen

- Welche anderen Ursachen könnte es geben?
- Was würde Ihr Kollege / Vorgesetzter / Freund / Freundin /… sagen?
- Was würde eine völlig fremde, unbeteiligte Person sagen, zum Beispiel Ihre Großmutter oder ein Außerirdischer?
- Welche Fakten sprechen für oder gegen eine bestimmte Sichtweise?

Tipp für Gruppen
Geben Sie den Gruppenmitgliedern, die ein Problem sehen, die Möglichkeit, ihre Perspektive darzustellen. Legen Sie sich nicht vorschnell auf eine Sichtweise fest. Diskutieren Sie gemeinsam über die Ursachen und Hintergründe. Die Teilnehmer haben in der Regel unterschiedliche Sichtweisen und bringen das auch zur Sprache. Sie sollten Gehör finden und ernst genommen werden. Analysieren Sie die Situation also aus mehreren Blickwinkeln heraus.

Arbeitsblatt: Überprüfen und Wechseln der Perspektive

Was verursacht aus meiner Sicht den *Ist*-Zustand?

....

....

....

Was denkt ein anderer Beteiligter über die Ursache?

....

....

....

Was denkt ein Unbeteiligter (Fremder/Kollege/Außerirdischer) über die Situation?

....

....

....

Was erscheint mir an den anderen Perspektiven hilfreich?

....

....

....

Welche weiteren Informationen wären hilfreich?

....

....

In welchen Aspekten hat sich meine Einschätzung des *Ist*-Zustandes verändert?

....

....

Praxistools

Sämtliche Methoden, die im Folgenden erläutert werden, sind geeignet für die Analyse der Situation. Wenn wir von den drei Stufen ausgehen, die in diesem Kapitel beschrieben wurden, setzen diese Methoden alle beim ersten Schritt an. Das heißt, beim Sammeln von Informationen, die für uns relevant sind. Anschließend müssen Sie die weiteren Stufen des Modells in Angriff nehmen, um zu einer schlüssigen Definition des Themas, um das sich die Entscheidung dreht, zu gelangen. Nur das Ursache-Wirkungs-Diagramm (siehe Seite 51) beginnt beim zweiten Schritt der Situationsanalyse.

Visualisieren

Damit Sie sich das Problem besser vorstellen können, sollten Sie es sich optisch veranschaulichen. Das heißt: Sie visualisieren es. Im Allgemeinen reichen dafür ein Blatt Papier, ein Flipchart und ein Stift oder eine Tafel und ein Stück Kreide. Das Visualisieren hat den Sinn, dass Sie Zusammenhänge wie den zwischen Ursachen und Wirkungen besser begreifen. Es ist recht schwer, verschiedene Faktoren gegeneinander abzuwägen, wenn Sie es nur in Gedanken tun. Sie können sie ja schwerlich in Ihrem Kopf nebeneinander stellen. Auf dem Papier geht das ohne weiteres. Zeichnen Sie die Angelegenheit also einfach auf. Veranschaulichen Sie sich die Zusammenhänge durch entsprechende Pfeile.

Hier im Buch stelle ich mehrmals Zusammenhänge auf diese Weise dar. Zum Beispiel im Falle der Keksfabrik (S. 54) und die Situation von Beverly (S. 99).

Problemliste

Die Problemliste ist eine unkomplizierte Methode, die Sie überall und ohne viel Vorbereitung einsetzen können. Sie ist hervorragend geeignet, um eine komplexe Situation zu strukturieren und Ansatzpunkte für eine Entscheidung zu finden. Die Problemliste kann auch sehr hilfreich sein, wenn Sie im Allgemeinen unzufrieden sind, mit Ihrem Job oder mit sich selbst und der Welt, und wenn Ihnen nicht richtig klar ist, woher dieses Gefühl kommt. Sie brauchen nicht mehr als ein ausreichend großes Stück Papier und einen Stift, um die Liste zu schreiben.

Im ersten Schritt schreiben Sie all die Dinge auf, die problematisch erscheinen. Alles, was Ihnen dazu einfällt! Es geht darum, einmal Klarheit zu gewinnen und einen Überblick über die Probleme zu kriegen. Im zweiten Schritt überlegen Sie, was die Ursachen Ihrer Schwierigkeiten sind.

1. Probleme	**2. Gründe und Ursachen**
komme in der Firma nicht voran	– habe keine Perspektive – kann meine Position nicht verbessern – das Aufgabengebiet reizt mich weniger
bin mit meiner momentanen Weiterbildung unzufrieden	– brauche mehr konkrete Anwendung – ist kaum praxisorientiert
bin unzufrieden mit meiner Wohnsituation	– habe zu wenig Platz, brauche mindestens ein Zimmer mehr – wohne zu weit weg vom Arbeitsplatz, habe zu lange Wege
mache in meiner Freizeit nichts Spannendes mehr	– pflege meine Hobbys zu wenig – unternehme mit meinen Freunden kaum noch was – habe immer noch nichts wegen Segelschein unternommen
bin gesundheitlich nicht fit	– bewege mich zu wenig, mache zu wenig Sport – rauche zu viel

Arbeitsblatt: Problemliste

1. Probleme	2. Gründe und Ursachen
....	....
....	....
....	....
....	....
....	....
....	....
....	....
....	....
....	....
....	....
....	....
....	....
....	....
....	....
....	....
....	....
....	....
....	....
....	....
....	....
....	....
....	....

Der Problemkuchen

Backen Sie aus Ihren Problemen einen Kuchen. Kreisdiagramme kennen Sie sicher aus der Zeitung. Sie geben in der Regel die Ergebnisse von Umfragen wieder, etwa, wie viel Prozent der Deutschen welche Partei wählen.

Diese Diagrammform ist hilfreich, wenn bei Ihrer Entscheidung mehrere Probleme oder Teilaspekte eine Rolle spielen. Die grafische Darstellung ermöglicht Ihnen eine bessere Übersicht. Sie können die Problemliste aus der vorherigen Übung zu einem Kuchen-Diagramm weiterverarbeiten. Gehen Sie von einem Kreis aus, der die unterschiedlichen Teilaspekte als Segmente darstellt. Die Größe dieser Problemstücke soll der Wichtigkeit entsprechen, die sie für Sie haben. In den meisten Fällen wird sich der Umfang eines Problems nicht mathematisch exakt ausrechnen lassen. Verlassen Sie sich daher ruhig auf Ihr Gefühl und machen Sie die einzelnen Stück so groß, wie es Ihnen angemessen erscheint. Sie können auch von hundertprozentigem Kuchen ausgehen und den einzelnen Stücken entsprechende Prozentzahlen zuordnen.

Mit Hilfe des Kuchen-Diagramms gewichten Sie die verschiedenen problematischen Aspekte und können die Probleme dann entsprechend ihrer Größe in eine Reihenfolge bringen.

Diese Diagramm-Methode ist außerdem sehr hilfreich, wenn Sie eine Entscheidung gemeinsam mit anderen treffen oder wenn andere nachvollziehen sollen, wovon Sie bei Ihrer Entscheidung ausgegangen sind. Mit der grafischen Veranschaulichung gelingt es Ihnen leichter, Ihren Beschluss transparent zu machen.

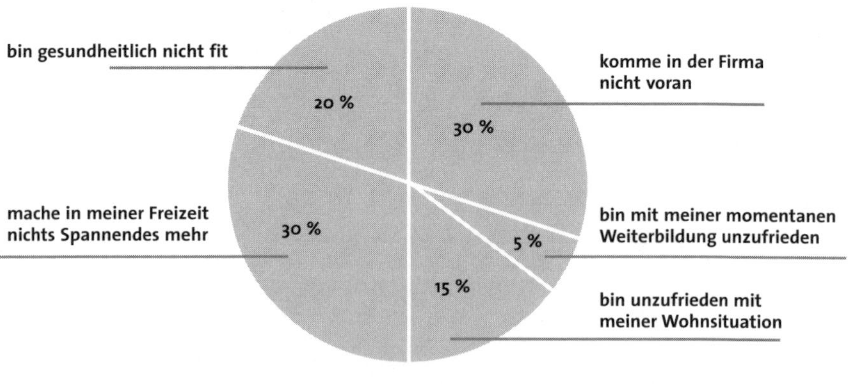

Problemdiagramm

Die Kartenabfrage

Bei Entscheidungen in einer Gruppe oder einem Team hat sich die Kartenabfrage bewährt. Diese Methode ist einfach und ohne viele Hilfemittel anzuwenden. Schreiben Sie die einzelnen Probleme jeweils auf eine Karte, sammeln Sie sie und legen Sie sie anschließend für alle gut sichtbar aus oder pinnen Sie sie an die Wand. Da alle Teilnehmer die Möglichkeit haben, unabhängig voneinander ihre Sicht auf die Dinge darzustellen, lassen sich mit der Kartenabfrage die unterschiedlichen Perspektiven der Beteiligten sehr gut vergleichen.

So gehen Sie vor

Vorbereitung

Sie benötigen nicht viel: einen Stapel Kartei- oder Moderationskarten oder einfach Zettel im Format DIN A5. Jeder Teilnehmer braucht außerdem einen Stift. Zum Ordnen und Sortieren der Karten schaffen Sie Platz auf dem Boden oder benutzen Sie eine Pinnwand und Stecknadeln.

1. Beginnen Sie damit, dass Sie eine oder mehrere Leitfragen für alle sichtbar auf eine Tafel oder ein Flipchart schreiben. Beispielsweise:
   - Was sehe ich für Schwierigkeiten?
   - Womit bin ich unzufrieden?
   - Was möchte ich verändern?
   - Wo liegen meiner Ansicht nach Ursachen für den Missstand?

2. Die Beteiligten notieren nun auf den Karten ihre Antworten auf die jeweiligen Frage.
3. Auf einer Karte steht immer nur eine Aussage oder ein Problem. Die Teilnehmer verwenden lesbare Druckbuchstaben. Sie formulieren keine ganzen Sätze, sondern nur Stichworte.
4. Jeder Teilnehmer liest seine Karten vor. Sie werden an der Pinnwand oder auf dem Boden gesammelt.
5. Ein oder zwei Gruppenmitglieder ordnen die Karten verschiedenen Themen zu.
6. Nun können Sie in der Gruppe über eine gemeinsame Definition des Problems diskutieren und dann gemeinsam überlegen, welche Ansatzpunkte Sie für eine Entscheidung sehen.

Das Ursache-Wirkungs-Diagramm (Fishbone-Diagramm)

Das Ursache-Wirkungs-Diagramm wurde von dem Japaner Kaoru Ishikawa (1915–1989) erfunden. Es wird nach ihm Ishikawa-Diagramm oder wegen seiner Form auch Fischgräten- beziehungsweise Tannenbaum-Diagramm genannt. Auf Englisch: Fishbone-Diagramm. Ishikawa beschäftigte sich sehr viel mit Ist-/Soll-Analysen. Das von ihm entworfene Diagramm ist recht einfach zu begreifen und anzuwenden. Je nach Fragestellung können Sie es sowohl alleine zu Hause als auch in Gruppen benutzen.

Das Diagramm ist so aufgebaut, dass es den Zusammenhang zwischen Ursache und Wirkung verdeutlicht. Im Zentrum befindet sich ein horizontaler Pfeil. An seiner Spitze, also im Fischkopf, steht das Problem. Entlang dieses Pfeils sammeln Sie die Ursachen. Sie werden in Form von Pfeilen dargestellt, die auf den Hauptpfeil zielen. Auf die Art entsteht die Fischgrätenform.

Das Ursache-Wirkungs-Diagramm eignet sich eher für die Darstellung von einfachen Zusammenhängen: Das Problem wird auf eine oder viele Ursachen zurückgeführt, die möglichst alle in dieselbe Richtung wirken. Komplexere Umstände, die von Wechselwirkungen gekennzeichnet sind, mit verschiedenen, einander beeinflussenden Auslösern, die zeitlich verzögert eintreten et cetera, lassen sich schlecht darstellen.

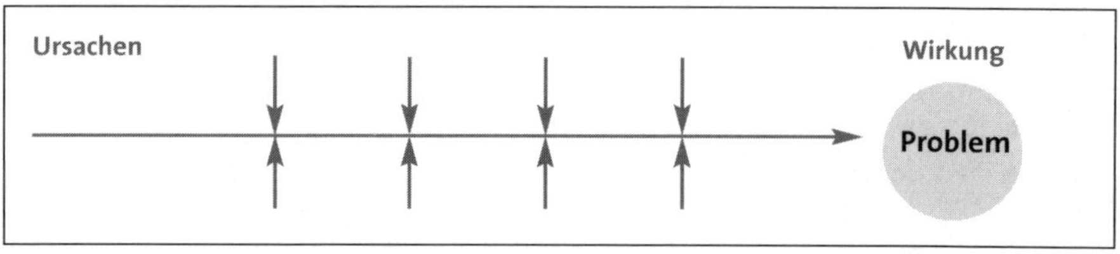

So gehen Sie vor

- Formulieren Sie als Erstes das Problem. Welche Wirkung hat es? Schreiben Sie es rechts ans Ende des Pfeils.
- Als Nächstes machen Sie ein Brainstorming über mögliche Ursachen. Brainstorming bedeutet, dass Sie in freier Assoziation alle Punkte sammeln, die Ihnen durch den Kopf gehen. Dabei sind alle Gedanken und Schlussfolgerung erlaubt (siehe S. 147). Wenn es zu viele Punkte sind, können Sie sie zunächst auf Kärtchen notieren und anschließend zu Fischgräten gruppieren.

Von Ishikawa stammt eine Aufstellung über typische Grundkategorien, die häufig als Ursachen in Frage kommen. Da alle Begriffe dieser Oberkategorien mit M beginnen, spricht man auch von der 6M- oder 7M-Methode, je nachdem, wie viele Bereiche einbezogen sind. Die Grundkategorien sind:

Mensch
Maschine
Material
Methode
Messung
Milieu (Umfeld)
Management (Prozesse)

Ursache-Wirkungs-Diagramm für die Schokoladenkeksfabrik

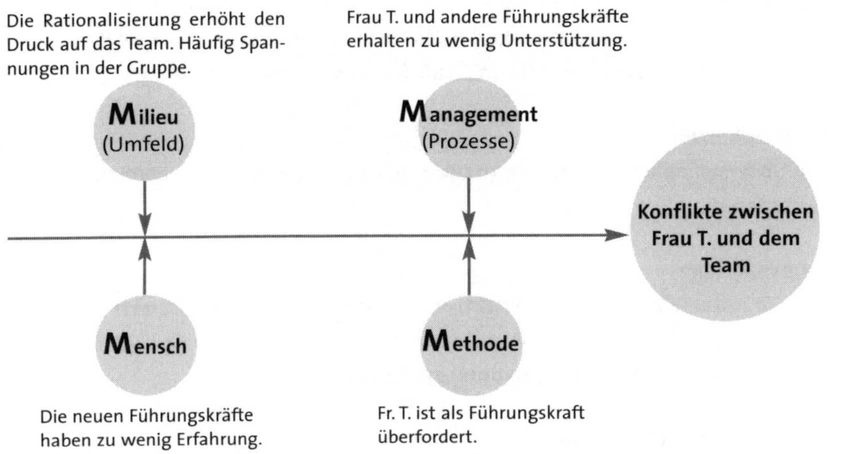

Wenn Sie das Ursache-Wirkungs-Diagramm in einer Gruppe nutzen, achten Sie darauf, dass die Teilnehmer möglichst vielfältige Erfahrungen haben und sich in verschiedenen Sachgebieten auskennen. Aus jedem Bereich, der von dem Problem betroffen ist beziehungsweise in dem die Ursachen liegen könnten, sollte ein Vertreter anwesend sein. Die Mitglieder der Gruppe sollten also unterschiedliche Perspektiven auf die Angelegenheit und auf die Auslöser haben. Bei speziellen Problemstellungen ziehen Sie Spezialisten und Fachleute zu Rate.

Oft ist das Fishbone-Diagramm nicht geeignet – wenn Sie beispielsweise mit mehr als einer Wirkung rechnen oder mit Wechselwirkungen zwischen verschiedenen Ursachen. Falls die Situation so komplex ist, zeichnen Sie den Sachverhalt einfach frei und ohne vorgegebene Struktur auf ein Blatt Papier.

Auf einen Blick

Welche Technik ist zur Analyse der Situation geeignet?

Visualisierung
Wenn die Situation zu komplex ist für das Ursache-Wirkungs-Diagramm, also wenn mehr als eine Wirkung eine Rolle spielen. Zeichnen Sie die Zusammenhänge einfach auf ein Blatt Papier.

Problemliste
Wenn Sie mehrere Probleme plagen. Wenn Sie einen Überblick benötigen, was wichtig ist, um in komplexen Situationen richtig zu reagieren.

Problemkuchen
Um unterschiedliche Probleme zu ordnen, zu gewichten und Schwerpunkte festzulegen.

Kartenabfrage
Um die unterschiedlichen Perspektiven zusammenzuführen, die es in einer Gruppe gibt. Hilft Ihnen, gemeinsam Ansatzpunkte für die Definition eines Problems und für eine Entscheidung zu finden.

Ursache-Wirkungs-Diagramm
Um Ansatzpunkte für Entscheidungen festzulegen, Wechselwirkungen zu veranschaulichen und Wirkungen von Ursachen zu unterscheiden.

3

So setzen Sie sich Ziele

Sie haben definiert, worin das Problem besteht. Das ist der erste Schritt hin zu einer aktiven Entscheidung. Wenn sie erst einmal wissen, was schief läuft, haben die meisten Menschen bald Lösungen parat. Wir denken recht schnell darüber nach, wie wir einen Missstand beheben. Warten Sie bitte trotzdem damit. Entscheiden Sie noch nicht, was Sie in der Sache unternehmen. Überlegen Sie zuallererst, welche Ziele Sie verfolgen. Beschäftigen Sie sich also zunächst mit der Frage: Wohin soll mich meine Entscheidung bringen?

Ziel:	Wo will ich hin? Was will ich erreichen?
Optionen:	Welche Möglichkeiten gibt es?

Wer ein Ziel verfolgt, orientiert sich daran und kann dementsprechend handeln. Ziele sind Wegweiser im Dickicht der Möglichkeiten. Vom Philosophen Seneca stammt der Ausspruch: »Wer den Hafen nicht kennt, für den weht kein Wind günstig.«

Sie wollen natürlich Entscheidungen treffen, die Sie Ihren Zielen näher bringen. Wenn Sie klar festgelegt haben, wohin Sie wollen, können Sie zwischen vielen Wegen den geeigneten auswählen, der Sie tatsächlich dorthin bringt. Formulieren Sie Ihre Ziele so präzise wie möglich. Dabei gehen Sie folgendermaßen vor:

Was wollen Sie erreichen?

Erster Schritt: Definieren Sie das Problem. ✔

Zweiter Schritt: Entwickeln Sie ein positives Ziel.

Dritter Schritt: Konkretisieren Sie das, was Sie erreichen wollen.

Vierter Schritt: Setzen Sie sich für Ziele einen Termin.

Fünfter Schritt: Bewerten Sie Ihre Ziele realistisch.

Erster Schritt: Definieren Sie das Problem

Wie das geht, haben wir im vorigen Kapitel besprochen. Es besteht ein enger Zusammenhang zwischen Ihren Zielen und der Art und Weise, wie Sie das Problem definieren. Das Problem ist quasi der Negativabdruck Ihres Ziels. Was bedeutet das?

Probleme werden meist nach folgendem Muster beschrieben:

»Meine Probleme sind:

1. Meine Firma erwirtschaftet zu wenig Geld.

2. Wir haben eine zu kleine Wohnung.

3. Ich bin unzufrieden mit meinem Job.«

Diese Sätze beschreiben, was verändert oder völlig aus der Welt geschafft werden soll. Etwas nicht haben zu wollen ist als Leitlinie für eine Entscheidung aber nicht ausreichend. Solche negativ formulierten Ziele haben den Nachteil, dass sich aus ihnen noch nicht die Wege und Handlungsweisen ableiten lassen, für oder gegen die Sie sich entscheiden könnten. Selbst wenn Sie klar vor Augen haben, worin das Problem besteht und warum es aufgetaucht ist, bleibt die Frage offen, welche Ziele geeignet sind, um die Situation zu verbessern. Oder anders ausgedrückt, wenn Sie wissen, was Sie nicht wollen, bedeutet das noch lange nicht, dass Ihnen klar ist, was Sie wollen. Nachdem Sie erkannt haben, worin Ihre Schwierigkeiten bestehen, folgt deshalb der zweite Schritt:

Zweiter Schritt: Entwickeln Sie ein positives Ziel

Formulieren Sie, was Sie erreichen möchten.

»Meine positiven Ziele sind:

1. Meine Firma muss wirtschaftlicher arbeiten.

2. Wir benötigen eine größere Wohnung.

3. Ich will zufriedener mit meinem Job sein.«

Das hört sich zunächst sehr einfach an. Sie werden aber sehen, dass es viele Stolpersteine gibt. Nehmen Sie sich deshalb einen Moment Zeit und arbeiten Sie die folgenden Punkte durch. Sie helfen Ihnen dabei, ein Ziel zu definieren, das Ihnen eine kluge Entscheidung ermöglicht.

Übung: Wunschzettel

In dieser Übung lernen Sie, Ziele positiv zu formulieren. Sie brauchen dazu nur ein Blatt Papier und einen Stift. Schreiben Sie alles auf, was Sie im Moment gerne erreichen möchten. Was wünschen Sie sich? Wie sähe Ihr Leben/Ihr Job/Ihre Partnerschaft im günstigsten Fall aus?

Beschreiben Sie, wie Ihr Leben sein sollte, und nicht, wie es nicht sein sollte. Verzichten Sie am besten auf das Wort »nicht«. Sagen Sie also nicht *»Ich will, dass das Auto nicht mehr kaputt ist«* oder *»Ich will meinen Urlaub nicht schon wieder zu Hause verbringen«*, sondern: *»Ich will das Auto reparieren lassen«* und *»Ich will meinen Urlaub in Südamerika verbringen«*. Fokussieren Sie auf den Zustand, den Sie anstreben, und nicht auf die Ausgangssituation, die Sie als unangenehm empfinden. Notieren Sie im ersten Schritt alles, was Ihnen einfällt. Sortieren Sie die einzelnen Punkte zunächst nicht.

Im zweiten Schritt gehen Sie alles noch einmal durch:
Sind wirklich alle Ziele positiv formuliert?
Welche Punkte lassen sich zusammenfassen?
Seien Sie so konkret wie möglich: Was genau wollen Sie erreichen?

Wenn Ihnen der letzte Arbeitsschritt noch schwer fällt, ist das nicht schlimm. Damit beschäftigen wir uns im Folgenden noch intensiver.

Unklare Ziele

Nachdem Sie Ihr Ziel festgelegt haben, können Sie besser einschätzen, welche Marschrouten sich Ihnen anbieten. Erst dadurch wird eine sinnvolle Auswahl von Optionen möglich. Deshalb ist das Formulieren von Zielen einer der wichtigsten Schritte im Entscheidungsprozess. Als Sie das Problem definierten, bestimmten Sie, aus welchem Blickwinkel Sie die Angelegenheit betrachten, indem Sie sich ein Ziel setzten. Schaffen Sie nun die Basis dafür, dass Sie die Handlungsmöglichkeiten angemessen beurteilen können. Erst wenn Sie bewerten können, welche Möglichkeiten Sie Ihren Zielen näher bringen, sind Sie einen Schritt weiter. Damit Ziele diesen Zweck erfüllen können, müssen sie so formuliert sein, dass sich klare Bewertungskriterien aus ihnen ergeben.

Dritter Schritt: Formulieren Sie konkret, was Sie erreichen wollen

Nehmen wir einmal an, Ihre Freundin oder Ihr Freund kommt zur Tür herein und sagt: *»Ich brauche etwas Neues zum Anziehen!«*

Nun hat sie oder er zwar ein positives Ziel formuliert, aber Sie merken schnell, dass das noch nicht ausreicht. Der Wunsch ist nicht konkret. Welches Kleidungsstück benötigt sie oder er? Das können Sie durch eine Nachfrage schnell in Erfahrung bringen: *»Ich brauche eine neue kurze Hose, die robust genug ist, um wandern zu gehen, für unseren Urlaub.«*

Ihre Zieldefinition ist erst in dieser Form hilfreich; also dann, wenn sie die relevanten, angezielten Faktoren enthält. Das ist leider nicht immer so einfach wie bei diesem kurzen Gespräch. Stellen Sie sich vor, Sie lassen bei der Sitzung Ihres Teams eine allgemeine Kritik los wie: »Wir müssen unsere Besprechung effektiver gestalten.«

Endlich hat jemand ein wahres Wort gesprochen. Sie ernten von allen Seiten Zustimmung und freuen sich, weil Sie Ihre Kollegen mit einem positiven Ziel konfrontiert haben. Leider reicht das aber nicht aus. Was bedeutet »effektiv«? Unter diesem Begriff kann sich jeder Mitarbeiter etwas anderes vorstellen. Er bleibt viel zu allgemein. Sie haben Ihr Team zwar wachgerüttelt, aber die einzelnen Kollegen haben keine Ahnung, was sie besser machen können. Effektivität kann unterschiedliche Aspekte betreffen, die Vorbereitung auf die Sitzung, ihre Leitung, ihren Ablauf oder die Themen, über die Sie reden. Vielleicht hapert es nur an einem dieser Punkte, vielleicht an allen.

Stellen Sie sich vor, Sie machen unter den Mitarbeitern eine Umfrage darüber, was sie unter dem Schlagwort »effektivere Teamsitzung« verstehen. Sie könnten folgende Ziele formulieren:

- **Person A:** »Die Sitzungen sollten im Tagesgeschäft weniger Zeit beanspruchen.«
- **Person B:** »Die Tagesordnung sollte viel besser strukturiert werden.«
- **Person C:** »Es sollten weniger Kollegen an den Sitzungen teilnehmen.«
- **Person D:** »Wir müssten über die einzelnen Punkte ausführlicher sprechen.«
- **Person E:** …

Nehmen wir jedoch an, Sie fragen nicht nach, was Ihre Kollegen denken. Sie scheinen sich ja alle einig zu sein in ihrer Forderung nach »effektiveren Teamsitzungen«. Sie tun einfach, was Sie persönlich für richtig halten. Die Geschichte könnte in zwei problematische Szenarien münden, die für manche Entscheidungsvorgänge typisch sind:

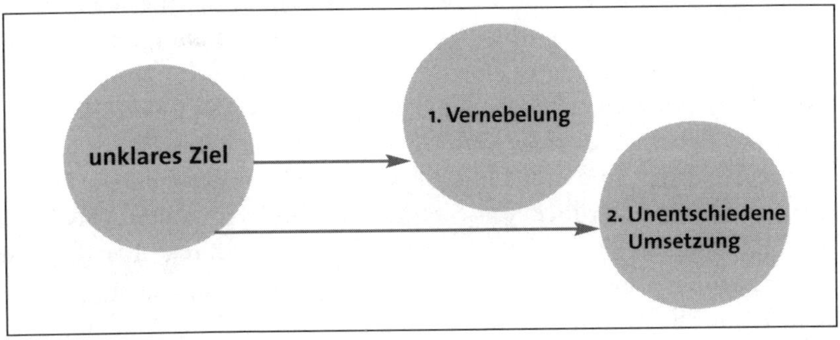

Vernebelung (Szenario 1)

Es passiert erst einmal gar nichts, weil von den Beteiligten keiner weiß, was konkret gemeint ist. Der Entscheidungsprozess stoppt. Das Ziel scheint völlig klar zu sein, aber es bleibt unter einer Nebeldecke verborgen, wie Sie es erreichen. Deshalb geht alles weiter seinen gewohnten Gang. Wenn Sie sich in einer Angelegenheit nicht von der Stelle bewegen, steckt sehr häufig dieses Problem dahinter. Das Hindernis ist das Ziel, das viel zu allgemein gefasst ist. Sie haben die Illusion, dass Sie genau wissen, was Sie wollen. Sie glauben sogar, dass die Sache schon vom Tisch ist, weil Sie ja einen Beschluss gefasst haben, den Sie nur noch umsetzen müssen. Dadurch werden Sie davon abgehalten, sich ein konkretes Ziel zu setzen. Sie können aus einem Wunsch, der so oberflächlich bleibt, keine Handlungsoptionen ableiten.

Das Ziel wird nur halb umgesetzt (Szenario 2)

Das anderes Szenario sieht so aus, dass Sie zwar einzelne Schritte in Angriff nehmen, um die Teamsitzung effektiver zu gestalten, aber es gelingt Ihnen aus unerklärlichen Gründen trotzdem nicht.
Ein Teammitglied kontrolliert, dass die Redezeit eingehalten wird, ein zweites entwirft eine straffere Tagesordnung. Andere Kollegen plädieren dafür, sich während der Sitzungen noch stärker auf das Wesentliche zu beschränken. Alles gute Ansätze, aber Sie kommen nicht wirklich voran. Das liegt daran, dass die einzelnen Versuche, die Angelegenheit in den Griff zu bekommen, nicht miteinander koordiniert werden. Die Kollegen behindern sich zum Teil gegenseitig. Da Sie nicht festgelegt haben, was Sie als Gruppe unter Effektivität verstehen, können Sie nicht entscheiden, welche Maßnahme Ihnen weiterhilft und welche nicht. Sie wissen gar nicht, ob Sie Ihrem Ziel näher gekommen sind, weil Sie sich nicht über den *Soll*-Zustand verständigt haben.

In beiden Szenarien scheitern Sie daran, dass das Ziel unklar ist. Das Heimtückische dabei ist, dass Sie glauben, Sie hätten sich bereits auf ein Ziel geeinigt und würden in dieser Hinsicht eine Menge unternehmen. Dabei gab es nie eine Debatte darüber, was Sie genau verändern wollen. Das Schlagwort »mehr Effizienz« suggeriert eine positive Entwicklung, aber die konkreten Vereinbarungen bleiben aus. Sie scheinen ja überhaupt nicht notwendig zu sein, denn alle waren sich einig und haben die »Entscheidung« ohne viel Federlesens getroffen.

In der Politik werden solche allgemeinen Ziele aus taktischen Gründen gesetzt. Haben Sie eine Ahnung, was man unter einer gerechten Einkommensverteilung versteht? Oder was Ihr Kommunalpolitiker eigentlich meint, wenn er wieder einmal ankündigt, dass er sich für die Verbesserung der Lebensqualität einsetzen will?

Gerechtere Einkommensverteilung kann vieles bedeuten, etwa

- übermäßige Managergehälter dem Durchschnittseinkommen angleichen
- die Hausfrauen fürs Putzen, Waschen, Einkaufen und Kochen bezahlen
- die Löhne in Ost- und Westdeutschland einander angleichen

Und was ist die Verbesserung der Lebensqualität?

- mehr kulturelle Angebote in der Region
- eine verkehrsberuhigte Zone
- mehr Geld für Schulen und Kindergärten
- ein neues Naherholungsgebiet

Sie sehen, dass sich hinter einem Schlagwort sehr unterschiedliche Dinge verbergen können. Das allgemein gehaltene Ziel suggeriert, es sei jedem klar, worum es dem Politiker geht, wo er hin will. So kommt er darum herum, über konkrete Veränderungen zu reden.

Ein Ziel konkret zu formulieren bedeutet also:

den *Soll*-Zustand klar beschreiben

Vermeiden Sie vage Begriffe. Präzisieren Sie stattdessen, was Sie erreichen wollen. Seien Sie möglichst genau. Sie können zum Beispiel nicht ohne weiteres überprüfen, ob Ihre Teamsitzungen nach ein paar Wochen effektiver sind. Aber Sie können sehr einfach feststellen, ob Sie und Ihre Kollegen neuerdings einen Moderator ernennen, ob Sie eine Tagesordnung erstellen und sich daran halten.

Woran erkennen Sie, dass Sie bei Ihrem Ziel angekommen sind? Es ist eine Hilfe, wenn Sie sich diesen *Soll*-Zustand genau vorstellen. Was ist anders? Woran merken Sie, dass Sie sich weiterentwickelt haben?

genaue Zahlen festlegen

In einigen Fällen ist es hilfreich, eine genaue Zahl festzulegen, die Sie erreichen wollen. Sie können dann präzise beurteilen, ob Sie es geschafft haben oder nicht. Hier einige Beispiele, bei denen diese Methode funktioniert:

- Unsere Firma will im nächsten Jahr 10 Prozent mehr Umsatz erwirtschaften.
- Ich werde meine Englischkenntnisse so verbessern, dass ich beim nächsten Sprachtest mehr als 80 Prozent der Fragen richtig beantworte.
- Ich gewinne in den nächsten zwei Monaten zehn neue Kunden.
- Ich treibe zwei Mal pro Woche mindestens eine Stunde Sport.

Arbeitsblatt: Fragen, um Ziele konkret zu formulieren

Was genau will ich erreichen? Wo will ich hin?

....

....

Wie sehen der Idealfall oder meine Traumlösung aus?

....

....

Wie kann ich konkret überprüfen, ob ich mein Ziel erreicht habe?

....

....

Wie lässt sich messen, ob ich mein Ziel erreicht habe?

....

....

....

Vierter Schritt: Setzen Sie sich einen Termin

Es ist oft sinnvoll, sich einen Termin zu setzen, bis zu dem Sie etwas geschafft haben wollen. Wann soll diese oder jene Veränderung in Ihrem Leben spätestens eingetreten sein? Wenn Sie bis zu dieser Stelle gekommen sind, ist Ihr Ziel positiv formuliert und von Ihnen konkretisiert worden. Nun verschieben Sie es nicht von einem Tag auf den nächsten. Der Termin stellt eine Verbindlichkeit her.

Wenn bestimmte Fristen von vornherein feststehen, müssen Sie sie natürlich von vornherein berücksichtigen. Diese Zeitvorgaben können ein guter Ansporn für Sie sein. Stellen Sie sich vor, Sie sind Grafiker und sollen einen Auftrag für die Illustration eines Buches in zwei Wochen abgeben. Da wissen Sie gleich, woran Sie sind, und können Ihre Zeit entsprechend einteilen. Da Sie das Datum vor Augen haben, werden Sie sich nicht verzetteln.

Wird Ihnen von außen kein Termin vorgegeben, planen Sie zunächst grob. Solange Sie sich noch nicht für eine Handlungsweise entschieden haben, macht es allerdings keinen Sinn, etwa über ein Datum nachzudenken. Das können Sie tun, sobald Sie wissen, wie Sie weiter vorgehen.

So gehen Sie vor

Wenn Sie sich selbst einen Termin setzen, motivieren Sie sich damit ebenfalls. Sie werden Ihrem Vorsatz treu bleiben, regelmäßig in Richtung Ihres Ziels zu arbeiten. Treffen Sie mit sich selbst eine Abmachung, bis zu welchem Zeitpunkt Sie etwas in Angriff genommen, wann Sie Ihr Projekt fertig gestellt haben. Das ist besser als eine bloße Absichtserklärung. Sie ist ungefähr so effektiv wie die Neujahrsvorsätze, die manche Menschen von einem Jahr ins nächste weitertragen:

- Ich möchte gerne abnehmen.
- Im nächsten Jahr lerne ich tauchen.
- Ich werde mich dann mal bei einer anderen Firma bewerben.

Häufig verändert sich gar nichts, obwohl diese Absichtserklärungen konkret formuliert sind. Es ist nicht festgelegt, bis wann sie in die Tat umgesetzt werden.

Bestimmen Sie also einen Zeitpunkt. Wann geht es los? Bis wann erreichen Sie Ihr Ziel? Setzen Sie sich zumindest eine Frist für den ersten Schritt. Der kann zunächst nur darin bestehen, dass Sie Informationen zusammentragen. Recherchieren Sie also, ob es in Ihrer Stadt einen Ernährungsberater gibt, was eine Tauchschule kostet und welche Unternehmen für Sie in Frage kommen. Das ist doch innerhalb einer Woche möglich, oder?

Bleiben Sie auch in diesem Fall konkret. Vermeiden Sie Formulierungen wie »so schnell es geht« oder »sobald ich Zeit finde«. Wirkungsvoller ist: »bis Ende des Monats habe ich ...« und »spätestens am nächsten Freitag bin ich ...«

Arbeitsblatt: So bestimmen Sie den Termin

Wie viel Zeit habe ich? Wird mir von anderen eine Frist gesetzt oder kann ich frei über meine Zeit verfügen?

....

....

....

Welche anderen Termine muss ich bedenken?

....

....

....

Wann beginne ich?

....

....

....

Wie viel Zeit werde ich brauchen, um mein Ziel zu erreichen, oder wie viel Zeit möchte ich mir geben?

....

....

....

Bis wann will ich was erreicht haben?

....

....

....

»Meine konkretisierten Ziele sind:
1. **Meine Firma soll einen Ertrag von 5000 € im Monat erwirtschaften.**
2. **Wir brauchen in einem halben Jahr eine vier Zimmer Wohnung mit einem Spielplatz in der Nähe.**
3. **Ich möchte meine fachlichen Kenntnisse besser einbringen und suche deshalb bis Ende des Jahres eine Position mit mehr Verantwortung.«**

Auf einen Blick

Erst wenn Sie wissen, was Sie erreichen wollen, können Sie entscheiden, welche Handlungsoptionen Für Sie in Frage kommen. Mit einem klaren Ziel vor den Augen werden Sie Vorgehensweisen auch besser gegeneinander abwägen. Oft ist es hilfreich, eine genaue Zahl festzulegen, die Sie erreichen wollen. Überlegen Sie, wann Sie Ihr Projekt beginnen, bis wann Sie Zwischenergebnisse haben, wann Sie es abschließen möchten. Vorsicht vor unbestimmten Zeitangaben! Setzen Sie sich Termine!

So schätzen Sie Ihre Ziele realistisch ein

Fünfter Schritt: Bewerten Sie Ihre Ziele realistisch

Stecken Sie sich hohe Ziele, bleiben Sie aber auf dem Boden der Tatsachen. Wenn Sie Ihr Ziel positiv und konkret formuliert haben, prüfen Sie als Nächstes, ob es realistisch ist – das heißt, ob es sich auch umsetzen lässt. Das Thema der realistischen Bewertung zieht sich durch sämtliche Stufen des Entscheidungsprozesses und damit auch durch das ganze Buch. Ihre Analyse der Situation sollte realistisch sein. Das gilt natürlich auch für das Ziel, das Sie erreichen wollen – und für alles andere, das wir in den folgenden Kapiteln besprechen werden, Ihre Handlungsmöglichkeiten, die Risiken, die Sie eingehen, und die Konsequenzen, die Ihr Vorgehen hat. Bleiben Sie dabei stets auf dem Boden der Tatsachen. Dafür ist es notwendig, dass wir uns mit den Hürden beschäftigen, die auf Ihrem Weg liegen und Sie zu Fehleinschätzungen veranlassen könnten.

Für das Thema Ziele ist diese im Weg stehende Hürde der Anspruch, mit dem Sie an eine Zielsetzung herangehen. Ihre Ziele sollten durchaus anspruchsvoll sein, aber gleichzeitig erreichbar. Das bedeutet, dass sie in einer angemessenen Zeit und mit angemessenen Mitteln verwirklicht werden können, dass sie also machbar sind. Fragen Sie sich, wie realistisch es ist, dass Sie tatsächlich das erreichen, was Sie vorhaben. Auf den ersten Blick mag es Ihnen müßig erscheinen, darüber nachzudenken. Ist es nicht völlig klar, dass Sie keine utopischen Vorstellungen haben wie *»Ich möchte fliegen können bis zum Mond«*?

Auf den zweiten Blick werden Sie sehen, dass diese Überlegungen durchaus von Belang sind. Viele Menschen plagen sich nämlich mit Zielen herum, die sie unter gar keinen Umständen erreichen werden, wie das folgende Beispiel zeigt.

Michael möchte sich nach seinem Juraexamen gerne weiterqualifizieren, denn er strebt einen Posten in der Führungsetage eines Unternehmens an. Er hat sich auch schon Gedanken darüber gemacht, wie er das erreichen kann. Ein Abschluss als Master of Business Administration (MBA) wäre genau das Richtige. Allerdings hat Michael eine feste Stelle in einer Kanzlei, die ihn voll in Anspruch nimmt. Er kommt kaum vor 18 Uhr nach Hause. Er hat eine Partnerin und ein vier Monate altes Kind. Die Hälfte des Wochenendes verbringt er aus alter Gewohnheit in seinem Sportverein. Wie soll er da Zeit finden für ein Studium?

Was für Ansprüche stellen Sie eigentlich an sich selbst? Dabei spielt eine Rolle, wie sehr Sie in Ihre Möglichkeiten und Fähigkeiten vertrauen, überhaupt eine Angelegenheit in Angriff zu nehmen und etwas, das Sie stört, zu verändern. Wenn es Ihnen auch so geht wie Michael und Sie sich ständig überfordern, dürfen Sie sich nicht darüber wundern, dass Sie frustriert sind. Diese Strategie ist schließlich hervorragend dazu geeignet, Ihr Selbstbewusstsein anzukratzen. Das funktioniert nach folgendem Rezept: Setzen Sie sich wieder und wieder Ziele, bei denen mehr als fragwürdig ist, dass Sie sie erreichen. Sie werden mit hoher Wahrscheinlichkeit scheitern – auch, wenn Sie vorher alles richtig gemacht und ein konkretes Ziel formuliert haben. Dann denken Sie vermutlich nicht *»Ich setze mir zu hohe Ziele«*, sondern *»Ich bin völlig unfähig«*. Und schon sitzen Sie in der Falle. Spätestens nach ein paar Erlebnissen dieser Art beginnen Sie, an sich zu zweifeln.

Es gibt Perfektionisten, die sich in allen Bereichen ihres Lebens nur mit allerbesten Ergebnissen zufrieden geben. Pausenlos sind sie im Stress, laufen

Gefahr, sich zu überfordern. Obwohl sie ackern und ackern, schaffen sie nur selten das, was sie wollen. Da sie auf ihre überhöhten Ansprüche fixiert sind, können sie auch gar nicht effektiv arbeiten.

Wenn Sie die umgekehrte Strategie verfolgen, also machbare Ziele formulieren, stärken Sie Ihr Selbstbewusstsein. Sie setzen sich ein Ziel, für das Sie sich zwar gehörig anstrengen müssen, das Sie aber nicht überfordert. Das wird Sie motivieren. Achten Sie darauf, dass Ihnen die nötigen Mittel zur Verfügung stehen, um das Ziel umzusetzen. Auf diese Weise verschaffen Sie sich Erfolgserlebnisse.

Manche Menschen stecken sich fortwährend zu niedrige Ziele, obwohl sie das Zeug zu mehr hätten. Diese Strategie ist auch nicht geeignet, denn sie bleiben unter ihren Möglichkeiten.

Welche Ansprüche stelle ich an mich?	
Die Ansprüche sind überhöht.	Ihr Anspruch ist zu hoch. Das führt zu Misserfolg und Frust.
Die Ansprüche sind hoch, aber realistisch.	Optimales Niveau. Die Aufgabe ist nicht zu leicht und nicht zu schwer. Auf diese Weise erleben Sie Erfolg und bauen Selbstvertrauen auf.
Die Ansprüche sind zu niedrig.	Da Ihnen die Aufgabe zu leicht fällt, sind Sie gelangweilt. Es fehlt Ihnen an Motivation.

Nehmen Sie sich einen Moment Zeit und denken Sie darüber nach, mit welchen Ansprüchen Sie an Ihre Ziele herangehen.

Beantworten Sie dazu die folgenden Fragen:

- Setze ich mir häufig zu niedrige Ziele, weil ich zu wenig Vertrauen in meine Fähigkeiten habe? Falls ja, wie kann ich das ändern?
- Setze ich mir häufig zu hohe Ziele, weil ich meine persönlichen Grenzen außer Acht lasse? Falls ja, wie kann ich das ändern?

Und, haben Sie zu hohe oder zu niedrige Ansprüche? Werden Sie Ihre Ziele mit den Möglichkeiten, die Ihnen zur Verfügung stehen, erreichen oder nicht?

Wenn Sie Ihre Ziele einschätzen, spielen häufig die folgenden drei Bereiche eine Rolle:

So schätzen Sie Ihre Ziele realistisch ein

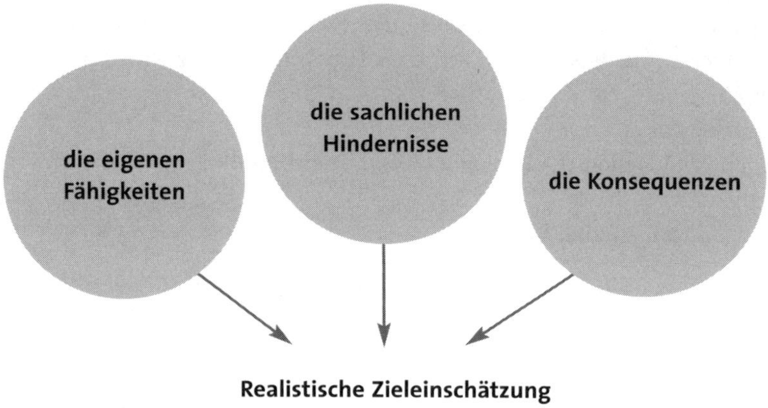

1. Ihre Fähigkeiten

Schätzen Sie Ihre Kompetenzen realistisch ein. Das ist erforderlich, damit Sie beurteilen können, ob Ihr Ziel Sie fordert oder überfordert. Wo liegen Ihre Stärken und Schwächen?

Schulabgänger, die sich für einen Beruf entscheiden, wissen oft nicht, ob sie dafür fachlich und menschlich geeignet sind. Stellen wir uns einen Jugendlichen vor, dem nachgesagt wird, er habe zwei linke Hände. Kann er trotzdem eine Ausbildung als Gas-Wasser-Installateur beginnen, was er sich dringlich wünscht? Ist er tatsächlich so ungeschickt, wie alle behaupten, und inwiefern ist das im Arbeitsalltag von Belang? Was kann er dazulernen, wie kann er seine Voraussetzungen verbessern?

Beurteilen Sie Ihre Fähigkeiten eigentlich angemessen oder wissen Sie vielleicht gar nicht, was in Ihnen steckt? Wenn wir uns selbst einschätzen, orientieren wir uns zu einem großen Teil daran, was andere über uns sagen, welche Rückmeldung sie uns geben. Einzelne Erlebnisse und Gespräche können dabei übermäßiges Gewicht bekommen. Unter Umständen entsteht ein schiefes Bild, weil Familienangehörige und Freunde das halb richtige oder falsche Urteil ständig wiederholen.

Es gibt Menschen, die angeblich nicht mit Zahlen umgehen, aber plötzlich doch gut rechnen können. Anderen fehlt scheinbar die kreative Ader, aber auf einmal haben sie überraschende Ideen. Schüchterne entpuppen sich als glänzende Rhetoriker, die ohne weiteres vor anderen reden können, und so weiter – sicher kennen Sie solche Beispiele. Klarheit über Ihre Stärken und Schwächen bekommen Sie nur, indem Sie sich ausprobieren.
Wenn Sie einschätzen, ob das Ziel, das Sie formulieren, im Sinne Ihrer Entscheidung realistisch ist, müssen Sie auch darüber nachdenken, ob Sie Ihre Fähigkeiten realistisch einschätzen.

Beantworten Sie dazu die folgenden Fragen:

- Welche meiner Stärken bringen mich meinem Ziel näher?
- Welche Schwächen habe ich?
- Schätze ich mich verlässlich ein?

2. Die sachlichen Voraussetzungen

Mit Ihren Ziele können Sie auch an sachlichen und materiellen Voraussetzungen scheitern. Ihnen fehlen einfach die Mittel, sie zu verwirklichen. Sicher wäre es schön, eine Südseeinsel zu kaufen. Aber was tun, wenn Ihr Erspartes nicht ausreicht?
In diese Kategorie fallen zum Beispiel die fachlichen oder gesundheitlichen Zulassungsvoraussetzungen für einen Beruf und die gesetzlichen Bestimmungen zum Bau eines Einfamilienhauses. Es gibt alle möglichen Begrenzungen und Regeln. Stellen Sie sich vor, Sie wollen für Ihr Projekt Fördermittel beantragen, stellen aber fest, dass die Frist für dieses Jahr schon abgelaufen ist. Oder Sie entscheiden sich für den Polizeidienst, stellen aber fest, dass Sie schon zu alt dafür sind. In drei Monaten beginnt eine Messe, auf der Sie mit Ihrem kleinen Unternehmen unbedingt präsent sein möchten, aber Ihr Budget reicht nicht aus, um die Miete für den Stand zu bezahlen.
Viele Menschen haben Ideen, die ihnen lieb geworden sind, die sich aber bei genauer Betrachtung als unrealistisch entpuppen. Ehe Sie sich von solchen Zielen verabschieden, überprüfen Sie, ob Sie die Mittel hätten, Sie umzusetzen.

Beantworten Sie dazu die folgenden Fragen:

- Welche Regeln müssen Sie beachten? Denken Sie an Altersgrenzen, Gesetze, Zulassungsvoraussetzungen, Teilnahmebedingungen etc.
- An welche Fristen und Termine sind Sie gebunden?
- Welche materiellen Voraussetzungen müssen erfüllt sein? Mit welchen Kosten müssen Sie rechnen, welches Material brauchen Sie, wie hoch ist Ihr Budget?

3. Chancen und Gefahren

Beachten Sie auch die Chancen und Gefahren, die mit Ihrem Ziel verbunden sind. Was gewinnen Sie, wenn Sie es erreichen? Bringt Sie Ihr Ziel tatsächlich zu dem Punkt, den Sie erreichen wollen? Um diese Frage zu beurteilen, vergleichen Sie den *Ist*-Zustand mit dem *Soll*-Zustand, den Sie anstreben. Welche Vorteile tauschen Sie möglicherweise gegen welche Nachteile ein? Anders ausgedrückt: Welchen Preis zahlen Sie dafür, dass Ihr Problem gelöst wird?
Nehmen wir an, Sie wollen Karriere machen und Ihr Vorgesetzter schlägt Sie für eine Beförderung vor. Ihr Arzt warnt Sie dringlich vor den gesundheitlichen Risiken, die mit dem zusätzlichen Stress verbunden sind. Der neue Posten wird zwar besser bezahlt, aber die Firma erwartet von Ihnen auch Überstunden. Außerdem tragen Sie mehr Verantwortung. Sollen Sie Ihr Ziel weiter verfolgen, wenn es auf Kosten Ihrer Gesundheit geht?
Ein zweites Beispiel: Sie erwägen, ob Sie ein Produkt jetzt oder erst in ein paar Monaten auf den Markt bringen. Das Produkt ist zwar noch nicht voll ausgereift, aber Sie glauben, dass es sich trotzdem gut verkauft. Die Markteinführung ließe sich beschleunigen, wenn Sie bereits jetzt Gespräche mit potenziellen Kunden führten. Mit positiven Verkaufsbilanzen könnten Sie dann bei weiteren Handelsketten Eindruck hinterlassen. Wollen Sie das wirklich? Auf längere Sicht besteht nämlich das Risiko, dass die Verbraucher sich über das unausgereifte Produkt ärgern und der Ruf Ihrer Firma Schaden nimmt.
Wie Sie sehen, ist es unabdingbar, dass Sie die Konsequenzen Ihres Tuns abwägen. Bewerten Sie Kosten und Nutzen Ihrer Ziele.

Beantworten Sie dazu die folgenden Fragen:

- Welche Vorteile hätte ich, wenn ich mein Ziel erreiche? Welche Chancen und Möglichkeiten sehe ich?
- Welche Nachteile hätte ich? Welche Risiken gehe ich ein? Welche Gefahren lauern?
- Fazit: Kann ich mein Problem auf diese Weise lösen oder schaffe ich mir neue Schwierigkeiten?

»Ich möchte eine Woche länger Urlaub machen. Ist das jetzt ein realistisches Ziel?«

Auf einen Blick

Sich realistische Ziele zu setzen bedeutet, über die eigenen Ansprüche nachzudenken. Prüfen Sie dazu, welche persönlichen Kompetenzen Sie haben. Stimmen die sachlichen Voraussetzungen? Wie ist das Verhältnis zwischen den Kosten und dem Nutzen Ihres Ziels?

Mit Hilfe der folgenden Fragen überprüfen Sie, ob Ihre Ziele erreichbar sind. Eventuell brauchen Sie weitere Informationen, um das zu beurteilen.

Arbeitsblatt: Sind Ihre Ziele realistisch?

1. Welche Ansprüche stelle ich?

Versuche ich, einen utopischen Wunsch zu verwirklichen? Ja ☐ Nein ☐

Setze ich mir zu niedrige Ziele, weil ich zu wenig Vertrauen in meine Fähigkeiten habe? Ja ☐ Nein ☐

Setze ich mir zu hohe Ziele, weil ich meine Grenzen häufig nicht beachte? Ja ☐ Nein ☐

Ist der Anspruch an meine Ziele gerechtfertigt? Ja ☐ Nein ☐

2. Meine Fähigkeiten

Verfüge ich über die Fähigkeiten, die notwendig sind, um das Ziel zu erreichen? Ja ☐ Nein ☐

Schätze ich meine Fähigkeiten realistisch ein? Ja ☐ Nein ☐

Wer kann mir möglichst unvoreingenommen ein Feedback zu meinen Fähigkeiten geben?

....

3. Sachliche Hindernisse

Gibt es sachliche Hindernisse (Fristen, Voraussetzungen etc.), die meinem Ziel im Wege stehen? Ja ☐ Nein ☐

Welche sind es? Woher bekomme ich Informationen darüber?

....

4. Chancen und Gefahren

Welche Vorteile habe ich, wenn ich mein Ziel erreiche?
Welche Chancen und Möglichkeiten eröffnen sich mir?

....

Welche Nachteile muss ich in Kauf nehmen, wenn ich mein Ziel erreiche?
Welche Risiken, welche Gefahren sehe ich?

....

Welche Probleme löse ich, wenn ich mein Ziel erreiche?
Entstehen dadurch neue Probleme?

....

Die SWOT-Analyse

Die SWOT-Analyse wird Ihnen helfen, ein realistisches Ziel zu erarbeiten und davon ausgehend eine Entscheidung zu treffen. SWOT ist eine Abkürzung aus den vier Anfangsbuchstaben der folgenden Wörter: **S**trengths (Stärken), **W**eaknesses (Schwächen), **O**pportunities (Chancen), **T**hreats (Gefahren).

Diese Methode beruht auf einer gründlichen Einschätzung Ihrer Stärken und Schwächen. Sie bezieht Ihre aktuelle Situation und den *Soll*-Zustand ein, der eintritt, wenn Sie Ihr Ziel erreichen. Ihre Stärken und Schwächen werden auf ein einfaches Positiv-Negativ-Raster verteilt. Außerdem werden mögliche zukünftige Entwicklungen vorweggenommen und ebenfalls in ein einfaches Positiv-Negativ-Raster sortiert. Das heißt, Sie überlegen, welche Chancen und Gefahren sich Ihnen eröffnen, wenn sich Ihr Wunsch erfüllt. Mit der SWOT-Analyse gehen Sie also von vier Punkten aus:

1. **S**trengths (Stärken) 2. **W**eaknesses (Schwächen)	Wie sieht Ihre momentane Situation aus?
3. **O**pportunities (Chancen) 4. **T**hreats (Gefahren)	Wie sieht Ihre Zukunft aus?

Die SWOT-Analyse wird häufig von Existenzgründern benutzt, die sich bewusst machen wollen, was sie und ihr Unternehmen erwartet. Darüber hinaus eignet sie sich hervorragend für alle Projekte, die langfristig geplant werden oder die sich über mehrere Wochen oder Monate erstrecken. Die SWOT-Analyse veranschaulicht mögliche Veränderungen und Entwicklungen.

Folgende Fragen können hilfreich sein:

Strenghts:

- Welche Stärken hat die Angelegenheit?
- Welche Vorteile hat sie?
- Was gelingt sehr gut?
- Was wird häufig gelobt?
- Wo liegen die Schwerpunkte bei Kompetenz oder Ausstattung?

Weaknesses:

- Welche Schwächen hat die Angelegenheit?
- Welche Nachteile hat sie?
- Was gelingt nicht gut?
- Was wird häufig kritisiert?
- Wo fehlt es an Kompetenz oder Ausstattung?

Opportunities:

- Was wird sich auf längere Sicht günstig auswirken?
- Woraus ergeben sich Chancen?
- Welche günstigen Entwicklungen sind abzusehen?
- Welche Trends bergen Chancen in sich?

Threats:

- Was wird sich auf längere Sicht ungünstig auswirken?
- Woraus ergeben sich Gefahren?
- Mit welchen ungünstigen Entwicklungen muss ich rechnen?
- Welche Trends bergen Risiken in sich?

Hier ein Beispiel:

Mitarbeiter eines kleinen Start-up-Unternehmens im Bereich Wissenschaft nutzen die SWOT-Analyse, weil sie ein neues Produkt weiterentwickeln wollen. Ihre Frage lautet: Hat das neue Produkt auf dem Markt realistische Chancen?

»Hat unser neues Produkt auf dem Markt realistische Chancen?«

Die Analyse sieht folgendermaßen aus:

Stärken

Das Verfahren ist patentiert.
Unser Unternehmen ist das einzige, das dieses Produkt anbietet.
Sechzig bis siebzig Prozent der Firmen in der Branche haben Interesse daran.

Schwächen

Es dauert verhältnismäßig lange, das Produkt herzustellen.
Nur Fachleute können das Produkt handhaben.

Chancen

Das Produkt hat ein hohes Marktpotenzial.
Das Produkt bietet weitere Entwicklungsmöglichkeiten.

Gefahren

Ein andere Firma entwickelt ein Herstellungsverfahren, das mit unserem konkurriert.
Unsere Mitarbeiter werden von Konkurrenten abgeworben.
Dadurch geht uns Know-How verloren.

Wie würden Sie entscheiden?

Die Mitarbeiter des Unternehmens kommen nach der SWOT-Analyse zu diesem Schluss: Das Produkt hat erhebliche Chancen, sich im Markt durchzusetzen und sich zu etablieren. Zwar gibt es Risiken, aber sie sind nicht besonders schwerwiegend. Sie lassen sich vermeiden oder wir betrachten sie als Herausforderungen. Das Produkt hat einen hohen Wert, die Gefahren sind gering.

Arbeitsblatt SWOT-Analyse

Strengths (Stärken)	**Opportunities** (Chancen)
....	....
....	....
....	....
....	....
....	....
....	....
....	....
....	....

Weaknesses (Schwächen)	**Threats** (Gefahren)
....	....
....	....
....	....
....	....
....	....
....	....
....	....
....	....

Mit Hilfe der vier Schritte, die in diesem Kapitel dargestellt wurden, können Sie Ihre Ziele präzisieren. Damit schaffen Sie eine gute Grundlage dafür, weiter im Entscheidungsprozess fortzufahren und nach Wegen zu suchen, um Ihre Ziele umzusetzen.

Für eine bessere Übersicht benutzen Sie die folgende Checkliste:

Arbeitsblatt: So formulieren Sie präzise Ziele

Von welchem Problem gehe ich aus?

....

....

....

Wie lauten meine positiven Ziele?
Was will ich erreichen/verbessern?

....

....

....

Wie kann ich meine Ziele konkret formulieren?

....

....

....

Wie kann ich meine Ziel überprüfen oder messen,
ob ich mein Ziel erreicht habe?

....

....

....

Welche Termine oder Fristen lege ich fest?

....

....

....

Ist mein Ziel realistisch?

....

....

....

4

So verfolgen Sie mehrere Ziele gleichzeitig

Im dritten Kapitel ging es darum, wie Sie sich Ziele setzen. Manchmal ist das gar nicht so einfach, weil Sie in einer Situation sind, in der Sie verschiedene Faktoren berücksichtigen müssen. Möglicherweise merken Sie, dass es Ziele gibt, für die sich nur schwer eine einzige konkrete Formulierung finden lässt, die die Sache auf den Punkt bringt. Wenn das bei Ihnen der Fall ist, verfolgen Sie wahrscheinlich mehrere Ziele gleichzeitig – ich spreche im Folgenden von einem Mehrfachziel. Es konkret in Worte zu fassen kann recht schwierig sein. Um seiner Komplexität gerecht zu werden, sind zusätzliche Schritte notwendig. Damit beschäftigen wir uns in diesem Kapitel.

Schauen wir uns zuerst an, wie Sie das Mehrfachziel in Angriff nehmen. Sie gehen dabei folgendermaßen vor:

Mehrfachziele formulieren

Erster Schritt: das Problem definieren ✔

Zweiter Schritt: formulieren Sie ein positives Ziel ✔

Dritter Schritt: prüfen Sie, ob Sie ein Mehrfachziel verfolgen

Vierter Schritt: zerlegen Sie das Mehrfachziel in Teilziele

Fünfter Schritt: entscheiden Sie, welches Ziel am wichtigsten ist

Sechster Schritt: schaffen Sie Meilensteine

Siebenter Schritt: orientieren Sie Ihre Ziele an Werten

Die ersten beiden Schritte, nämlich die Definition des Problems und das positive Formulieren des Ziels, haben wir schon im zweiten und dritten Kapitel (siehe Seiten 39–91) besprochen. Nun geht es um den dritten Schritt.

Dritter Schritt: Prüfen Sie, ob Sie ein Mehrfachziel verfolgen

Wenn Sie ein Mehrfachziel haben, können Sie es meist nicht so leicht in Worte fassen, weil Sie gleichzeitig mehrere Absichten verfolgen und sich Ihnen dadurch unterschiedliche Wege eröffnen. Es handelt es sich um ein übergeordnetes Ziel, mit dem Sie über die Richtung bestimmen, die Sie einschlagen wollen. Sie legen zum Beispiel fest, woran Sie sich in Ihrem Beruf/Ihrer Partnerschaft/Ihrer Freizeit im Allgemeinen orientieren.

Mehrfachziele sind deshalb schwer zu konkretisieren, weil Sie ein bisschen Spielraum lassen müssen. Sie dienen der groben Orientierung. Nehmen wir zum Beispiel an, Sie haben den Wunsch *»Ich möchte schöner wohnen«*. Was bedeutet das konkret? Während Sie darüber nachdenken, wird Ihnen bewusst, dass Sie den *Soll*-Zustand in diesem Fall nicht in einem einzigen Schritt erreichen. Eine Möglichkeit wäre: *»Meine Wand soll mit einer anderen Farbe angestrichen werden.«* Aber das reicht Ihnen noch nicht. Brauchen Sie nicht außerdem ein größeres Regal, in dem Sie Ihre Bücher besser unterbringen? Auch das alte Sofa stört Sie. Es ist durchgesessen und hat Flecken. Und was wird aus den Vorhängen und der Beleuchtung? Wie Sie sehen, müssen Sie in Ihrer Wohnung eine ganze Menge verändern, damit Sie sich wohler fühlen.

Um Ihr Mehrfachziel in wenigen Sätzen zusammenzufassen, zerlegen Sie es in einzelne Ziele. Diese Teilziele können Sie nach dem Muster, das Sie bereits kennen, konkret formulieren. Entscheiden Sie für jedes einzelne Ziel, wie Sie es verwirklichen.

Vierter Schritt: Zerlegen Sie das Mehrfachziel in Teilziele

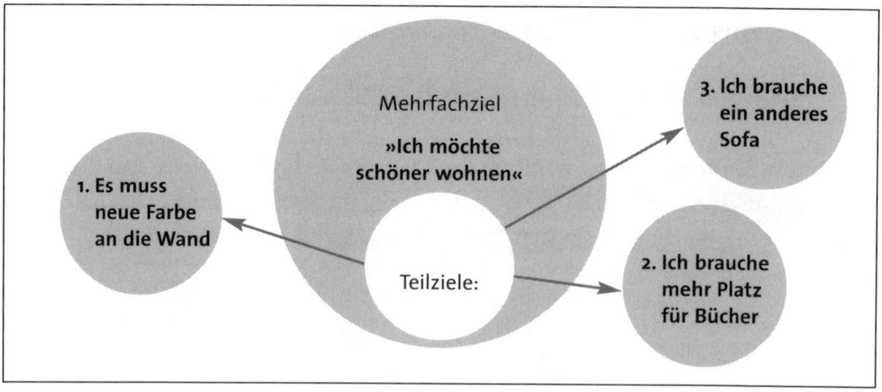

Schon hinter einem so simplen Satz wie *»Ich möchte schöner wohnen«* können sich mehrere Teilziele verbergen. Wenn Sie ein Mehrfachziel verfolgen, denken Sie dabei an unterschiedliche Aspekte ein und derselben Situation. Vielleicht kommt es Ihnen so vor, als stünden Sie vor einem Berg, so anstrengend kann die ganze Sache sein. Wo sollen Sie anfangen, wo können Sie mit Ihrer Entscheidung ansetzen? Das Problem ist derart komplex, dass es nicht mit einem Mal zu lösen ist. Sehen wir uns ein Beispiel an:

Beverly

Frage: *Du wurdest schwanger. Wie hast du entschieden, ob du das Kind bekommst und deine Karrierepläne erst einmal zurückstellst?*

Beverly: *Ich zögerte so lange, bis ich fast keine Wahl mehr hatte. Im Nachhinein möchte ich sagen, ich habe die Entscheidung geradezu ausgesessen. Ich dachte: Oje, mein Leben wird völlig umgekrempelt! Ehrlich gesagt, hatte ich ziemlich viel Angst davor.*

Frage: *Was war das Problem?*

Beverly: *Ich konnte mir nicht vorstellen, wie das Leben mit einem Kind sein würde… Mein Alltag würde sich mit einem Mal sehr verändern.*

Frage: *War dir klar, dass du dabei warst, den Entschluss auszusitzen?*

Beverly: *Ja, natürlich! Ich wusste genau, bis wann ein Schwangerschaftsabbruch möglich gewesen wäre.*

Frage: *Wie hast du es dann doch geschafft, dich zu einem Entschluss durchzuringen?*

Beverly: *Ich habe mir eine Reihe von Fragen gestellt:*
Wie würde mein Tagesablauf aussehen?
Welche Bedingungen müssten erfüllt sein, um ein Kind kriegen zu können?
Wie steht mein Partner dazu? Wie stelle ich mir die Aufgabenteilung zwischen uns vor?
Was bedeutet die Mutterschaft für meinen Beruf? Wie kann ich meine Karrierepläne weiter verfolgen?

Frage: *Du hast über diese Punkte nachgedacht und dich mit deinem Partner auseinander gesetzt. Wie war es dann?*

Beverly: *Die Hürden erschienen mir nicht mehr so unüberwindlich. Statt vor einem riesigen Berg aus Arbeit und Verantwortung stand ich mit einem Mal vor vielen Aufgaben, die jede für sich zu bewältigen waren.*

Frage: *Konntest du eine klare Entscheidung treffen?*

Beverly: *Ja, weil meine Panik weg war. Ich entschied mich für das Baby, weil ich mir das Leben mit ihm vorstellen konnte. Ich fühlte mich dieser Aufgabe gewachsen.*

Als sie bemerkte, dass sie schwanger war, fand sich Beverly in einer komplexen Situation wieder. Die Geburt des Kindes hätte für jeden Bereich ihres Lebens Konsequenzen gehabt, die sie in diesem Moment noch nicht einmal überschauen konnte. Sie konnte einen Beschluss fällen, nachdem sie die große, unübersichtliche Frage in Teilaspekte zerlegt hatte. Wir kommen später noch einmal zu Beverly zurück.

Fünfter Schritt: Entscheiden Sie, welches Ziel am wichtigsten ist

Nachdem Sie überlegt haben, welche Teilziele in Ihrem Mehrfachziel stecken, planen Sie nun, wie Sie sie erreichen. Dazu müssen Sie die Teilziele ordnen.

Bei manchen Entscheidungen geht es um so viele einzelne Ziele, dass Sie unmöglich alle gleichzeitig bedenken können. Sie müssen festlegen, in welcher Reihenfolge Sie sie in Angriff nehmen. Sie legen also eine Hierarchie fest. Dabei sollten Sie drei Punkte beachten:

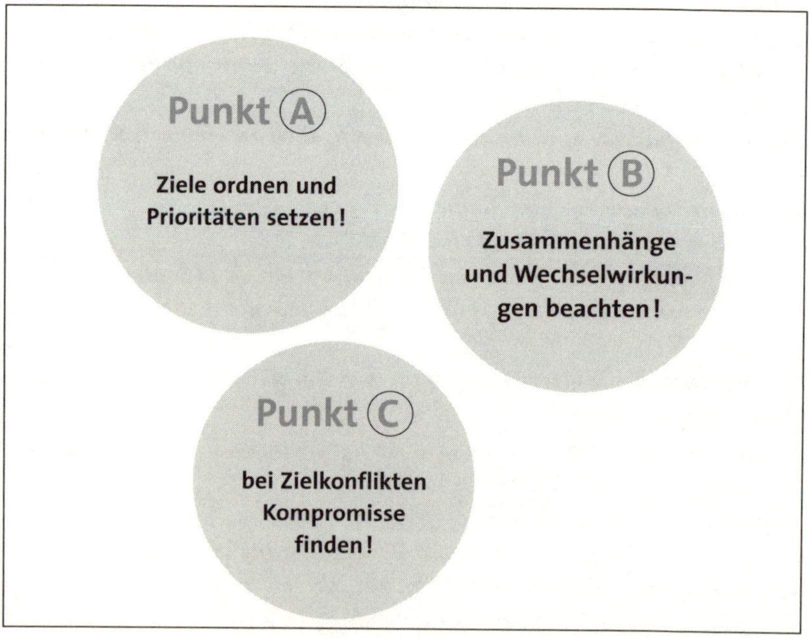

Punkt (A) (siehe Grafik Seite 100):
Ordnen Sie Ihre Ziele und setzen Sie Prioritäten
Schaffen Sie sich zuerst einen Überblick über alle Einzelziele, die sich hinter Ihrem Mehrfachziel verbergen. Schreiben Sie sie am besten alle auf. Diese Liste ist wahrscheinlich schnell fertig. Die Kunst besteht nun darin, die Wünsche zu sortieren und festzulegen, womit Sie beginnen und was Sie vorerst hintanstellen. Setzen Sie also Prioritäten. Das ist erforderlich, weil Sie wohl kaum auf allen Baustellen gleichzeitig arbeiten können. Dann würden Sie nämlich den Überblick verlieren und sich verzetteln. Unter Umständen würden Sie völlig den Mut verlieren, weil Sie den Wald vor lauter Bäumen nicht sehen.
Eine Strategie, diese Situation zu bewältigen, besteht darin, dass Sie sich auf den Schritt konzentrieren, der unmittelbar vor Ihnen liegt. So halten es Sportler, die lange Strecken hinter sich bringen. Sie denken nicht an die gesamte Marathondistanz, sondern nur an die nächsten Kilometer. Mit dieser Vorgehensweise sind Sie allerdings nur dann erfolgreich, wenn Ihnen auch klar ist, was danach kommt.

Auf einen Blick

Übergeordnete Ziele sind fast immer Mehrfachziele. Sie stehen in der Hierarchie ganz oben. Häufig handelt es sich um Fernziele, die Sie nicht morgen oder übermorgen erreichen, sondern erst, wenn Sie einzelne Teilschritte hinter sich gebracht haben. Übergeordnete Ziele geben die grobe Richtung vor. Deshalb werden sie auch als Richtziele oder Finalziele bezeichnet. Sie sind Wegweiser und müssen deshalb allgemein formuliert sein.

Untergeordnete Teilziele sind konkreter und werden deshalb auch Nah- oder Zwischenziele genannt. Mit ihnen lässt sich das übergeordnete Ziel erreichen. Je nachdem, wie viele Teilziele Sie verfolgen, können Sie sie nochmal in Grob- und Feinziele unterteilen und davon ausgehend Ihr weiteres Vorgehen planen.

Der Routenplaner

Um abzuwägen, welche Priorität Ihre Ziele haben, sollten Sie Orientierungspunkte benutzen. Das funktioniert so ähnlich wie bei einer Wanderung im Gebirge, während der Sie nach den großen Berggipfeln Ausschau halten. Entscheiden Sie im ersten Schritt, welches Ihre zentralen Ziele sind und welche Ziele weniger wichtig sind. Im zweiten Schritt berücksichtigen Sie Ihre Fristen und Termine. Welche Ziele sind dringlich, für welches Projekt haben Sie ein Vierteljahr Zeit?

So legen Sie Prioritäten fest

1. Wie wichtig ist Ihnen Ihr Ziel?

Wichtigkeit bezieht sich auf das zugrunde liegende Problem. Als besonders **wichtig** werden die Ziele eingestuft, die ganz zentrale Aspekte betreffen. Besondere Priorität haben die vitalen Ziele, die lebensnotwendige Dinge betreffen, also für die Funktion der Sache eine zentrale Rolle spielen.

- Welche Ziele sind Ihnen besonders wichtig?
- Welche Ziele sind peripher?
- Welches Ziel müssen Sie erreichen, damit Sie weitere Ziele in Angriff nehmen können?

2. Wie dringlich ist Ihr Ziel?

Hier ist von Belang, ob die Zeit drängt oder nicht. Bis wann müssen Sie etwas erreicht haben? **Dringlich** sind Ziele, die Sie wegen einer Frist oder eines bevorstehenden Termins sofort erledigen sollten, weil sonst unangenehme Konsequenzen auf Sie zukommen.

- Bei welchen Zielen drängt die Zeit?
- Bei welchen Zielen müssen Fristen beachtet werden
- Welche Ziele sind Terminsachen?

Die Entscheidungsmatrix (nach Dwight D. Eisenhower)

Wie man Prioritäten setzt, können wir von Dwight D. Eisenhower lernen, der 1952 zum Präsidenten der USA gewählt wurde. Die nach ihm benannte Eisenhower-Matrix geht von einer Einstufung der Ziele in **wichtig** und **dringlich** aus.

Dafür werden sie in ein Vier-Felder-Schema eingeordnet. Wenn Sie nach dieser Methode verfahren, erhalten Sie vier unterschiedliche Prioritätsbewertungen.

Nachdem Sie die Ziele in diese Matrix eingeteilt haben, wägen Sie ab, in welcher Reihenfolge Sie Ihre Teilziele ins Auge fassen.

- Zuerst beschäftigen Sie sich mit den Zielen der **Kategorie A (siehe Grafik unten)**, die höchste Priorität haben.
- Dann folgen die Ziele der **Kategorien B** und **C**.
- Ziele aus der **Kategorie D** sollten Sie zunächst zurückstecken oder sogar neu überdenken.

Im Folgenden ein Beispiel:

Peter

Peter: *Als sich das Ende meines Architekturstudiums näherte, stand ich vor der schwierigen Entscheidung, was ich anschließend anfangen soll. Einerseits überlegte ich, bei welchen Firmen ich mich bewerben könnte, andererseits hatte ich Lust, etwas ganz anderes zu machen, verrückte Projekte…*

Frage: *Warum fiel dir die Entscheidung so schwer?*

Peter: *Ich wusste nicht, was mir in diesem Moment wichtig war. Ich wollte endlich Geld verdienen, aber ich hatte auch den Kopf voller Träume. Dinge, die mir auch wichtig waren, aber von denen hätte ich mich nie und nimmer ernähren können. Es gelang mir nicht, eine Reihenfolge festzulegen. Was sollte ich als Erstes anfangen, was später?*

Frage: *Wie hast du es dann doch geschafft?*
Peter: *Der Groschen fiel, als ich einen Vortrag hörte. Der Redner ließ in einem Nebensatz eine Bemerkung fallen: »Größte Priorität haben die lebensnotwendigen existenziellen Ziele.« Da wurde mir klar, dass ich zuerst meine Existenz gründen musste. Danach konnte alles Weitere kommen.*
Frage: *Was hat sich durch diesen Satz für dich verändert?*
Peter: *Im Nachhinein klingt es banal, aber es war mir vor dem Vortrag nicht klar, welche Priorität ich jedem einzelnen Ziel gab. Das Problem löste sich, nachdem ich wusste, in welcher Reihenfolge ich sie angehen konnte.*

Voneinander unabhängige Ziele können Sie sie mit Hilfe der Eisenhower-Matrix in eine schlüssige Reihenfolge bringen. Auf diese Weise kriegen Sie nicht enden wollende To-do-Listen und Aufgabenzettel in den Griff. Sie wissen endlich, was vorerst warten muss. Sie schaffen Platz auf Ihrem Schreibtisch und in Ihrem Terminkalender und können sich um die Dinge kümmern, die tatsächlich von Belang sind.

Allerdings, mit den wirklich wichtigen Dingen ist es so eine Sache. Es kann passieren, dass es nicht ausreicht, Ihre Ziele nach Eisenhower zu priorisieren. Möglicherweise kommen Ihnen alle Ihre Ziele wichtig vor und stapeln sich damit in einem oder zwei Feldern der Eisenhower-Matrix. Dies ist leider ganz normal bei Zielen, die miteinander zusammenhängen. Wenn Ziele zusammenhängen und nur eines davon ist sehr wichtig, dann sind alle anderen Ziele, die damit zusammenhängen, mit hoher Wahrscheinlichkeit auch wichtig.

Um hier Prioritäten zu setzen, betrachten Sie näher, welche Kausalität zwischen diesen Zielen besteht.

Punkt (B) (siehe Grafik Seite 100):
Beachten Sie die Zusammenhänge zwischen Ihren Zielen

Bei dem Beispiel »Schöner wohnen« sind die einzelnen Ziele noch weitgehend unabhängig voneinander. Die Überlegung, welche Wandfarbe Sie auswählen, hat keinen Einfluss auf die Frage, welches Regal für Ihre Bücher zweckmäßig ist. Bei dem Beispiel von Beverly sieht die Sache schon anders aus. Die Frage, ob sie das Kind bekommt, hat Auswirkungen auf ihre Karriere.

Mehrfachziele stehen häufig in einem engen Zusammenhang zueinander. Wenn Sie einfach eines nach dem anderen in Angriff nehmen, werden Sie rasch feststellen, dass das nicht immer funktioniert. Sie können diese Ziele nicht nacheinander abarbeiten. Sie müssen gleichzeitig an der Verwirklichung mehrerer Ziele arbeiten. Natürlich sind Ihre Kapazitäten begrenzt. Sie können sich ja nicht zerreißen. Setzen Sie also hier eine Reihenfolge fest, an welchen Zielen Sie gleichzeitig arbeiten müssen. Dazu vergegenwärtigen Sie sich, welche Zusammenhänge und Wechselwirkungen zwischen den Zielen bestehen. Sehen wir uns dazu ein Beispiel an:

Die Existenzgründung

Stellen Sie sich vor, Sie wagen den Schritt in die Selbstständigkeit. In einer ruhigen Minute formulieren Sie Ihre Ziele in vier Stufen:

1. Das Problem definieren
»Ich bin unzufrieden mit meiner beruflichen Situation.«
Diesen Missstand wollen Sie beheben. Daraus folgt:

2. Formulieren Sie ein positives Ziel
»Ich mache mich selbstständig.«

3. Prüfen Sie, ob Sie ein Mehrfachziel verfolgen
Sie merken, dass Sie ein Mehrfachziel verfolgen. Daher zerlegen Sie es in Teilziele.

4. Zerlegen Sie das Mehrfachziel in Teilziele

- Finanzierung sicherstellen, Businessplan schreiben
- Dienstleistung oder Angebot festlegen
- über Kernkompetenzen festlegen
- Versorgung planen, Versicherungen abschließen
- Akquise planen
- Marktanalyse durchführen

Im nächsten Schritt bringen Sie die Ziele in eine Reihenfolge. Dazu müssen Sie sich vergegenwärtigen, in welchem Zusammenhang sie miteinander stehen. Ihre Kernkompetenzen bedingen beispielsweise, welche Dienstleistungen Sie anbieten. Davon wiederum hängt ab, wie Sie die Finanzierung sicherstellen und ob Sie Akquise betreiben. Wir sehen also, dass Sie Ziele, zwischen denen eine Wechselwirkung besteht, dadurch in eine geeignete Reihenfolge bringen, indem Sie überlegen, welche Kausalität zwischen ihnen besteht und wie sie aufeinander aufbauen.

Wenn Sie nur einen Aspekt ins Auge fassen, kommen Sie bei komplexen Entscheidungen nicht weiter. Im Gegenteil: Sie schaffen weitere Probleme. Machen Sie sich bewusst, in welchem Zusammenhang die Ziele zueinander stehen. Das ist gerade im Berufsleben von Bedeutung. Die Personalabteilungen von Firmen setzen daher bei der Auswahl von Mitarbeitern auf Fähigkeiten wie prozessorientiertes Denken und kognitive Komplexität. Damit ist gemeint:

1. dass der Mitarbeiter erkennt, welche unterschiedlichen Faktoren in einer bestimmten Situation eine Rolle spielen;
2. dass er berücksichtigt, wie die Faktoren einander bedingen, und dementsprechend seine Ziele setzt.

Techniken zum Visualisieren von Zielen

Zusammenhänge zwischen Zielen können Sie sich am besten auf einem Blatt Papier verdeutlichen. Das funktioniert ähnlich wie bei einer Wanderung, bei der ja eine Karte von dem Gelände nützlich ist. Sie sehen Ihren Weg quasi von oben, aus der Vogelperspektive. Diese Methode können Sie auch für Ihre Ziele benutzen. Zerlegen Sie sie und zeichnen Sie sie auf einen Zettel. Die folgenden Techniken sind dafür sehr gut geeignet:

Zettelmethode

Benutzen Sie Moderations- oder Karteikarten oder Haftzettel. Schreiben Sie auf jede Karte ein Ziel. Legen oder kleben Sie sie auf einen Bogen Papier, der ausreichend groß sein sollte. Die Beziehungen zwischen den einzelnen Zielen stellen Sie durch Pfeile dar. Falls notwendig, können Sie die Karten mit den Zielen hin und her schieben, so dass die Zusammenhänge deutlich werden.

Mind Mapping®

Ebenfalls sehr gut geeignet ist das Mind Mapping, das ausführlich im fünften Kapitel erklärt wird (S. 144). Schreiben Sie das Oberziel in die Mitte eines Blattes. Verästeln Sie es mit dem oder den übergeordneten Zielen und dann weiter mit den Teilzielen. Die Beziehungen zwischen den einzelnen Zielen stellen Sie durch Linien dar.

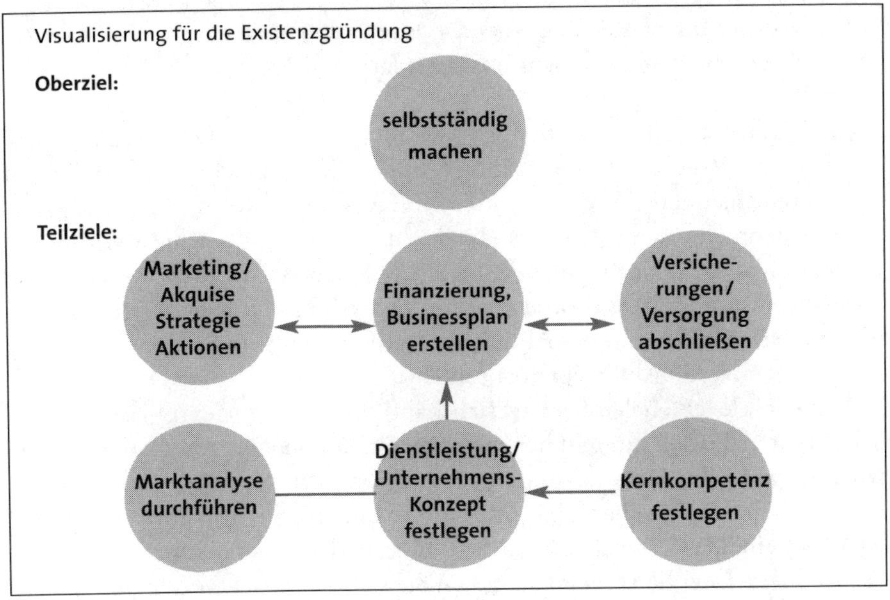

Arbeitsblatt: Prioritäten setzen

In welche Reihenfolge würden Sie die Einzelziele aufgrund ihres Zusammenhanges bringen?

....

....

....

....

Folgendermaßen könnten Sie Prioritäten setzen:

- Kernkompetenzen festlegen in Bezug auf die Dienstleistung
- Marktanalyse in Bezug auf mögliche Dienstleistung
- Dienstleistung/Angebot festlegen und Businessplan erstellen
- Marketing und Akquise planen in Zusammenhang mit dem Businessplan
- Versorgung planen und Versicherung abschließen in Zusammenhang mit dem Businessplan

Wenn Sie sich nun die Beziehungen zwischen den einzelnen Zielen ansehen, werden Sie feststellen, dass Sie häufig Doppelpfeile gezeichnet haben. Es gibt also unterschiedliche Wechselwirkungen. Sie können keine Marktanalyse in Angriff nehmen – ohne eine Idee davon zu haben, welche Dienstleistung Sie anbieten wollen. Je nachdem, wie die Analyse ausfällt, werden Sie wiederum möglicherweise Ihr Angebot verändern. Dasselbe gilt für die Akquisestrategie. Wie viel Geld Sie in die Akquise investieren, müssen Sie gemeinsam mit Ihrem Finanzierungskonzept abstimmen.

Bei komplexen Zielen lässt es sich häufig nicht vermeiden, dass Sie zwischen den Teilzielen hin und her springen. Sie können das eine Ziel nicht verfolgen, ohne dabei auch das andere im Auge zu behalten. Wenn Sie bei komplexen Zielen die Reihenfolge festlegen, beziehen Sie also immer mehrere Ziele mit ein. Das kann allerdings dazu führen, dass Sie den Überblick verlieren und Ihre Energie vergeuden, indem Sie sich zur falschen Zeit mit den falschen Zielen beschäftigen. Um das zu vermeiden, gehen Sie am besten systematisch vor.

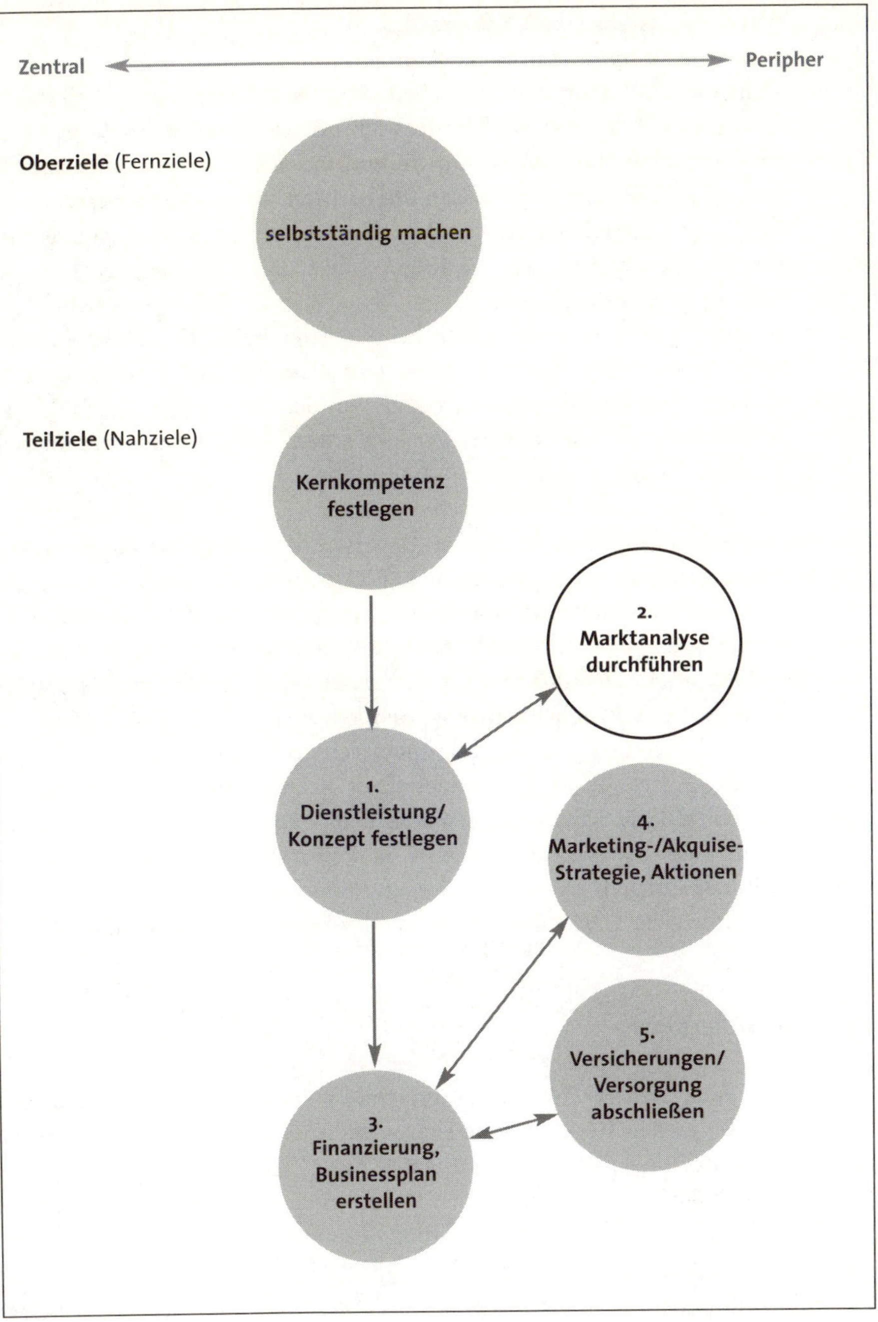
Zentral
Peripher
Oberziele (Fernziele)
selbstständig machen
Teilziele (Nahziele)
Kernkompetenz festlegen
2. Marktanalyse durchführen
1. Dienstleistung/ Konzept festlegen
4. Marketing-/Akquise-Strategie, Aktionen
5. Versicherungen/ Versorgung abschließen
3. Finanzierung, Businessplan erstellen

Punkt (C) (siehe Grafik Seite 100):

Finden Sie Kompromisse bei Zielkonflikten

Wenn das Ziel komplex ist, stehen seine einzelnen Aspekte häufig in irgendeiner Weise miteinander in Verbindung. Deshalb reicht es nicht, eine geeignete Reihenfolge zu finden und die Ziele nacheinander in Angriff zu nehmen. Sie müssen überprüfen, ob es möglicherweise zu Konflikten zwischen den einzelnen Zielen kommt. Damit ist gemeint, dass Sie gleichzeitig Ziele verfolgen, die einander widersprechen, die also gegeneinander wirken.

Bei der Existenzgründung war das nicht der Fall. Die einzelnen Ziele bedingen einander. Wenn Sie sie umsetzen, wird es Sie voranbringen. In anderen Situationen kommt es aber vor, dass Sie einige Ziele zurückstellen müssen, um andere verwirklichen zu können. Sie müssen berücksichtigen, inwieweit ein Ziel positive oder negative Auswirkungen auf Ihre anderen Interessen hat.

Erinnern wir uns noch einmal an Beverly. Sie überlegt, wie sie Kind und Karriere miteinander verbinden kann. Entscheidet sie sich dafür, das Baby zu bekommen und eine Familie zu gründen, ist das kontraproduktiv für ihre Karriere. Beverly kann ihre beiden Oberziele, also Familie und berufliches Fortkommen, nicht unabhängig voneinander verfolgen. Sie muss nach Möglichkeiten suchen, entweder beide Ziele parallel zu verwirklichen (z. B. Partner kümmert sich um den Nachwuchs, Beverly um ihre Karriere) oder sie findet einen Kompromiss zwischen beiden (z.B. eine kurze Babypause machen, das Kleine zu den Großeltern geben, dann mit Volldampf zurück in die Firma). Optionen, die sie nur in Bezug auf den einen oder den anderen Aspekt weiterbringen, sind nicht hilfreich. Schauen wir uns Beverlys Situation noch einmal an:

Beverlys Kompromiss

Entscheidet sich Beverly für den Kompromiss kurze Babypause/schneller Wiedereinstieg in den Beruf, hat sie sich wiederum ein Mehrfachziel gesetzt. Das kann sie nur umsetzen, wenn sie einige neue Ziele definiert. Wenn sie sie konkret formuliert, wird zunächst eine Reihe von neuen Problemen rund um Job und Familie deutlich. Für jedes Einzelne muss Beverly einen weiteren Kompromiss finden. Nur so kann sie ihre Oberziele verwirklichen. Davon ausgehend kann sie, wie im dritten Kapitel beschrieben, konkrete Ziele ableiten.

Beverlys Kompromiss

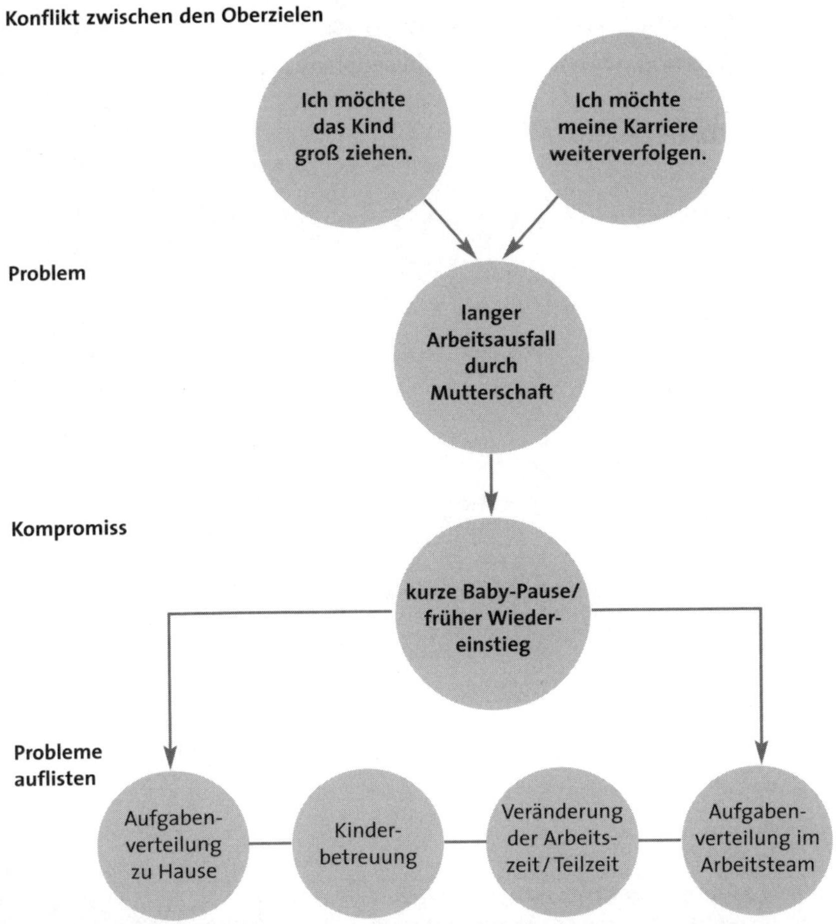

Weitere Kompromisse überlegen

Aufgabenverteilung:
verringerte Arbeitszeit bedeutet zunächst andere oder möglicherweise weniger verantwortungsvolle Aufgaben in Kauf zu nehmen.

Veränderung der Arbeitszeit:
die Arbeitszeit muss lange genug sein, um Aufgaben-Bereiche sinnvoll bearbeiten zu können, aber das Kind soll auch nicht zu lange in fremden Händen sein.

Arbeitsblatt Zielhierarchie: So ordnen Sie Ihre komplexen Ziele

Welche Teilziele stecken in Ihrem Oberziel?
Welches sind zentrale, welches sind periphere Ziele?

Oberziele (Fernziele)

Teilziele (Nahziele)

Überprüfen und visualisieren Sie:
In welchem Zusammenhang stehen Ihre Ziele miteinander?
Verteilen Sie Prioritäten. Welche zeitliche Abfolge ergibt sich daraus?
Wo gibt es Zielkonflikte?

Welche Kompromisse werden nötig?

....

....

Sechster Schritt: Schaffen Sie Meilensteine

Wie Sie gesehen haben, müssen Sie den Weg zu Ihren Fernzielen geschickt planen. Auf allen Etappen dorthin passieren Sie Meilensteine. Das sind Punkte, die Ihnen signalisieren, dass Sie wieder etwas geschafft haben. Es sind schon Veränderungen erkennbar. Jeder Meilenstein ist also ein Etappensieg. Er motiviert Sie weiterzumachen.

Während das Oberziel unscharf bleibt, sollten Sie Meilensteine konkret definieren. Dafür gelten dieselben Kriterien wie für das Formulieren von konkreten Zielen (siehe Checkliste auf S. 93). In welchen Abständen setzen Sie die Meilensteine am besten? Häufig werden sie in zu großer Entfernung voneinander gesetzt. Das wirkt sich allerdings ungünstig auf die Motivation aus. Wenn Sie lange wandern, werden Sie ja auch wieder munter, wenn in der Ferne schon der Rastplatz in Sicht ist. Sie wissen, dass Sie bald wieder eine Etappe hinter sich gebracht haben. Das ist im Moment möglicherweise wichtiger als das Fernziel.

Setzen Sie sich in kleinen Abständen Meilensteine, wenn Sie

- laufend im Stress sind oder von Ihnen ein Kraftakt erwartet wird.
- gleichzeitig mehrere Ziele verfolgen und Gefahr laufen, den Überblick zu verlieren.
- eine Durststrecke vor sich haben und Ihre Motivation nachlässt.
- gern mal wieder ein Ergebnis sehen würden und Sie Erfolgserlebnisse vermissen.
- Ihre gute Laune langsam nachlässt.

Schauen wir uns wieder ein Beispiel an:

Ralf

Frage: *Du leitest mehrere Teams und verfügst über Erfahrungen bei der Definition von Zielen. Wie sind die Teams dabei vorgegangen?*
Ralf: *Uns allen war klar, wie wichtig Ziele sind. Allerdings wussten wir zunächst nicht, dass es darauf ankommt, wie man sie formuliert. Obwohl wir uns schnell auf Ziele geeinigt hatten, veränderte sich nichts. Wir kamen nicht von der Stelle.*
Frage: *Wie habt ihr reagiert?*
Ralf: *Wir stellten fest, dass wir nur Endziele definiert hatten. Es gab keine Vereinbarungen über Termine. Das war also ein Reinfall, alles dümpelte vor sich hin. Daraufhin setzten wir uns in einem zweiten Schritt Endziele mit klaren Fristen. Doch auch das brachte noch nicht viel.*
Frage: *Was war der Schwachpunkt?*
Ralf: *Er bestand darin, dass wir nur Endziele definiert hatten, aber keine Zwischenziele. Wir wussten zwar, welchen* Soll-*Zustand wir erreichen wollten, aber es war nicht festgelegt, wie die Teams dahin gelangen sollten. Dadurch war die Arbeit auf die Ziele hin insgesamt viel zu unstrukturiert.*
Frage: *Nachdem ihr das Problem bemerkt habt, habt ihr wahrscheinlich über Zwischenziele nachgedacht?*
Ralf: *Genau, wir haben dann mit unseren Mitarbeitern Meilensteine entwickelt. Wir redeten mit jedem Team und jeder Gruppe und definierten mit ihnen Zwischenziele. Das heißt, wir definierten das Ziel und den Weg dorthin. Das hat allen sehr geholfen.*
Frage: *Wie seid ihr dabei vorgegangen?*
Ralf: *Wir haben gemeinsam festgehalten, was konkret geschehen soll: Wer macht was? Wie? Bis wann?*
Frage: *Was genau hat sich verändert?*
Ralf: *Das hatte eine ganze Reihe positiver Effekte: Es war allen klarer, was zu tun war. Außerdem fühlten sich alle am Endziel beteiligt, die Motivation war viel besser. Es war, als hätte unsere Firma plötzlich einen neuen Motor bekommen. Alle wollten ihren Meilenstein erreichen.*

Dieses Arbeitsblatt haben Ralf und seine Teams benutzt, um Meilensteine zu festzulegen:

Arbeitsblatt: Meilensteine

Oberziel	**Datum**

Meilensteine	**Termin**	**Wer macht was**	**Umsetzung**	**Bemerkungen** erreicht / nicht erreicht

Nächstes Gespräch	**Unterschrift**

Siebenter Schritt: Orientieren Sie Ihre Ziele an Werten

Wir haben schon ausführlich besprochen, wie Sie Ziele konkret formulieren und sie in eine Reihenfolge bringen. Ein Punkt kam dabei zu kurz, nämlich dass die Ziele für Sie auch einen Anreiz bieten müssen. Sie müssen in Ihren Augen erstrebenswert sein, sonst verlieren Sie über kurz oder lang Ihre Motivation.

Sie treffen alle Ihre Entscheidungen aufgrund Ihrer persönlichen Werte. Sie ermöglichen sinnvolle Beschlüsse überhaupt erst. Was Sie tun oder nicht tun, wird von Ihren Werten bestimmt. Wäre das nicht der Fall, würden wir uns vom Leben treiben lassen. Genau genommen könnten Sie bei jeder einzelnen Entscheidung über Ihre Werte nachdenken. Kaufen Sie im Supermarkt Eier aus Bodenhaltung oder von Käfighühnern? Treten Sie eine Stelle an, von der Sie wissen, dass Sie sie 60, 70 Stunden pro Woche in Anspruch nimmt, oder ist Ihnen Ihre Familie wichtiger? Entscheiden Sie sich dafür, einen Master of Business Administration (MBA) zu machen, weil es für Ihre Karriere von Belang ist, oder wollen Sie mehr Freizeit? Wollen Sie ein Haus im Grünen oder lieber eine Stadtwohnung?

Werte kommen sehr häufig ins Spiel, wenn Sie über komplexe, langfristige – also über übergeordnete Ziele nachdenken. Lassen Sie sich etwas Zeit für die Überlegung, welche Werte Sie damit verfolgen.

Orientieren Sie Ihre Ziele an Werten

- … wenn eine Entscheidung ansteht, mit der Sie Weichen für die Zukunft stellen. Beispiele: Investieren Sie mehr Kraft in Ihre Karriere oder ist Ihnen die Familie wichtiger? Auf welche Marktbereiche soll Ihre Firma ihre Schwerpunkte setzen?

- … wenn Ihnen unklar ist, ob Sie mit der Entscheidung tatsächlich Ihre eigenen Interessen verfolgen. In solchen Fällen fühlen Sie sich vermutlich hin und her gerissen und haben zwiespältige Gefühle. Wenn Sie sich Ihrer Werte besinnen, gewinnen Sie die Orientierung wieder.

- … wenn sich Ihre Ziele grundsätzlich verändert haben oder Sie sich neu orientieren wollen. Irgendein Ereignis macht eine Entscheidung von größerer Tragweite nötig. Sie haben Ihre Ausbildung beendet und überlegen, wo Sie sich bewerben sollen; Ihre Partnerin ist schwanger etc.

- … wenn Sie Entscheidungen treffen müssen, die schwerwiegendere Auswirkungen auf das Leben anderer Menschen haben. Beispiele: Sie müssen als Polizist in einen Streit eingreifen; Sie sind Lehrer und übernehmen eine neue Schulklasse – welche Werte werden Sie den Kindern vermitteln?

Seit den zehn Geboten hat sich einiges verändert. In unserer komplexen Welt sind die Maßstäbe dafür, was gut und richtig ist, nicht mehr eindeutig. Viele traditionelle Werte werden in Frage gestellt. Unsere demokratische Grundordnung, die auf den Prinzipien von Freiheit und Gleichheit beruht, eröffnet uns die Möglichkeit, uns selbst zu verwirklichen und unsere Interessen selbstbestimmt in die Hand zu nehmen. Gleichzeitig stehen wir vor der Aufgabe, über Werte zu reflektieren, uns auf dieser Grundlage Ziele zu setzen und unser Handeln zu rechtfertigen.

Für Unternehmen und Institutionen gilt das ebenso wie für den einzelnen Menschen. Auch die Ziele von Firmen fußen auf Überlegungen über Werte. Das ist besonders offensichtlich in Branchen wie der Medizin, der Gentechnik und der Atomindustrie. In den Medien gibt es viele Kommentare und Debatten darüber, wie weit die Technik gehen darf und wo Richtlinien für Entscheidungen fehlen.

Inwieweit entsprechen Ihre Ziele eigentlich Ihren persönlichen Interessen? Denken Sie einmal über folgende Fragen nach: Was wäre, wenn Sie noch mal 20 Jahre alt wären – oder 30, 40, 50? Welche wichtigen Entschlüsse haben Sie in diesem Alter getroffen? Würden Sie es noch einmal genauso machen? Trifft auf Sie der bekannten Liedtext von Edith Piaf zu: »Non, je ne regrette rien«? Oder sehen Sie heute einige Dinge anders? Würden Sie anders entscheiden? Solche Überlegungen führen Sie sehr schnell auf das Thema der für Sie wichtigen persönlichen Werte.

Orientieren Sie Ihre Ziele an Ihren Werten

Vorhin haben wir festgestellt, dass Ziele die Wegweiser für unsere Entscheidungen darstellen. Wenn wir bei diesem Bild bleiben, dann sind die Werte das Fundament der Ziele. Sie können Ihre Ziele so präzise formulieren, wie Sie wollen, aber wenn Ihnen die Sache nichts wert ist, dann krümmen Sie nicht einmal Ihren kleinen Finger dafür.

Wenn Sie Ihre Ziele an Ihren Werten ausrichten, steigern Sie Ihre Motivation
oder
Die Orientierung von Zielen an Werten schafft Motivation

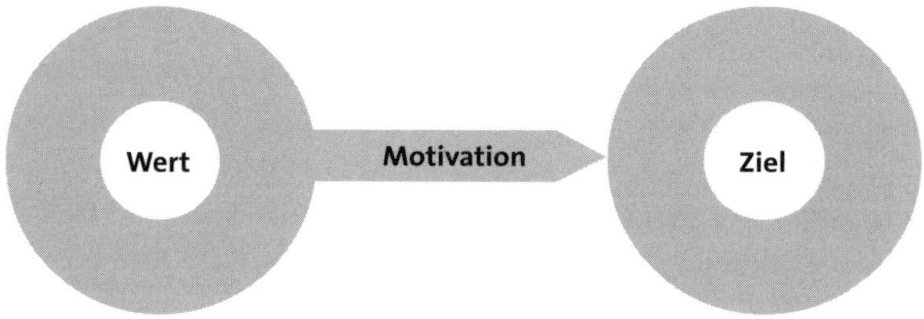

Es ist nicht einfach, Werte in Worte zu fassen oder sie in Zahlen auszudrücken. Der eine ist tief religiös, der andere strebt Macht an, der Dritte engagiert sich für den Umweltschutz. Manchmal fällt es uns schwer, die Werte anderer Menschen zu verstehen. Können Sie nachvollziehen, warum manche Leute ihr ganzes Leben der Kunst widmen, warum sie sich in der Politik engagieren oder am Wochenende am Stand von Amnesty International stehen? Oder warum der Philosoph Ludwig Wittgenstein plötzlich sein Vermögen verschenkte und sich in einen kleinen Ort zurückzog, um dort ein Leben als Volksschullehrer zu führen?

Obwohl wir unser Handeln nach bestimmten Werten ausrichten, sind uns diese Werte häufig nicht einmal bewusst. Damit wir kluge Entscheidungen treffen, müssen wir sie in Worte fassen. Erst dann können wir überprüfen, ob die Ziele, die wir momentan verfolgen, auch mit unseren Werten übereinstimmen.

Welche Werte haben Sie?

Typische Werte in unserer Gesellschaft sind: Leistung, Genuss, Zerstreuung, Macht, Selbstbestimmung, eine sinnvolle Tätigkeit, Sicherheit, Streben nach Karriere, Selbstverwirklichung et cetera. Die Bertelsmann Stiftung hat eine Liste mit Werten veröffentlicht, die sich auf die Berufstätigkeit beziehen. Ich gebe sie im Folgenden leicht verändert und ergänzt wieder. In die Spalten hinter den Werten, die Sie teilen, können Sie schreiben, was sie für Sie persönlich bedeuten.

Berufsbezogene Werte

materielle Werte besitzen, Vermögen schaffen	
etwas Bleibendes schaffen	
etwas leisten, sich Herausforderungen stellen	
anderen helfen können	
eine sinnvolle Tätigkeit ausüben	
Karriere machen, Titel erlangen	
Kompetenz, Wissen, intellektuelle Anregungen	
Anregung, eine interessante, fordernde, abwechslungsreiche Tätigkeit ausüben	
unabhängig sein, selbstständig arbeiten	
Macht, Einfluss und Entscheidungsbefugnisse erlangen und ausüben	
eigene Ideen durchsetzen können	
Autorität besitzen und Verantwortung tragen	
Sicherheit, z.B. eine gesicherte Altersversorgung haben	
zwischenmenschliche Beziehungen, Team, gutes Betriebsklima	
genügend Freizeit und Urlaub	
freie Gestaltungsmöglichkeiten	
soziales Ansehen und gutes Image	

Auf einen Blick

Unsere Werte bilden eine Grundlage für unsere Ziele. Erst wenn sie mit unseren Werten übereinstimmen, erleben wir unsere Entscheidungen als sinnvoll. Prüfen Sie Ihre Entschlüsse daraufhin. Sie sollten mit Ihren Werten im Einklang stehen, ihnen zumindest nicht widersprechen.

Hier ein paar Statements dazu, welche Rolle Werte bei Entscheidungen im Berufsleben spielen:

Werbetexter (25 Jahre)
»Ich arbeite in einer größeren Agentur. Ich habe beschlossen, von bestimmten Kunden keine Aufträge anzunehmen, weil es meinen Wertvorstellungen widersprechen würde. Ich schreibe zum Beispiel keine Werbetexte für die Pelztierindustrie oder den Jagdverband.«

Lehrer (32 Jahre)
Als Klassenlehrer muss ich häufig entscheiden, ob ich im Unterricht mit dem geplanten Stoff fortfahre oder ob ich über die aktuellen Probleme der Schüler spreche. Dabei geht es zum Beispiel darum, Außenseiter durch Arbeitsaufträge zu integrieren oder den Kindern persönliche Kompetenzen zu vermitteln, die ihnen helfen, Konflikte zu lösen.

Molekularbiologin (38 Jahre)
Klar, Werte haben einen großen Einfluss auf meine alltägliche Arbeit. Ich verfolge mit Interesse die Debatte über die Gentechnik. Ihr Einsatz hat unter Umständen sehr gefährliche und hoch riskante Seiten. Man muss sehr genau überlegen, womit man sich da beschäftigt und welche Vorstellungen von Werten dahinter stehen.

Denken Sie über Ihre Werte nach: Das Diagramm (Wertekuchen)

So gehen Sie vor

Diese Übung funktioniert genauso wie der Problemkuchen (siehe S. 62). Die Zutaten sind allerdings diesmal nicht Ihre Probleme, sondern die Wertvorstellungen, die Ihrer Entscheidung zugrunde liegen. Überlegen Sie, welche Bereiche Ihres Leben Ihnen wichtig sind: Ihr Beruf, Ihre Partnerschaft, Ihr Hobby, Ihre ehrenamtliche Tätigkeit in einem Verein? Woran liegt Ihnen etwas? Notieren Sie zunächst auf einem Zettel, was für Sie einen Wert darstellt. Woran hängt Ihr Herz? Lassen Sie das Blatt ruhig ein paar Tage liegen und vervollständigen sie es nach und nach. Anschließend teilen Sie die Werte in zwei Bereiche ein:

- Welche materiellen Werte sind mir wichtig?
- Welche ideellen Werte sind mir wichtig?

Von dieser Liste ausgehend erstellen Sie ein Torten-Diagramm. Sie veranschaulichen sich die relevanten Werte, von denen Sie Ihre Ziele ableiten. Stellen Sie sich dazu die Gesamtheit der für die Entscheidungssituation wichtigen Werte vor. Die einzelnen Stücke im Diagramm zeichnen Sie so, dass sie in ihrer Größe die Bedeutung der jeweiligen Werte repräsentieren. Welchen Raum nehmen materielle und nicht materielle Werte bei Ihnen ein? In vielen Fällen werden Sie durch diese Übung eine neue Perspektive für Ihre Entscheidungssituation oder das Zustandekommen Ihres Ausgangsproblems gewinnen.

Wertekuchen

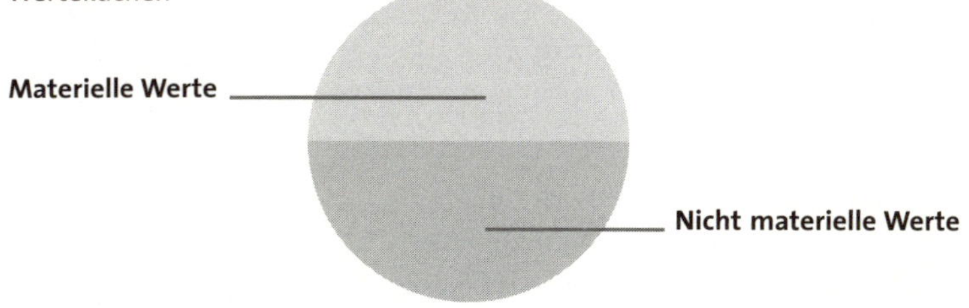

Fantasieübung

Stellen Sie sich vor, es ist Abend, Sie sitzen zu Hause bei einem Glas Wein, da klingelt es an der Tür. Sie bekommen unangemeldet Besuch. Vor der Tür steht eine gute Fee. »Heute ist ein besonderer Tag in Ihrem Leben«, sagt sie. »Ich kann Ihnen all Ihre Wünsche erfüllen. Sie müssen mir nur verraten, was Ihnen wirklich wichtig ist.« Was würden Sie antworten?

- Wie würden Sie Ihr Leben oder Ihre Situation im Beruf / in der Partnerschaft und so weiter verändern, wenn Sie es sich völlig frei aussuchen könnten?
- Was genau würde Sie in einen zufriedenen Menschen verwandeln? Welche Fantasien gehen Ihnen hierzu durch den Kopf?

Notieren Sie Ihre Gedanken, evtl. mit Hilfe des Werte-Diagramms.

Falls sie mit der guten Fee nicht zurechtkommen, stellen Sie sich vor, dass Sie in Ihrem Keller Aladins Wunderlampe entdecken ...

Stützen der Identität (nach H. G. Petzold)

Mit dieser Übung verschaffen Sie sich Klarheit über die Werte, die für verschiedene Bereiche Ihres Lebens maßgeblich sind. Das, was uns etwas wert ist, lässt sich fünf Bereichen zuordnen, die Grundlage Ihrer Identität sind und diese gleichzeitig stützen:

- der Körper (hierhin gehören z. B. Gesundheit, Yoga, Sport, Wandern)
- die Beziehung(en) und das soziale Netz (Partnerschaft, Sex, Freunde, Kinder ...)
- Arbeit und Leistung (Ausbildung, Karriere, Personalverantwortung, Kompetenz ...)
- die materielle Sicherheit (Vermögen, eigenes Haus, Auto ...)
- der Sinn (intellektuelle Beschäftigung, Kultur, Religion ...)

Gehen Sie die fünf Stützen der Reihe nach durch und notieren Sie, was Ihnen am Herzen liegt. Manche Werte können Sie bei mehreren Punkten unterbringen. Entscheidend ist nicht, wo sie stehen. Nehmen Sie die fünf Stützen als Anregung, um die für Sie wichtigen Werte zu formulieren.

Arbeitsblatt: Stützen der Identität

der Körper

....

....

....

die Beziehung(en) und das soziale Netz

....

....

....

Arbeit und Leistung

....

....

....

die materielle Sicherheit

....

....

....

der Sinn

....

....

....

Meine Entscheidungen und die Interessen anderer

Bis jetzt haben wir uns mit den eigenen Interessen und Werten beschäftigt. Aber nur wenige Entscheidungen treffen wir allein. Häufig sind andere daran beteiligt. Beteiligt kann dabei bedeuten, dass andere direkt mit betroffen sind und eine Entscheidung daher gemeinsam und aktiv getroffen werden sollte – oder dass andere versuchen, auf irgendeine Weise Einfluss auf eine Entscheidung zu nehmen. Wir leben ja nicht im luftleeren Raum.

Wenn Sie einen Beschluss fassen, haben Sie in der Regel eine Vorstellung davon, was Ihr Partner, Ihre Freunde, die Eltern, die Arbeitskollegen und andere Leute dazu sagen werden. Auch wenn sie nicht ihren Kommentar dazu abgeben, können wir uns meistens denken, was sie von unseren Entscheidungen halten werden. Ob dirket oder indirekt, die Interessen und Werte anderer Menschen können einen großen Einfluss auf unsere Entscheidungen haben.

Die Erwartungen anderer spielen eine Rolle bei unseren Entscheidungen

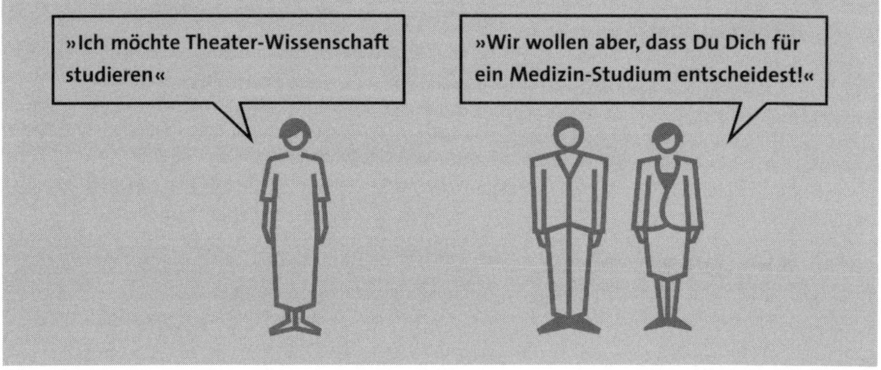

Es wäre naiv zu sagen: Verfolgen Sie ausschließlich Ihre eigenen Interessen, die anderen sind dabei egal. Menschen können nur deshalb zusammenleben, weil sie gemeinsam Interessen und Ziele verfolgen und Beschlüsse fassen können. Wie stark Sie auf die Erwartungen anderer reagieren sollten, hängt von den Umständen ab. Verhalten Sie sich dementsprechend. Wenn Sie etwa über Ihre künftige Ausbildung entscheiden oder darüber, wer Ihr Lebensgefährte oder Ihre Lebensgefährtin sein wird, sollten Sie sich besser nicht nur an den Ansichten Ihrer Eltern und Lehrer orientieren. Sie werden wahrscheinlich glücklicher, wenn Sie Ihren eigenen Weg gehen. In anderen Situationen, etwa

wenn Sie und Ihre Kollegen Aufgaben unter sich verteilen oder wenn Sie mit Ihrem Partner einen Kinobesuch planen, ist es angebracht, auf die Wünsche der anderen einzugehen. Dafür sind zwei Voraussetzungen nötig.
Ob Sie ausschließlich an Ihre Bedürfnisse denken oder auch an die Interessen

Bei Entscheidungen auf die Interessen anderer eingehen

die eigenen Interessen vertreten

Zu den eigenen Wünschen stehen, Klarheit über die eigenen Ziele erlangen, Mut, sie auch gegen den Widerstand von anderen durchzusetzen, falls es angebracht ist.

die Interessen der anderen einbeziehen

Die eigenen Interessen mit den Interessen anderer abgleichen, sie diskutieren und für beide Parteien Lösungen finden. Falls nötig, Kompromisse eingehen.

anderer, hängt davon ab, was für eine Entscheidung Sie zu treffen haben. In vielen Fällen ist beides erforderlich, also das Beharren auf die eigenen Wünsche und das Einbeziehen der anderen. Dass Sie sich mit den Interessen und Erwartungen der anderen auseinander setzen bedeutet allerdings nicht, dass Sie Ihre Entscheidung in jedem Fall an den anderen orientieren sollten. Es erfordert Fingerspitzengefühl, zu entscheiden, ob das notwendig ist oder ob Sie besser Ihren eigenen Weg gehen. Grundsätzlich sollten Sie Menschen, die die Konsequenzen Ihrer Entschlüsse zu spüren bekommen, auch in sie einbeziehen, sei es im Beruf oder im Privatleben. Es ist oft effektiv, gemeinsame Lösungen anzustreben. Gleichzeitig kann es genauso richtig sein, gegen die Erwartungen der anderen zu handeln.

1. Meine eigenen Interessen vertreten – auch gegen den Widerstand von anderen

Um Entscheidungen gemäß Ihren eigenen Interessen zu treffen, müssen Sie zuerst Klarheit über Ihre Interessen gewinnen. Einige Menschen orientieren sich so stark an den Erwartungen anderer, dass sie die eigenen Ziele regelmäßig aus den Augen verlieren. Sie haben häufig eine starke Sensibilität und ein gutes Gespür dafür entwickelt, was in anderen vorgeht und was sich ihre Mitmenschen von ihnen erhoffen. Diese Fähigkeit kann ihnen allerdings im Weg stehen, wenn sie ihre eigenen Interessen durchsetzen.

Vergegenwärtigen Sie sich, was Sie erreichen wollen. Ertragen Sie es, dass Ihre Ziele möglicherweise in Widerspruch zu denen anderer Menschen stehen. Wenn Sie das zweite bis vierte Kapitel durchgearbeitet haben, sind Sie darauf gut vorbereitet, denn Sie haben Ihre Ziele schriftlich formuliert.

Der nächste Schritt besteht darin, dass Sie Ihre Interessen anderen gegenüber aussprechen. Vielen Menschen fällt das schwer, insbesondere wenn sie wissen oder vermuten, dass ihr Gegenüber nicht derselben Meinung ist wie sie oder sogar gegensätzliche Ziele verfolgt. Sie befürchten, unangenehm aufzufallen und sich sogar Feinde zu machen. Dabei hat es meistens eher positive Konsequenzen, wenn Sie über Ihre Interessen reden. Sie signalisieren, dass Sie wissen, was Sie wollen, und dass Sie zu sich stehen. Nur auf diese Art können Sie sich mit anderen über Ihre Erwartungen und über mögliche Meinungsverschiedenheiten austauschen.

Wie gehen Sie mit den Wünschen und Erwartungen anderer Menschen um? Sollen Sie Ihre Interessen hintanstellen oder sie gegen den Willen der anderen durchsetzen? Auf diese Frage gibt es natürlich keine allgemeine Antwort. Das hängt von der Situation ab. Es kann durchaus sinnvoll sein, Entscheidungen auch gegen den Wunsch oder sogar den Widerstand anderer zu treffen. Vergessen Sie nicht, dass Sie das Recht haben, selbstbestimmt zu handeln. In manchen Fällen beweisen Sie Zivilcourage, indem Sie sich über die Ansichten der Mehrheit oder des Stärkeren hinwegsetzen.

Ein Beispiel:
Eine Frau wird an ihrem Arbeitsplatz gemobbt. Der Geschäftführer will die Situation ausnutzen und sich ihrer auf unkomplizierte Weise entledigen. Er bietet ihr einen Aufhebungsvertrag an, der allerdings keine Abfindung vorsieht, obwohl sie ihr von Rechts wegen zusteht. In diesem Fall ist angebracht, gegen die Erwartung des Teams zu handeln, den Druck zu ertragen, den der Chef ausübt, und um die Abfindung zu kämpfen. Die Frau behält ihre Bedürfnisse im Blick. Sie fordert ihre Rechte ein. Dabei hilft ihr der Sachverstand ihres Anwalts.

- Suchen auch Sie sich einen **Beistand**, falls notwendig.

Ein weiteres Beispiel:
Sie müssen eine Entscheidung treffen, die im Sinne der Firma ist, die aber in Ihrem Team auf Widerstand stößt. Auch hier sollten Sie eine klare Position beziehen. Es ist von Vorteil, wenn Ihre Kollegen Ihre Entscheidung nachvollziehen können.

- Machen Sie sich als Erstes klar, **was für Sie wichtig ist**. Wenn Sie das zweite bis vierte Kapitel durchgearbeitet haben, sind Sie in Bezug auf das Formulieren Ihrer eigenen Ziele und Interessen gut vorbereitet. Falls nicht, holen Sie es jetzt nach. Wenn es Ihnen schwer fällt, sie anderen gegenüber zu vertreten, schreiben Sie sie vorher auf.
- Unterscheiden Sie zwischen Ihren **Interessen und den Folgen** in Ihrem Umfeld, die Ihre Entscheidung hat. Welche Nachteile entstehen Ihnen, wenn Sie alles daransetzen, Ihre Ziele zu verfolgen? Bleiben Sie bei der Einschätzung realistisch. Was könnte im schlimmsten Fall geschehen?
- Meistens ist es sehr hilfreich, wenn andere Menschen **Ihre Interessen und die Gründe** für Ihre Entscheidungen nachvollziehen können, auch wenn sie nicht Ihrer Meinung sind. Welche Argumente bringen Sie vor, um sich verständlich zu machen?
- Vergegenwärtigen Sie sich Ihre **Rechte und Pflichten**. Vereinbaren Sie ein Beratungsgespräch, wenn Sie nicht genau wissen, welche Leistungen Ihnen zustehen, auf welche Gesetze und Regelungen Sie sich berufen können und welche Pflichten Sie anderen gegenüber erfüllen müssen.
- **Suchen Sie sich Unterstützung**, wenn Sie es nicht alleine schaffen, Ihre Ziele und Interessen zu vertreten. Es gibt zahlreiche Beratungsstellen, die Ihnen in schwierigen Situationen helfen können, Ihren Weg zu gehen.

2. Die Interessen der anderen einbeziehen: Reden Sie mit anderen über Ihre Vorstellungen und streben Sie Kompromisse an

Um zu einer Entscheidung zu gelangen, werden Sie sich in vielen Fällen mit anderen Menschen auf einen Kompromiss einigen müssen. Das ist nicht immer einfach, vor allem dann nicht, wenn sie anderer Ansicht sind. Wenn Sie in Ihrem Team, Ihrer Partnerschaft oder wo auch immer ein konstruktives Miteinander anstreben, müssen Sie sich über Ihre Interessen verständigen.

Verlassen Sie sich nicht auf das, von dem Sie glauben, dass es für andere wichtig ist. Ihre Erwartungen darüber können zutreffen oder auch nicht… Was wollen sie tatsächlich? Um mit den Interessen anderer vernünftig umzugehen, gibt es nur einen Weg: miteinander reden. Sprechen Sie möglichst konkret und ohne Umschweife über Ihre jeweiligen Wünsche. Dabei kann es zu Konflikten kommen, wie wir sie wahrscheinlich alle schon einmal erlebt haben. In diesem Fall ist es sinnvoll, Kompromisse anzustreben. Befolgen Sie dabei folgende Regeln:

- Erläutern Sie, welche Interessen Sie mit Ihrer Entscheidung verfolgen. Fragen Sie nach den Vorstellungen Ihres Gesprächspartners. Machen Sie gegenseitig konkret, was für Sie wichtig ist und was Sie erreichen wollen.
- Stellen Sie im Gespräch fest, wo Gemeinsamkeiten und wo Unterschiede liegen. Konzentrieren Sie sich auf die Punkte, hinsichtlich deren Sie ähnliche Ziele haben. Welchen gemeinsamen Nenner haben Sie?
- Treffen Sie konstruktive Entscheidungen. Vermeiden Sie verkrampftes Ringen um Sieg und Niederlage. Finden Sie stattdessen einen Kompromiss, der für beide Seiten eine Lösung darstellt.
- Beharren Sie nicht auf Ihrem Standpunkt, sondern suchen Sie nach Alternativen. Das bedeutet: bleiben Sie bei Interessenkonflikten geistig beweglich. Wie können Sie eine Entscheidung treffen, die auch die Interessen des anderen berücksichtigt?
- Achten Sie darauf, dass beide Parteien auf demselben Kenntnisstand sind, was die Entscheidung angeht, damit keine Missverständnisse aufkommen. Es ist günstig, wenn Sie am Ende des Gesprächs Ergebnisse schriftlich festhalten werden. Oder machen Sie sich zumindest Notizen.

Arbeitsblatt: Meine Interessen vertreten

1. Meine Beweggründe und Interessen bei dieser Entscheidung

Worauf kommt es mir bei dieser Entscheidung an?

....

....

Wie kann ich anderen erklären, worauf es mir ankommt?
Welche Argumente habe ich?

....

....

2. Welche Folgen hat meine Entscheidung in meinem sozialen Umfeld?

Welche Befürchtungen hege ich hinsichtlich der Reaktion der anderen?

....

Wie realistisch sind meine Befürchtungen?

....

....

Welche positiven Konsequenzen sind denkbar, wenn ich meine Interessen deutlich mache?

....

3. Rechte und Pflichten

Ist mir klar, welche Rechte und Pflichten ich in dieser Situation habe? Ja ☐ Nein ☐
Falls nein: Wo kann ich mich darüber informieren?

....

Wo könnte ich mir gegebenenfalls weitere Unterstützung holen?

....

Arbeitsblatt: Die Interessen anderer einbeziehen und Kompromisse schließen

1. **Die Interessen vergleichen**
   Worauf kommt es mir bei dieser Entscheidung an?

   ....

   ....

   ....

Welche Gemeinsamkeiten haben wir?	Auf welchen Gebieten haben wir gegensätzliche Interessen?
....	....
....	....

   Was ist unser gemeinsamer Nenner?

   ....

   ....

Was ist mein Minimalziel?	Welche alternativen Ziele wären möglich?
....	....
....	....

2. **Einen Kompromiss aushandeln**
   Wie könnte er aussehen?

   ....

   ....

3. **Gemeinsamen Stand festhalten**
   Was ist unser Ergebnis?

   ....

   ....

5

So entwickeln Sie Ideen

In den ersten Kapiteln standen Methoden im Vordergrund, die dazu dienen, die Situation genauer zu analysieren und davon ausgehend konkrete Ziele abzuleiten. Jetzt steht die Richtung fest, in die die Entscheidung weisen soll. Aber auf welchem Weg lassen sich Ihre Ziele am besten erreichen? Welche Möglichkeiten haben Sie?

Welche Möglichkeiten habe ich?

Sie sind unzufrieden mit den Möglichkeiten, die sich Ihnen bisher eröffnet haben, um Ihr Ziel zu erreichen? Das Naheliegende haben Sie schon ausprobiert – vergeblich? Nicht immer ist die analytische Herangehensweise die passende. Es heißt ja: »Viele Wege führen nach Rom.« Von einigen wissen Sie vermutlich noch gar nicht, dass es sie gibt. Im Folgenden beschäftigen wir uns deshalb damit, wie Sie kreative Ideen entwickeln.

Beispiel:
Wussten Sie schon, dass Ulrike von Kleist, die Schwester des berühmten Schriftstellers, sich vor 200 Jahren als Mann verkleidete, um alleine nach Paris zu fahren? Um 1800 war es nicht üblich, dass Frauen ohne Begleitung verreisten. In einem Kleid wäre Ulrike von Kleist wohl nicht einmal bis in die nächste größere Stadt gelangt. Ihre Idee war ungewöhnlich – und erfolgreich. Im Laufe der Jahrhunderte gab es immer mal wieder mutige Frauen, die in Männergewändern in Kriege zogen und sogar politische Ämter bekleideten.

- ▶ Wie kam Ulrike von Kleist auf diese Idee? Saß sie eines Abends am Küchentisch, kaute auf ihrer Schreibfeder herum und knobelte an einer Entscheidungsmatrix (siehe Kapitel 7)? Das ist eher unwahrscheinlich. Vermutlich war sie ein kreativer Mensch, der genau wusste, was er wollte.

Das Auffälligste an dem Weg, den Ulrike von Kleists gewählt hatte, ist die spielerische Komponente. Die Verkleidung ist sowohl originell als auch nützlich. Männerkleidung für die Reise war wesentlich billiger als Damengarderobe für denselben Zweck. Außerdem war sie strapazierfähiger – also praktischer. Vor allem aber diente sie dem Zweck, Frau von Kleist vor zudringlichen Weggefährten zu schützen.

Ihr Einfall hat also einen spielerischen und gleichzeitig einen nützlichen Aspekt. Beide Faktoren stehen für je eine Phase beim Nachdenken über Ideen: In der ersten finden Sie die Ideen, in der zweiten bewerten Sie sie.

Es ist wichtig, beide Phasen voneinander zu trennen. Warum? Nun, wenn Sie einen Einfall zu früh bewerten, geht dadurch die kreative, spielerische Haltung verloren. Das wäre kontraproduktiv. In diesem Kapitel beschäftigen wir uns deshalb nur mit dem ersten Schritt, damit, wie Sie auf Ideen kommen, die vielleicht weit außerhalb dessen liegen, was Sie sonst tun oder schon wissen. Zu einem Urteil gelangen wir allerdings oft, ohne dass wir bewusst eins fällen wollen. Wir alle kennen Sätze wie »Es muss praktikabel sein, … darf nicht zu teuer sein, … muss schnell gehen«. Sie erzeugen einen Druck, der zur Folge hat, dass der Kopf nicht wirklich frei ist für Assoziationen. Das wiederum führt dazu, dass Sie beim Altbekannten bleiben und sich nicht auf neue Wege einlassen. Andersherum birgt das spielerische Abwägen von Handlungsmöglichkeiten die Gefahr in sich, dass Sie auf jegliche Systematik verzichten und wesentliche Aspekte übersehen.

Beide Phasen, die Suche nach Ideen und das Bewerten, haben ihre Berechtigung. Deshalb sollten Sie sich auf beide konzentrieren – nacheinander.

Wie komme ich auf eine Idee?

Kennen Sie das? Sie stecken in einer komplizierten Situation und grübeln hin und her, was Sie nun anfangen sollen. Irgendwann fällt Ihnen gar nichts mehr ein. Sie stehen auf dem Schlauch.

Das Gefühl der Leere im Kopf ist bei kreativen Prozessen mitunter typisch für die Inkubationsphase. Mediziner verstehen darunter den Zeitraum von der Ansteckung bis zum Ausbruch der Krankheit. Hier ist gemeint, dass sich der kreative Teil des Gehirns mit dem Problem beschäftigt. Am Ende der Inkubationsphase kommen Sie endlich auf die ersehnte Idee, Sie werden sozusagen erleuchtet.

Es ist nötig, dass sich das Gehirn eine Weile bewusst und unbewusst mit der Angelegenheit beschäftigt. Sonst würde Ihnen womöglich nie eine Lösung einfallen. Der kreative Teil des Gehirns arbeitet keinesfalls so rational und analytisch, wie es für unser bewusstes Denken erforderlich ist. Dafür produziert er eben auch Ideen, auf die Sie nie kommen würden, wenn Sie logisch vorgehen würden. Kreativität bedeutet, frei zu assoziieren und in Bildern zu denken – und die emotionale Ebene einzubeziehen. Nichts läuft nach Plan.

Kreative Methoden setzen häufig auf das Prinzip Zufall. Dadurch entsteht Raum für etwas Neues. Ein Beispiel: In einer Episode der Sciencefiction-Serie »*Star Trek Voyager*« steht Kommandantin Janeway vor einer schwierigen Entscheidung. Umgeben von feindlichen Raumschiffen, sieht sie nur zwei Möglichkeiten zu reagieren. Beide Wege würden unweigerlich in eine Katastrophe führen. Was tun?

Beispiel:
Janeway hat eine interessante Freizeitbeschäftigung: Sie entspannt sich, indem sie auf dem Holodeck den Erfinder Leonardo da Vinci simulieren lässt. Mit ihm führt sie lange Gespräche. Das Holodeck ist ein Raum, in dem Personen oder Landschaften nachgeahmt werden. In dieser auswegslosen Lage lässt sich die Kommandantin von Leonardo da Vinci inspirieren. Er schaut auf eine Wand, auf die flackerndes Kerzenlicht undeutliche Schatten wirft. Eine Weile schaut Janeway auf die Schatten, dann hat sie plötzlich eine Idee. Es gibt noch eine dritte Möglichkeit, die sie bisher gar nicht wahrgenommen hat.

▶ Das Beispiel von Kommandantin Janeway und Leonardo da Vinci verdeutlicht, wie Probleme kreativ gelöst werden können. Zum rettenden Einfall führt keine rationale Analyse, sondern der Zufall. Die Schatten wecken bei Janeway Assoziationen, die ihr in Hinblick auf die feindlichen Raumschiffe neue Perspektiven eröffnen. Der Autor Edward de Bono bezeichnet das rationale Denken als vertikales Denken und das kreative als laterales Denken.

Um bei Entscheidungen auf kreative Weise Handlungsmöglichkeiten zu suchen, müssen Sie also lateral denken. In unserem Kulturkreis herrscht allerdings das logisch-vertikale Denken vor. Vom ersten Schultag bis zu dem Tag, an dem sie zum ersten Mal ihre Steuererklärung selbst ausfüllen, denken die meisten Menschen vorwiegend rational. Um das laterale Denken zu fördern, wurden deshalb verschiedene Techniken entwickelt, die kreative Prozesse unterstützen.

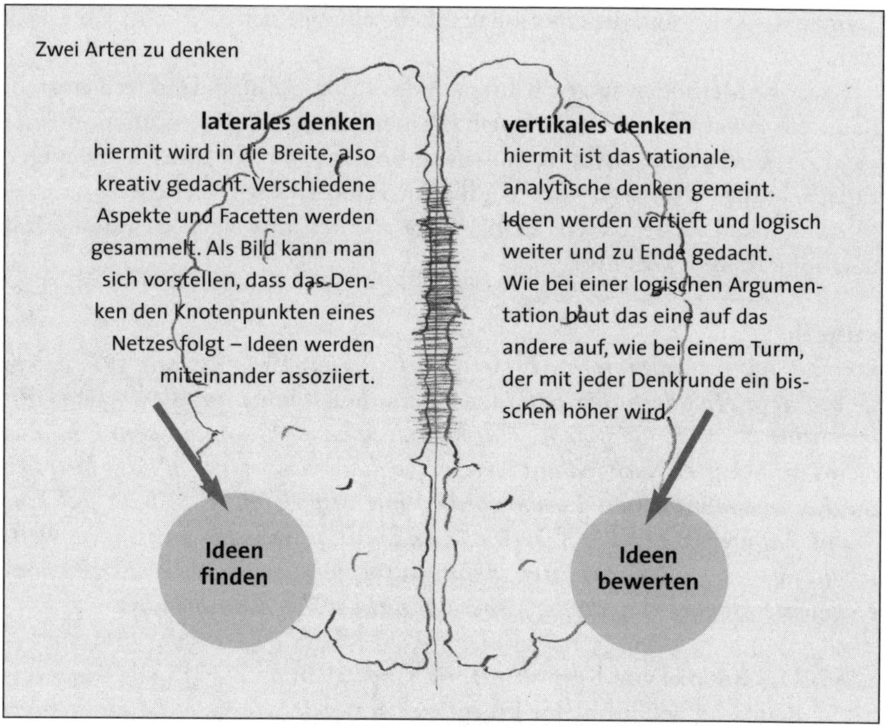

Kreatives Denken ermöglicht Innovation

Kreativitätstechniken haben in den vergangenen Jahren einen Boom erlebt. Bis zur Mitte des 19. Jahrhunderts gab es kaum wissenschaftliche Untersuchungen über Kreativität. In den achtziger Jahren erkannte man plötzlich, dass sie nicht nur für die Kunst wichtig ist, sondern auch für andere Bereiche der Gesellschaft – zum Beispiel für Schulen, die Politik und die Wirtschaft. In vielen Unternehmen wird Kreativität mittlerweile als Mittel angesehen, um zu klugen Entscheidungen zu gelangen – angefangen von den pfiffigen Einfällen einzelner Mitarbeiter zur Verbesserung von Arbeitsabläufen über Ideen für neue Produkte, Geschäfts- und Verkaufssstrategien bis hin zur Veränderung von Organisationsstrukturen. Kreativität gilt inzwischen als maßgeblicher Faktor für Innovation.

Viele Menschen sind mit Kreativitätstechniken vertraut. Trotzdem stellen Studien fest, dass in Firmen nach wie vor zwischen der Hälfte und einem Drittel des kreativen Potenzials blockiert sind. Ob das stimmt oder nicht, sei dahingestellt, denn es handelt sich um Schätzungen. Es ist schwierig , das kreative Potenzial in Zahlen auszudrücken. Trotzdem wollen wir die Aussage als Beleg dafür werten, dass es nicht ausreicht, die Angestellten in Kreativitätstechniken zu schulen. Abgesehen von diesen Methoden existieren offenbar weitere Bedingungen, die das Spiel mit Ideen unterstützen oder behindern. Die beste Kreativitätstechnik wird versagen, wenn diese Hemmnisse weiter bestehen.

Wie Sie sich und Ihre Kreativität blockieren

Es ist bekannt, dass Killerphrasen der zarten Pflanze einer neuen Idee recht schnell den Garaus machen. »Das ist unmöglich« oder »Das kann gar nicht klappen« – solche Sätze nehmen wir vor allem dann wahr, wenn andere sie aussprechen. Uns ist oft nicht bewusst, dass wir selbst so denken oder reden. Erschwert wird uns der Umgang mit solchen eigenen Phrasen dadurch, dass sie in Entscheidungssituationen häufig wie automatisch von uns produziert werden. Schlimmer noch: Wir nehmen sie mit einer gewissen Selbstverständlichkeit hin. Wenn Sie auf der Jagd nach Möglichkeiten sind, achten Sie also auf Gedanken, mit denen Sie sich selbst den Wind aus den Segeln nehmen, wie:

»Das wird bestimmt nichts werden«
»Das schaff ich nicht!«
»Das kriegen wir nicht hin«

Diese Phrasen suggerieren, dass es von vornherein keinen Sinn hat, die Angelegenheit weiter zu verfolgen. Wir sind uns gewiss, dass etwas schief geht – möglicherweise auch aufgrund von schlechten Erfahrungen in der Vergangenheit. So what? Wer ist noch nie in seinem Leben gescheitert!? Das Leben ist manchmal riskant. Gerade wenn Sie sich auf der Suche nach Neuem in unbekannte Gewässer wagen, kann es vorkommen, dass Ihnen Fehler unterlaufen. Sie wären nicht der Einzige, dem das passiert! Es braucht eben Mut, sich auf Neues einzulassen. Im Moment geht es allerdings noch gar nicht darum, die Strategien im Alltag umzusetzen. Ihre einzige Aufgabe besteht darin, auf Ideen zu kommen.

Schieben Sie die Überlegung, welches Risiko eine Option tatsächlich beinhaltet, noch einen Moment auf.

»Was soll ich bloß tun?«
»Was mache ich jetzt nur?«

Wenn Ihnen eine Entscheidung abverlangt wird, fangen viele Menschen an zu grübeln. Sie stellen sich eine Menge Fragen in der Art, wie wir sie oben sehen. Eigentlich sind es nur rhetorische Fragen. Das Gehirn ist zwar beschäftigt, aber nicht auf konstruktive Weise. Die Gedanken drehen sich im Kreis. Dadurch verstärkt sich im Grunde nur das Gefühl der Hilfslosigkeit.

Dieses Lamentieren in Gedanken hilft Ihnen in keiner Phase der Entscheidung. Das haben Sie wahrscheinlich schon geahnt. Das Problem ist, dass Sie trotzdem nicht davon loskommen. Dann gönnen Sie es sich doch einfach. Nehmen Sie sich eine halbe oder eine Stunde Zeit und lamentieren Sie laut vor sich hin. Anschließend versuchen Sie, sich mit der Angelegenheit wieder konstruktiv auseinander zu setzen.

»Ob die anderen was davon halten?«

Sicher, es kann durchaus von Belang sein, was andere Menschen von Ihren Ideen und Entscheidungen halten. Aber welche Bedeutung messen Sie ihnen schon in Ihren Überlegungen zu? In der kreativen Phase wirkt der Gedanke an die Meinung anderer häufig bloß als Blockade. Orientieren Sie sich deshalb zunächst einmal an Ihren eigenen Ideen und Prioritäten. Ungewöhnliche Entscheidungen richten sich häufig gegen den Mainstream. Das liegt in der Natur der Sache. Warum sollten Sie nicht endlich einmal etwas anders machen als alle anderen?

»Ich muss die perfekte Lösung finden«

Klar, Sie wollen die besten Optionen finden und setzten sich dazu auch den höchsten Anspruch. Beim kreativen Assoziieren sollten Sie jedoch zunächst auf Quantität setzen und dann erst auf Qualität achten. Versuchen Sie nicht, diesen Schritt zu überspringen und sofort Ideen auf hohem Niveau zu produzieren. Sie blockieren sich nur selbst. Kreativ sind Sie, wenn Sie Zusammenhänge finden, in denen Sie zuvor keine Lösung gesehen haben. Die Haltung eines Perfektionisten ist dabei hinderlich. Werden Sie stattdessen ein Entdecker!

So gehen Sie vor

Entwickeln Sie Sensibilität für Einstellungen, die Sie blockieren. Solange Sie Ihre eigenen Killerphrasen nicht einmal bemerken, schaden sie ungehindert Ihrem »inneren Klima«.

Wenn Sie eine Killerphrase bei sich entdecken, überlegen Sie, ob und wie Sie Ihre Gedanken und Einstellungen verändern können – nämlich so, dass neue Ideen tatsächlich eine Chance haben.

Benutzen Sie in hartnäckigen Fällen das folgende Schema/Arbeitsblatt:

Arbeitsblatt: Verändern Sie Einstellungen, die Sie blockieren

1. **Schauen Sie sich die Angelegenheit genau an.**
   Wie genau lauten die Gedanken, mit denen Sie sich blockieren?

   ....

   ....

   ....

   ....

   ....

2. **Überlegen Sie:**
   Welche Argumente sprechen gegen den Gedanken in einer kreativen Phase?

   ....

   ....

   ....

   ....

   ....

   ....

3. **Verändern Sie Ihr Denken.**
   Welche Gedanken unterstützen Ihre Kreativität?

   ....

   ....

   ....

   ....

   ....

   ....

Techniken, die Ihre Kreativität fördern

Nun haben Sie die Blockaden beseitigt und wollen Ihr Gehirn auf Touren bringen? Im Folgenden finden Sie einige Techniken, die dazu geeignet sind. Wie Sie am besten vorgehen, wenn Sie Ideen sammeln, entscheiden Sie individuell. Bei jedem funktioniert eine andere Methoden am besten. Welche ist für Sie geeignet?

Neuer Input

Kennen Sie das Problem? Sie sitzen hinter Ihrem Schreibtisch oder an Ihrem Computer und müssen eine Entscheidung treffen. Schon seit Stunden wälzen Sie die Angelegenheit hin und her. Immer wieder gehen Sie die Informationen durch, die Sie gesammelt haben. Sie stecken fest.

Unser Gehirn arbeitet mit Assoziationen. Wir kommen meist nicht auf gute Ideen, indem wir grübeln, sondern durch neue Wahrnehmungen. Wenn Sie seit Stunden auf demselben Platz hocken, hat Ihr Gehirn keinen weiteren Input. Sie kauen immer wieder dieselben Fakten durch. Ihre Gedanken kreisen um dasselbe Ausgangsmaterial. Logisch, dass Ihnen nichts mehr einfällt.

Verlassen Sie Ihre gewohnte Umgebung. Suchen Sie einen anderen Ort auf. Ein Kurzurlaub kann belebend sein. Falls der nicht möglich ist: Können Sie wenigstens einen Spaziergang machen? Sie müssen keinesfalls kilometerweit laufen, sondern nur bis zu einem Platz, an dem Sie andere Dinge wahrnehmen als an Ihrem Schreibtisch. Gehen Sie zum Beispiel in einen Zeitschriftenladen, in die Kantine oder in ein Café. Drehen Sie eine Runde im Park.

Bewegen Sie sich

Erwachen Sie aus Ihrer Erstarrung und bewegen Sie sich! Bestens geeignet sind einfache Tätigkeiten, die Ihr Gehirn nicht so stark beanspruchen, bei denen Ihre Gedanken also abschweifen können. Wie gesagt: Sie müssen Gelegenheit haben, sich bewusst und unbewusst mit der Entscheidung zu beschäftigen und frei zu assoziieren. Gehen Sie in Ihrem Zimmer auf und ab, wandern Sie!

Der Physiker Niels Bohr hatte seinen Einfall, ein Atommodell zu entwerfen, während eines Spaziergangs. Der Philosoph Martin Heidegger ist bekannt dafür, dass er auf Wanderungen seine Gedanken entwickelte. Auch Zugfahrten sind hilfreich. Sportlichen Menschen seien Fahrradfahrten und Dauerläufe zu empfehlen.

- Wichtig: Sorgen Sie dafür, dass Sie Ihre Ideen unterwegs nicht wieder vergessen! Nehmen Sie Papier und Stifte mit, um Ihre Einfälle zu notieren.

Entspannung

Viele Menschen haben gute Einfälle, wenn sie sich entspannen und dabei ihre Gedanken treiben lassen. Vielleicht kennen Sie das. Haben Sie schon einmal unter der Dusche, nach dem Sport, kurz nach dem Aufwachen oder vor dem Einschlafen eine tolle Idee gehabt? Sie können diese Situationen gezielt nutzen, um sich von Ihrem Unterbewusstsein inspirieren zu lassen. Suchen Sie eine Situation, in der Sie sich entspannen. Falls Sie es beherrschen, können Sie auch Yoga oder autogenes Training einsetzen.

Bilden Sie Analogien

Auf der Suche nach Ideen kann Sie alles inspirieren. Eine hilfreiche Technik dazu hat William Gordon entwickelt, ein Fachmann für Kreativität. Er betont, dass bei kreativen Prozessen häufig Gedanken, die uns völlig irrational vorkommen, eine wichtige Rolle spielen können. Das Irrationale ergibt sich aus dem assoziativen, also lateralen Denken.

Gordon hat zwei Leitsätze formuliert:

- Mache das Fremde vertraut.
- Mache das Vertraute fremd.

Beschäftigen Sie sich also mit dem Neuen. Welche Möglichkeiten stecken in Überlegungen, die Ihnen bisher fremd und abwegig vorgekommen sind?

Und umgekehrt: Hinterfragen Sie das Vertraute und setzen Sie es in neue Zusammenhänge. Stellen Sie Gewohnheiten in Frage. Geben Sie das Bekannte auf, zumindest in Gedanken.

Auf diese Weise kann Ihr Gehirn Analogien und Beziehungen zwischen alten und neuen Informationen herstellen. Dabei geraten häufig Lösungen oder Handlungsmöglichkeiten ins Blickfeld, an die Sie vorher nicht gedacht haben.

Sie können diese Strategie unsystematisch anwenden, indem Sie eine Radiosendung hören oder Zeitungen und Zeitschriften durchblättern, in die Sie sonst nicht reinschauen. Auf welche Gedanken bringt Sie das?

Wenn Sie systematisch Analogien bilden wollen, benutzen Sie die folgenden Methoden:

1. **visuelle Synektik**
2. **Mind-Maping**
3. **Brainstorming**
4. **Walt-Disney-Methode**
5. **Sechs-Hüte-Methode**

1 Visuelle Synektik

Lassen Sie sich von dem umständlichen Begriff nicht abschrecken. Selbst wenn es zunächst kompliziert klingen mag, handelt es sich bei der visuellen Synektik um eine recht einfache Methode. Sie stammt ebenfalls von William Gordon.

Kurz gesagt geht es darum, ausgehend von einem Bild Analogien zu finden. Gemälde, Zeichnungen, Fotos und so weiter bringen das laterale Denken schnell in Gang, da sie viele Möglichkeiten zum Assoziieren eröffnen. Der Begriff Synektik leitet sich her vom griechischen »synechein«. Das bedeutet »miteinander verknüpfen«, »in Verbindung bringen«. In unserem Fall sollen die Assoziationen über ein Bild miteinander in Verbindung gebracht und in Bezug zu einer Entscheidung gesetzt werden. Auf diese Weise kommen Sie auf neue Ideen. Das erscheint Ihnen möglicherweise etwas beliebig, ist aber typisch für Gordons Methode, ein irrationales Element zu nutzen, um den Blickwinkel zu erweitern.

Sie können die visuelle Synektik allein oder in einer Gruppe anwenden. Dafür benötigen Sie zwei bis drei Bilder, die möglichst nichts mit der Entscheidung zu tun haben. Wenn Sie in einem Team arbeiten, bieten sich unter anderem Postkarten, Bildermappen und Dias an.

So gehen Sie vor

1. Beschreiben Sie das Problem
Wie bei allen anderen Techniken beginnen Sie damit, dass Sie es so konkret wie möglich in Worte fassen.

2. Inkubation
Bevor Sie nach Ideen suchen, lassen Sie sich ein paar Minuten Zeit, um sich in das Bild oder die Bilder hineinzudenken. In dieser Phase kommt der Teil Ihres Gehirns auf Touren, der die Informationen verarbeitet, die Ihnen das Bild liefert. Schauen Sie sich die Details an, lassen Sie den Gesamteindruck auf sich wirken: Farben, Formen, Perspektive und so weiter. Im Idealfall entfernen sich Ihre Gedanken dabei von Ihrem Problem. Sie wenden sich voll und ganz dem Bild zu.

3. Finden Sie Ideen
Nun folgt die Phase, in der Sie Ihre Assoziationen über das Bild und Ihren Beschluss miteinander in Verbindung bringen. Was für Gedanken haben Sie, wenn Sie jetzt an Ihre Entscheidung denken? Welche Bedeutung haben die Bilder für Ihre persönliche Situation? Konzentrieren Sie sich gegebenenfalls auf einzelne Bildausschnitte. Welche Handlungsmöglichkeiten und Lösungen kommen Ihnen spontan in den Sinn? Schreiben Sie sie auf, egal ob Sie Ihnen in diesem Moment sinnvoll erscheinen oder nicht. Auch hier gilt die Regel, dass Sie Ihre Ideen erst später beurteilen.

4. Bewerten Sie Ihre Ideen
Sortieren Sie die unbrauchbaren Ideen aus. Denken Sie die brauchbaren Einfälle weiter und überlegen Sie, wie sie sich in die Tat umsetzen lassen.

2 Mind Mapping®

Mit Hilfe von Mind Mapping sammeln Sie Gedanken zu einem Thema – allein oder in einer Gruppe. Sie können diese Methode in allen Bereichen Ihres Lebens anwenden, um Ideen zu entwickeln – etwa beim Planen Ihres Umzugs oder wenn Sie überlegen, wie Sie in Ihrer Firma ein neues Projekt durchsetzen und wer Sie dabei unterstützen könnte. Mind Map wird mit »Gedanken-Landkarte« übersetzt. Sie schreiben Ihre Einfälle nicht in einer bestimmten

Reihenfolge in eine Liste oder Tabelle, was eher dem rationale sprechen würde, sondern stellen Ideen in einer assoziativen Stru unter- und übereinander dar.

Tony Buzan entwickelte diese Methode in den siebziger Jahren. Beim Mind Mapping werden die logisch denkende linke und die bildhaft denkende rechte Gehirnhälfte miteinander verbunden. Es fördert also die Zusammenarbeit der beiden Denkvorgänge. Mit dieser Technik können Sie spontane Einfälle, Assoziationen, Stichworte, Fantasien zusammentragen. Das Mind Mapping unterstützt sowohl das systematisch-analytische als auch das spontane, intuitive Denken.

Stellen Sie sich vor, dass Sie einen Baum aus der Vogelperspektive betrachten. Das Problem oder das Thema, das Sie beschäftigt, steht im Mittelpunkt, da, wo der Stamm ist. Davon gehen Haupt- und Nebenäste ab und davon wiederum Zweige und Zweiglein. Jeder Ast und jeder Zweig ist mit einem Schlüsselwort gekennzeichnet – am besten wählen Sie ein Substantiv. Ein Hauptast mit Zweigen und Nebenzweigen bildet einen Komplex. Einzelne Schlüsselworte können Sie mittels Symbolen hervorheben. Falls Sie über Ihren Umzug assoziieren, malen Sie zum Beispiel ein Auto, einzelne Möbelstücke oder ein Telefon. Nehmen Sie ein Blatt Papier, am besten im Format DIN A3 oder größer, damit Ihre Ideen ausreichend Platz finden. Sie brauchen mindestens 30 Minuten. Gegebenenfalls können Sie später an der Mind Map weiterarbeiten. Sie wird nie fertig.

So gehen Sie vor

- Notieren Sie die zentrale Idee, das Entscheidungsproblem, um das es sich dreht, in der **Mitte des Blattes**.
- Für jeden neuen Gedanken zu diesem Thema malen Sie einen Ast (geht vom Zentrum aus) oder einen **Zweig** (geht von einem Ast aus). Äste versinnbildlichen größere Themen, Zweige sind Unterpunkte.
- Schreiben Sie Blockbuchstaben, denn sie lassen sich auch dann lesen, wenn das Blatt umgedreht wird. Falls Sie in einer Gruppe arbeiten, können alle Teilnehmer das Geschehen besser verfolgen. Benutzen Sie **farbige Stifte**.
- **Stichpunkte und Schlüsselwörter** sind eher geeignet als vollständige Sätze.
- Benutzen Sie **einfache Symbole** oder zeichnen Sie Bilder mit dazu, anstatt Sachverhalte in Worte zu fassen.

Beispiel: Das Kulturzentrum

Michael, Uta und Jörg sind die Initiatoren eines Kulturzentrums. Die Stadt hat angekündigt, dass sie im kommenden Jahr die Zuschüsse streichen wird. Wenn das Kulturzentrum weiter bestehen will, müssen Michael, Uta und Jörg andere Geldquellen finden. Die drei tragen mit Hilfe einer Mind Map ihre Ideen zusammen:

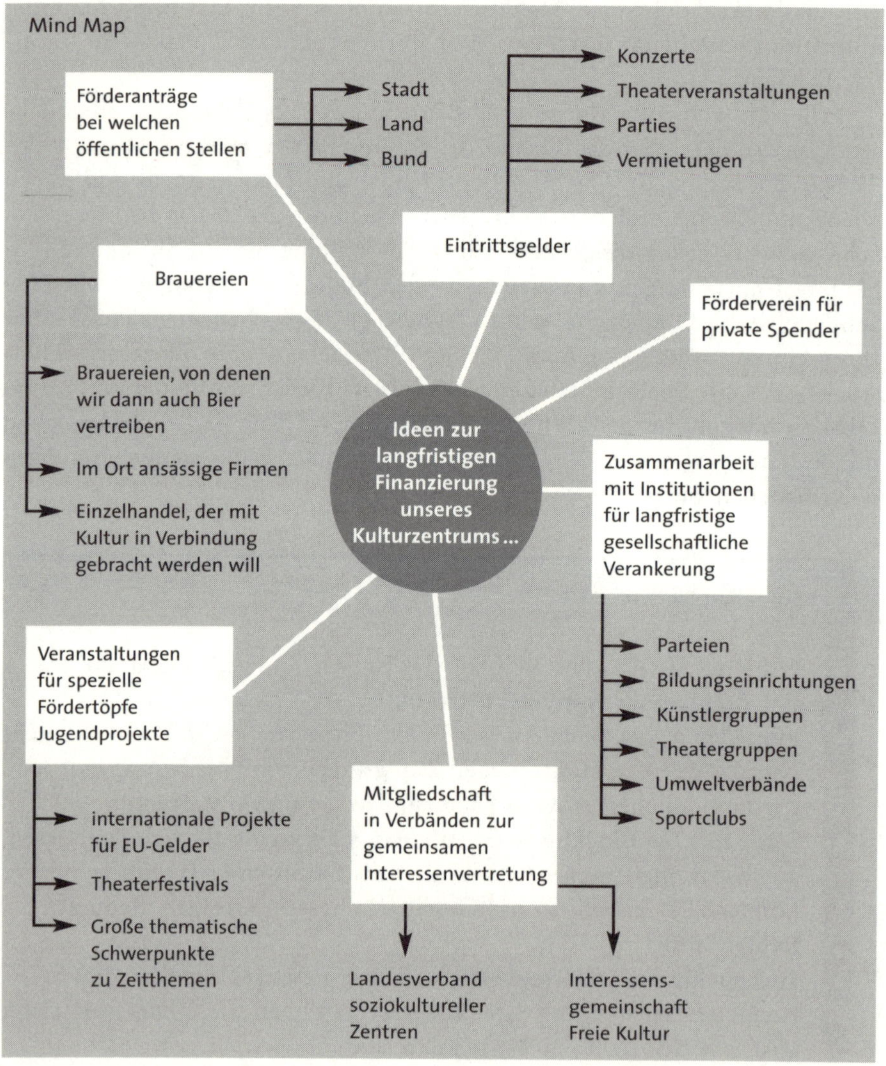

3 Brainstorming

Das ist sicher die bekannteste Methode, die am häufigsten eingesetzt wird. Der Amerikaner Alex Osborn entwickelte sie in den dreißiger Jahren. Osborn war Werbemanager und überlegte, wie er in Arbeitsgruppen kreative Prozesse in Gang bringen könnte. Ihm fiel auf, dass das eher klappte, wenn vorher vereinbart wurde, die Kritik an den Einfällen zunächst einzuschränken.

Brainstorming funktioniert so, dass man alleine oder in einer Gruppe Ideen entwickelt und dabei den Zensor im eigenen Kopf ausschaltet. Alles ist erlaubt. Erst in der zweiten Phase werden die Gedanken dann sortiert und auf ihre Brauchbarkeit hin abgecheckt. Diese Methode ist einfach und erfordert keine Vorbereitung. Kein Wunder also, dass sie so populär ist. Die Wirksamkeit des Brainstormings wurde inzwischen oft wissenschaftlich überprüft und bestätigt.

Mittlerweile kennt fast jeder das Wort. Viele Menschen wissen, wie Brainstorming funktioniert, sind aber nicht überzeugt von seiner Wirkung. Viele haben es mal »mitgemacht« und halten es für ein gemeinsames Ideensammeln, was aber den Kern der Sache nicht so ganz trifft. Mal ehrlich: haben Sie es wirklich den Regeln entsprechend durchgeführt?

Vor allem geht es beim Brainstorming darum, in der kreativen Phase Ideen nicht zu bewerten. Nur dann funktioniert es. Wenn wir kraft unseres Intellekts etwas beurteilen, tun wir das aufgrund unserer Erfahrungen und unseres Wissens. Die Chance, dass Sie etwas Neues entdecken, wenn Sie sich daran orientieren, ist sehr gering. Stattdessen lassen Sie Ihren Assoziationen freien Lauf. Das bedeutet, dass Sie Ideen produzieren werden, die kurios und vielleicht sogar lächerlich sind. Aber genau damit begeben Sie sich ins Neuland.

Brainstorming bedeutet »Sturm im Gehirn«. Damit er aufkommt, müssen Sie Ihre Ver-Rücktheiten ertragen. Um die geht es! Seien Sie ein paar Minuten lang ein Spinner!

4 Regeln von Alex Osborn:

- **1. Keine Kritik an den eigenen Ideen und denen anderer!**
  Sortiert und bewertet wird später.
- **2. Äußern Sie Ihre Gedanken frei und ungehemmt!**
  Lassen Sie auch unrealistische, außergewöhnliche Ideen zu, denn sie enthalten vielleicht Ansätze für eine Lösung.
- **3. Greifen Sie die Ideen der anderen auf!**

Denken Sie sie weiter, ergänzen und verbessern Sie sie. Kombinieren Sie sie mit Ihren eigenen.

- **4. Quantität ist wichtiger als Qualität!**
Produzieren Sie so viele Ideen wie möglich – ohne Rücksicht auf ihre Qualität.

So gehen Sie vor

So machen Sie allein ein Brainstorming

- Notieren Sie auf einem Blatt die Entscheidung, für die Sie nach Möglichkeiten suchen.
- Setzen Sie sich ein Zeitlimit – 20 bis 30 Minuten. Stellen Sie am besten einen Wecker.
- Schreiben Sie Ihre Gedanken auf das Blatt. Noch besser: Schreiben Sie jeden Gedanken auf eine Karte, denn die können Sie später leichter sortieren.
- Bleiben Sie im Fluss. Hören Sie nicht auf zu schreiben. Egal, wie langweilig, komisch oder abgefahren Ihre Einfälle sind.

So machen Sie Brainstorming im Team

Laut Osborn sind zehn bis zwölf Personen am besten. Setzen Sie ein klares Zeitlimit, am besten 30 bis 45 Minuten. Alle Beteiligten wissen, worauf es bei der Entscheidung ankommt. Es liegt eine möglichst konkrete Beschreibung der Situation vor. Allen sind alle Informationen zugänglich.

- Schreiben Sie die Ausgangsfrage für alle sichtbar auf. Dafür eignet sich ein Flipchart.
- Eine Gruppenmitglied spielt die Rolle des Moderatoren. Eingangs stellt er dar, über welchen Sachverhalt Sie gemeinsam entscheiden werden. Er achtet auf das Zeitlimit und darauf, dass die Regeln eingehalten werden. Er sammelt die Ideen, ermuntert stille Teilnehmer und bremst die Vorlauten, falls nötig.
- Halten Sie die Ideen für alle sichtbar fest – auf Karten, auf dem Flipchart oder einer Tafel. So kann jeder Einzelne die Ideen der anderen weiterdenken.

Das Brainstorming in einer Gruppe ist produktiver, wenn Sie die Beteiligten nicht spontan zusammenrufen, sondern rechtzeitig ankündigen, zu welcher Fragestellung die Runde arbeiten soll.

Je nach Fragestellung kann es hilfreich sein, die Gruppe aus Personen mit unterschiedlichen Erfahrungen und Kenntnissen zusammenzusetzen. Dadurch vergrößert sich das Spektrum der Ideen.

Nach dem Brainstorming werten Sie das Ergebnis aus. Machen Sie aber vorher eine Pause! Anschließend ordnen Sie die Ideen und prüfen, ob man sie verwenden kann. Welche Ansätze für eine Lösung stecken darin?

Brainstorming kann in einer Gruppe einfacher sein als allein, weil die Beteiligten eine Vielzahl von Perspektiven einbringen und sich gegenseitig bereichern und anspornen. Gerade in Bezug auf das Sammeln von Ideen stimmt das alte Wort vom Synergieeffekt in Gruppen: Das Ganze ist mehr als die Summe seiner Teile.

4 Die Walt-Disney-Methode

Die Disney-Methode ist hilfreich für Entscheidungen, an denen mehrere Menschen beteiligt sind. Sie können in einer Gruppe Ideen entwickeln und über Optionen nachdenken. Angeblich wurde sie in den Disney-Studios verwendet, um kreative Projekte voranzutreiben.

Die Disney-Methode beruht darauf, dass die Gruppenmitglieder die einzelnen Phasen des Entscheidungsprozesses in unterschiedlichen Räumen mitvollziehen. Im Epcot-Center in Disneyland, Florida, steht auf einer Eingangstür in glänzenden Lettern die Firmenphilosophie: »If you can dream it, you can do it.«

Damit ist im Grunde alles gesagt. So funktioniert die Disney-Methode. Sie spannt den Bogen vom Träumen zum Handeln. Dieser Bogen ist unterteilt in drei Phasen, die aufeinander folgen und für die Sie jeweils einen Raum brauchen.

So gehen Sie vor

Der Raum des Träumers
In diesem Raum spielen Sie mit Fantasien und Visionen.

- Was wäre optimal?
- Was müsste geschehen, damit …?
- Welche Möglichkeiten sehen Sie?

Der Raum des Kritikers
Hier kommen alle kritischen Argumente auf den Tisch.

- Was spricht gegen diese und jene Entscheidung?
- Was ist zu bedenken?
- Welche Probleme könnten auftreten?
- Welche Risiken sollten bedacht werden?

Der Raum des Realisten
Hier geht es schließlich um die Umsetzung einer Option.

- Wie könnte das konkret aussehen?
- Was ist praktisch dafür notwendig?

Sie brauchen wiederum einen Moderator, der die Gruppe durch die jeweiligen Phasen führt. Er strukturiert den Vorgang, sammelt die Beiträge, ordnet sie und achtet darauf, dass die Regeln eingehalten werden. Durchlaufen Sie die einzelnen Phasen in der oben beschriebenen Reihenfolge. Vermeiden Sie auf diese Weise, dass Ideen durch zu frühe Kritik abgeblockt oder unorthodoxe Lösungen übergangen werden, weil ein oder mehrere Beteiligte sie als unrealistisch einstufen. Lassen Sie sich so viel Zeit, wie es das Thema und die Gruppe erforderlich machen.

Mehrere Menschen haben mehr Ideen als ein Einzelner. Deshalb eignet sich die Methode, wie gesagt, vor allem für Gruppen. Wenn Sie sie allein ausprobieren möchten, können Sie einen Tag folgendermaßen strukturieren:

Morgens sind Sie der »Träumer«. Gehen Sie beispielsweise in einen Park, um auf Ideen zu kommen. Mittags sind Sie der »Realist«. Sie sortieren Ihre Einfälle in einem ruhigen Café. Abends holen Sie sich Unterstützung. Mit einem guten Freund gehen Sie alle Möglichkeiten durch und überlegen, welche sich in die Praxis umsetzen lassen.

5 Die Sechs-Hüte-Methode (nach Edward de Bono)

Diese Methode von Edward de Bono hat mit der Disney-Methode gemeinsam, dass Sie ebenfalls unterschiedliche Perspektiven einnehmen. Dadurch entstehen neue Zusammenhänge – oder Sie entdecken diese Zusammenhänge und kommen dadurch auf Ideen. Die sechs Hüte stehen für sechs Blickwinkel. Das Prinzip besteht darin, die verschiedenen Denkrichtungen wechseln zu können, so wie man einen Hut absetzt und einen anderen aufsetzt. Edward de Bono teilt jedem Hut eine Farbe und damit eine Denkrichtung zu.

Der weiße Hut: Neutralität
Der weiße Hut steht für ein Blatt Papier. Darauf sammeln Sie systematisch Fakten, Zahlen, Daten, die für die Entscheidung von Belang sind. Verschaffen Sie sich einen Überblick über den Wissensstand. Was wissen Sie über die Angelegenheit? Was ist Ihnen unbekannt? Halten Sie sich mit Interpretationen und Bewertungen zurück. Sie sind zur Neutralität verpflichtet.

Der rote Hut: subjektives Empfinden und die persönliche Meinung
Der rote Hut symbolisiert Wärme. Hier geht es um Gefühle und Empfindungen in Bezug auf die Entscheidung. Was sagt Ihr Bauch dazu? Positive und negative Gefühle sind gleichermaßen wichtig. Sie können sich über Freude und Hoffnung, Ahnungen, Zweifel und Ängste äußern, über Ärger und Frustration. Unter diesem Hut dürfen Sie es los werden. Da Gefühle diffus sein können, dürfen Sie sie aussprechen, ohne Gründe dafür zu nennen.

Der schwarze Hut: objektive negative Argumente
Der schwarze Hut steht für die vorsichtige, die pessimistische Perspektive. Welche Schwierigkeiten sehen Sie? Welche negativen Aspekte hat die Sache, welche Gefahren verbinden Sie damit? Unter diesem Hut sollten Sie Risiken, Bedenken und Kritik konkret in Worte fassen. Bleiben Sie dabei sachlich! Setzen Sie sich mit Aspekten der Entscheidung auseinander, die objektiv vorhanden sind.

Der gelbe Hut: objektive positive Argumente
Der gelbe Hut symbolisiert die Sonne, also die optimistische Perspektive. Unter diesem Hut sammeln Sie die positiven Aspekte einer Sache. Welche Vorteile, welcher Nutzen lässt sich finden? Fassen Sie Chancen und Perspektiven ins Auge, die die Angelegenheit bietet. Verfallen Sie aber nicht in

Schwärmerei, sondern schätzen Sie die Lage realistisch ein. Stimmungen und Gefühle gehören unter den roten Hut.

Der grüne Hut: kreatives Denken
Der grüne Hut steht für Wachstum und alles, was sprießt und sich entwickelt. Damit sind Innovation und Kreativität gemeint. Unter diesem Hut denken Sie über Neues nach, schmieden Pläne, denken über Entwicklungen und Alternativen nach zu dem, was Sie bisher getan haben. Hier brauchen Sie nicht realistisch zu sein, sondern dürfen Ihrem Denken freien Lauf lassen.

Der blaue Hut: sich orientieren, sich einen Überblick verschaffen
Blau steht für den Himmel. Mit diesem Hut nehmen Sie die Vogelperspektive ein, die Perspektive des Dirigenten oder Moderators. Von hier aus haben Sie die Zusammenhänge im Blick, kontrollieren und steuern den Prozess. Unter diesem Hut klären Sie, welche Vorgehensweise günstig ist, setzen Prioritäten, fassen Ergebnisse zusammen und treffen Absprachen.

So gehen Sie vor

Sie können die Sechs-Hüte-Methode allein oder in einer Gruppe anwenden. Benutzen Sie echte Hüte (z. B. aus Papier) oder Pappkegel oder Karten in der jeweiligen Farbe.
Entwerfen Sie vorher einen Protokollzettel mit sechs Spalten für die sechs Hüte. Halten Sie hier Ihre Gedanken und Ideen fest.
Beginnen Sie, indem Sie sich selbst oder der Gruppe das Problem vergegenwärtigen.

Wenn Sie allein arbeiten
Setzen Sie die Hüte der Reihe nach auf. Betrachten Sie die Angelegenheit aus der jeweiligen Perspektive. Beginnen Sie mit Weiß, dann Rot, dann Gelb und so weiter.

- Notieren Sie unter jedem Hut in Stichpunkten Ihre Gedanken.
- Anschließend ziehen Sie ein Fazit.
- Wie sehen Sie die Sache nun?
- Welche Perspektive sollten Sie weiter vertiefen?

In der Gruppe

Wenn einige Gruppenmitglieder nicht mit der Methode vertraut sind, sollten Sie die Perspektive jedes Hutes für alle gut sichtbar aufschreiben. Die Teilnehmer setzen sich der Reihe nach alle Hüte auf. Wenn Sie wollen, dass sich die Teilnehmer möglichst wenig gegenseitig beeinflussen, ist es sinnvoll, dass sie im ersten Durchgang nur schriftlich arbeiten und ihre Notizen vor den anderen verdecken.

Danach können die Beteiligten sich äußern, ihre Ansichten sortieren und diskutieren.

Weitere Möglichkeiten

Sie können mit der Sechs-Hüte-Methode Sitzungen und Diskussionen strukturieren, die zu Entscheidungen führen sollen. Stellen Sie zum Beispiel die Regel auf, dass jeder, der sich zu Wort meldet, sich für einen bestimmten Hut entscheiden muss.

Die Sechs-Hüte-Methode kann verhindern, dass sich Gespräche in einer Gruppe festfahren. Um den produktiven Dialog zu fördern, achten Sie darauf, dass die Beteiligten ihre Perspektiven regelmäßig wechseln, also nicht einer die ganze Zeit über nur einen Hut benutzt.

Wann verwenden Sie welche Kreativitätstechnik?

Wenn Sie in Bezug auf die Entscheidung blockiert sind, unter Stress stehen und den Kopf wieder frei kriegen wollen	■ Umgebung wechseln ■ Bewegung ■ Entspannung ■ Sechs-Hüte-Methode
Wenn das Thema der Entscheidung eng umrissen ist	■ Brainstorming ■ visuelle Synektik ■ Mind Mapping
Für Entscheidungen, bei denen Sie über Strukturen und Vorgänge völlig neu nachdenken müssen	■ Brainstorming ■ visuelle Synektik ■ Mind Mapping
Für Entscheidungen in einer Gruppe, bei denen Kreativität nützlich ist	■ Brainstorming ■ Walt-Disney-Methode ■ Sechs-Hüte-Methode

6

Kopf und Bauch

Die Vorarbeiten sind erledigt. Das Ziel steht fest. Sie haben angefangen, sich Gedanken darüber zu machen, wie Sie dorthin kommen. Im sechsten und siebten Kapitel lernen Sie, Ihre Ideen besser abzuwägen. Was sagt Ihr Bauch zu der Entscheidung, die jetzt ansteht? Was meinen wir eigentlich, wenn wir davon reden, und wie verlässlich ist dieses Bauchgefühl? Wie nützlich ist es für Ihre Entschlüsse? Diesen Fragen ist das sechste Kapitel gewidmet.

Unsere Entscheidungen werden von Gefühlen gesteuert

Es war sicher ein Schock für viele, die an den rationalen Menschen geglaubt haben, als die Wissenschaft in den letzten Jahren entdeckte, dass Sigmund Freud doch ein bisschen Recht hatte. Wir wissen, dass wir bei unseren Entscheidungen nicht nur vom Verstand, sondern auch von Gefühlen und Vorgängen in unserem Gehirn gesteuert werden, die uns nicht bewusst sind.

Die moderne Forschung hat entdeckt, dass Verstand und Gefühl eng zusammenwirken. Den Emotionen kommt dabei deshalb eine wichtige Rolle zu, weil sie häufig die Motivation für unsere Entscheidungen liefern. Wenn wir nicht empfinden, dass wir »auf etwas Lust haben«, entscheiden wir uns dagegen, sofern es uns möglich ist. Wenn uns eine Sache schon in diesem Moment keinen Spaß macht, etwa die Vorbereitung auf die Abschlussprüfung, brauchen wir mindestens eine Idee davon, wie sie uns später befriedigt – in diesem Fall das Examen. Ohne Gefühle läuft eigentlich gar nichts. Moderne Wissenschaftler meinen, dass wir in erster Linie nicht vom Verstand gesteuert werden, sondern von den Gefühlen. Wie Freud es schon vor 100 Jahren schrieb.

Wie rational entscheiden wir?

Viele Menschen stellen sich vor, dass sie ihre Entscheidung ausschließlich aufgrund rationalen Denkens treffen – auf der Grundlage einer gut kalkulierten Kosten-Nutzen-Rechnung. Sie nehmen an, dass Gefühle eher stören, wenn es darum geht, Vor- und Nachteile einer Angelegenheit abzuwägen. Sie glauben, dass ein optimaler Entscheider sich allein an den sachlichen Aspekten orientiert, und versuchen ihre Gefühle bei Entscheidungen herauszuhalten. Das ist ungefähr so, als würde in einer Firma die Abteilung Controlling der Geschäftsleitung kündigen und sich einreden, dass sie die Dinge fortan allein regeln.

Wie gesagt, die Gefühle bedingen unsere Motivation und steuern unser Handeln. Sie tun das, auch wenn es uns nicht immer bewusst ist. Selbst dann, wenn wir ihnen die Zusammenarbeit »kündigen«, sie also unter den Teppich kehren und versuchen, die Entscheidung ausschließlich rational zu treffen.

Mittlerweile begeben sich viele Menschen in psychologische Beratung, weil sie merken, dass sie unzufrieden mit sich und ihrem Leben sind. Sie denken über ihre Entscheidungen nach und suchen häufig nach den »richtigen« Kriterien dafür. Sie sind unsicher, ob sie auf dem richtigen Weg sind. Ich denke, dass es einen Zusammenhang gibt zwischen dem Ideal der rationalen Kosten-Nutzen-Rechnung und der Unzufriedenheit. Was würde es eigentlich bedeuten, die Entscheidungen allein mit dem Verstand zu treffen? Stellen Sie sich vor, Sie überlassen das von nun ab einem Mini-Computer, der den ganzen Tag lang versucht, sachliche Argumente zu verrechnen. Er sucht den Job, der am besten zu Ihren Qualifikationen passt, die Wohnung mit dem besten Preis-Leistungs-Verhältnis, das optimale Ernährungs- und Fitnessprogramm. Auf den ersten Blick sieht es aus, als würde Ihnen eine Menge Arbeit abgenommen. Aber glauben Sie, dass es Ihnen besser ginge? Ich glaube, dass es kaum möglich wäre, mit sich und der Welt zufrieden zu sein, wenn man seine Entscheidungen nicht auch an seinen Gefühlen orientiert, sondern ausschließlich an rein sachlichen Kalkulationen.

Entdeckung der Rolle von Emotionen

Ein Puzzlestein bei der Entdeckung der Rolle von Emotionen stammt vom Neurologen Antonio R. Damasio. Er beschreibt den tragischen Fall eines Patienten, den er Elliot nennt. Ein Teil seines Gehirns wurde durch einen Tumor zerstört. Nach der Operation war Elliot völlig fit. Er hatte keinerlei Defizite, was seine Intelligenz, sein Gedächtnis und seine Konzentrationsfähigkeit anbelangt. Nur eines fiel auf: Er konnte keine Entscheidungen mehr treffen.

Damasio beschreibt, dass Elliots Verhalten ziellos wurde und dass er sich von nun an durchs Leben treiben ließ. Bei ihm war die Hirnregion zerstört worden, die die Verbindung zwischen Verstand und Gefühlen herstellt.

Seitdem wurden viele Patienten mit ähnlichen Verletzungen untersucht. Es zeigte sich, dass sie ohne Kontakt zu ihren Emotionen keine sinnvollen Entscheidungen mehr treffen konnten. Die Werte, an denen sich gesunde Menschen bei ihren Entscheidungen orientieren, waren diesen Patienten verloren gegangen.

Beteiligen Sie Ihre Gefühle an Ihren Entscheidungen

Einige Leser werden jetzt vielleicht sagen: Meine Gefühle sind gerade mein Problem, wenn ich mich entscheiden muss. Sie verwirren mich, sie sind zu stark, unklar … Und sie haben Recht. Intensive Emotionen können Entschlüsse erschweren. Aber denken wir zunächst an die eher schwachen Signale von Lust und Unlust. Auch die kommen Ihnen häufig in die Quere? Ihr Bauch will nicht so wie Ihr Verstand? Das liegt vielleicht daran, dass Sie nicht gut mit Ihrem Bauch »zusammenarbeiten«. Das lässt sich erlernen. Wir beschäftigen uns in diesem Kapitel mit Methoden, die Ihnen dabei helfen.

Es ist natürlich nicht wirklich Ihr Bauch, der Gefühle produziert. Diese Region ist nur so empfindlich, weil es dort sehr viele Sinneszellen gibt. Aus diesem Grund reagiert sie sehr sensibel. Für viele Menschen ist sie eine gute Orientierung. Gefühle nehmen wir häufig anhand von körperlichen Reaktionen wahr. Dazu kommen wir im nächsten Abschnitt.

Das emotionale Gedächtnis

Sie fragen sich vielleicht, warum Ihre Gefühle überhaupt an Ihren Entscheidungen beteiligt sind. Das liegt an einem Phänomen, das die Wissenschaftler emotionales Gedächtnis nennen. Unser Gehirn hat einen ziemlich großen Datenspeicher, in dem Informationen über zurückliegende Ereignisse gesammelt werden. Wenn Sie einen Beschluss fassen, vergleicht Ihr Gehirn Ihr Vorhaben mit Erfahrungen und Ergebnissen aus ähnlichen Situationen, die Sie in der Vergangenheit erlebt haben. Das geschieht nicht bewusst, dafür aber sehr schnell. Für diese emotionale Bewertung gibt es nur zwei Kategorien. Entweder gut und lustvoll – die Konsequenzen waren also angenehm, die Erfahrungen nützlich. Oder schlecht und erfolglos – was bedeutet, dass die Angelegenheit unangenehme, schmerzhafte Folgen hatte.

Zu welchem Schluss Ihr Gehirn kommt, empfinden Sie unmittelbar. Sie haben entweder ein gutes Gefühl bei der Sache oder eben kein gutes Gefühl: Sie kriegen leichte Bauchschmerzen oder verspüren ganz allgemein Unbehagen. Nehmen Sie diese Warnungen ernst. Wissenschaftliche Untersuchungen haben gezeigt, dass Menschen, die nur angestrengt über Beschlüsse nachdenken, häufig weniger klug handeln als Menschen, die ihr Gefühl in ihre Entscheidungen mit einbeziehen. Die treffen bessere Entscheidungen. Signale, die Ihr

Körper Ihnen gibt, sollten Sie auf keinen Fall ignorieren. Das gilt besonders für unübersichtliche und unsichere Situationen.

Der rationale Entscheider, der sich nur nach Fakten richtet, kämpft mit zwei Nachteilen:

1. Er orientiert sich an Zahlen, die aber häufig ungenau sind und viele Einflüsse nicht berücksichtigen können.
2. Er blendet seinen Wissensspeicher und die darin gesammelten Erfahrungen aus vergangenen Situationen aus.

Anders gesagt:

- Optimale Entscheidungen werden Sie treffen, wenn Sie beide Arten der Informationsverarbeitung nutzen – die rationale und die emotionale.

So werden Informationen bei Entscheidungen verarbeitet

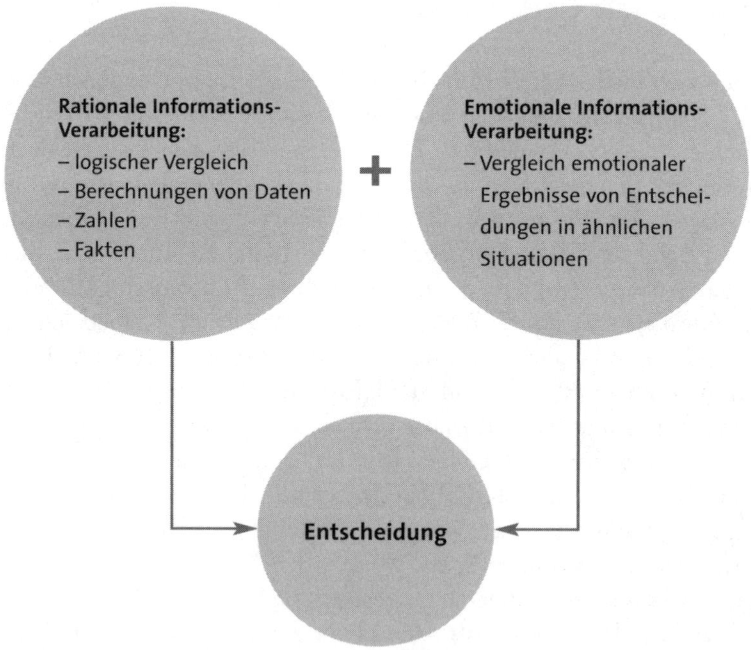

Die Sprache der Gefühle

Bisher haben wir uns ausführlich mit dem rationalen Entscheidungsweg beschäftigt. Wenden wir uns nun der emotionalen Informationsverarbeitung zu. Es geht um den Teil des Gehirns, den die Wissenschaftler als emotionales Erfahrungsgedächtnis bezeichnen. Dort werden, wie gesagt, Erinnerungen in emotionaler Form gespeichert. Wenn Sie beispielsweise ein Bild von einer Gegend sehen, in der Sie einmal im Urlaub waren, haben Sie wahrscheinlich angenehme Erinnerungen und deshalb ein gutes Gefühl – es sei denn, der Urlaub war ein Reinfall.

Übung: Entspannung

Denken Sie an einen gelungenen Urlaub zurück. Konzentrieren Sie sich auf die angenehmen Erinnerungen. Achten Sie nun auf die körperlichen Empfindungen, die Ihre Gefühle begleiten. Manche Menschen empfinden Entspannung und Wärme im Nackenbereich, als würde ihr Kopf im warmem Sand liegen. Wie ist es bei Ihnen?
Wenn Sie nichts bemerken, verzweifeln Sie nicht, aber möglicherweise liegt hier ein Grund, warum Sie mit Ihren Entscheidungen nicht zufrieden sind. Zufriedenheit ist kein intellektueller Zustand, sondern etwas, das Sie körperlich wahrnehmen.

Vielen Menschen ist die Sprache dieses Gehirnteils wenig vertraut. Gehören Sie auch dazu? Dann sollten Sie als Erstes das Vokabular besser kennen lernen. Damit meine ich die Signale, die Ihr emotionales Erfahrungsgedächtnis als Ergebnis seiner Analyse sendet. Das sind Gefühle oder körperliche Reaktionen – etwa die leichten Bauchschmerzen. Manche Leute haben zusätzlich angenehme oder unangenehme Bilder im Kopf. Das emotionale Erfahrungsgedächtnis vermittelt im Grunde nur zwei Botschaften:

positives Signal	oder	negatives Signal
▶ O.k.		▶ Vorsicht!
▶ Tu es!		▶ Mach es besser nicht!
▶ Damit haben wir gute Erfahrungen gemacht! -		▶ Das kann schlecht ausgehen.
▶ Darauf habe ich Lust!		▶ Darauf habe ich keine Lust!

Die körperlichen Signale können sich natürlich von Mensch zu Mensch unterscheiden. Aber im Grunde ist es recht einfach, die Botschaft zu verstehen.

Schauen wir uns noch einmal das Beispiel mit dem Urlaub an. Viele Leute haben zwar schöne Erinnerungen, aber sie nehmen die dazugehörigen Gefühle eher verschwommen wahr. Das folgende Beispiel zeigt, wie Emotionen bei einer Entscheidung (mit)wirken.

Lisa

Lisa: *Eine der schwierigsten Entscheidungen, die ich in den vergangenen Jahren getroffen habe, war die für mein Studium. Ich hatte die Aufnahmeprüfung für den Studiengang Grafik-Design bestanden. Die Zusage für einen Studienplatz steckte in meinem Briefkasten. Eigentlich hätte ich feiern sollen, aber irgendwie fühlte ich mich nicht gut.*
Frage: *Hat dir etwas weh getan?*
Lisa: *Ja, ich verspürte einen Druck in der Magengegend und mir war leicht übel. Ich fühlte mich eindeutig nicht wohl, obwohl mein Kopf sagte: Toll, dass du die Prüfung bestanden hast!*
Frage: *Dein Bauch gab dir also den Hinweis, dass mit der Entscheidung für das Studium irgendetwas nicht stimmt. Was hast du daraufhin unternommen?*
Lisa: *Ich war erst einmal irritiert. Wusste nicht, was los ist. Eine Weile lief ich einfach nur durch die Stadt.*
Frage: *Wie wurde dir klar, warum du kein gutes Gefühl hattest?*
Lisa: *Durch Zufall sah ich mich in einem Schaufensterspiegel. Ich stellte mir in diesem Moment vor, dass ich da jetzt eine Grafikerin vor mir sehen würde. Mit einem Mal wusste ich, dass ich das Studium doch nicht beginnen wollte, dass dieser Beruf in vielerlei Hinsicht doch nicht meinen eigentlichen Interessen entsprach.*

Dass Sie sich manche Empfindung zunächst nicht erklären können, ist übrigens völlig normal. Häufig geht es uns wie Lisa, die zunächst nur eine Ahnung hat, ein ungutes Gefühl, das sie nicht begründen kann. Das liegt daran, dass Informationen auf der unbewussten emotionalen Ebene sehr schnell verarbeitet werden. Die rationale Bewältigung nimmt aber wesentlich mehr Zeit in Anspruch – es dauert also viel länger, bis Ihnen die passenden Argumente zu der Angelegenheit einfallen. Ignorieren Sie deshalb Ihre Emotionen nicht, sondern versuchen Sie, sie zu verstehen.

Welche Signale Ihr Körper produziert, lässt sich kaum vorhersagen. Jeder Mensch hat seine individuelle emotionale Sprache.

Sehen wir uns einige häufige körperliche Signale an.

Wie äußern sich angenehme Gefühle?

- **ich habe Schmetterlinge im Bauch**
- **ich lächele**
- **ein Gefühl von Leichtigkeit**
- **frei, unbeschwert atmen können**
- **der Köper fühlt sich tatkräftig, energievoll an**
- **ein entspanntes, warmes Gefühl im Bauch**

Wie äußern sich unangenehme Gefühle?

- **ich habe Bauchweh und Magenschmerzen**
- **einen Druck auf der Brust, das Gefühl, mir bleibt die Luft weg**
- **ein Kloß im Hals**
- **Anspannungen, zum Beispiel in den Schultern, im Nacken, im Kiefer (auch Zähneknirschen)**
- **Zittern in den Armen oder den Beinen**
- **Kopfschmerzen**

Arbeitsblatt: Was signalisiert mir mein Körper?

Negative Signale

Rufen Sie sich eine unangenehme Situation in Erinnerung, in der Sie unsicher, ärgerlich oder gekränkt waren – etwa, weil Ihr Chef Sie heftig kritisierte oder Sie sich ungerecht behandelt fühlten. Konzentrieren Sie sich intensiv auf diese Situation. Welche körperlichen Signale nehmen Sie wahr?

....

....

....

....

....

Positive Signale

Stellen Sie sich nun eine angenehme Situation vor, in der Sie sich wohlfühlten – zum Beispiel weil Sie sich auf eine Feier oder Begegnung mit einem bestimmten Menschen freuten oder für ein Projekt großes Lob ernteten. Welche körperlichen Signale nehmen Sie jetzt wahr?

....

....

....

....

....

Um es noch einmal klar zu sagen: Es geht nicht darum, anstelle des rationalen Abwägens von Argumenten und Konsequenzen ausschließlich das Gefühl zu befragen. Ihre Entscheidungen werden nicht dadurch besser, dass Sie das eine durch das andere ersetzen. Es geht um das Zusammenspiel von Verstand und Gefühl! Sowohl die Kopf- als auch die Bauchmethode haben Vor- und Nachteile. Am besten funktioniert es, wenn Sie sich auf beide einlassen.

Genau das versucht Manuel bei Entscheidungen in seinem Berufsalltag:

Manuel

Frage: *Du bist einer der Geschäftsführer einer Firma in der Medienbranche. Wie wichtig ist das Bauchgefühl für deine Entscheidungen?*

Manuel: *Ich habe gelernt, wie wichtig es ist. Einige Male habe ich mich gegen mein Gefühl entschieden und dann erlebt, welche Konsequenzen das hatte…*

Frage: *Was geschah da?*

Manuel: *Wir treffen oft Entscheidungen darüber, welche Projekte wir mit anderen Firmen machen. Dazu werten wir bestimmte Informationen aus. Wie hat sich die Firma bisher entwickelt? Wie sind andere Projekte gelaufen? Welche Ergebnisse gibt es? Nachdem ich die potenziellen Kooperationspartner persönlich getroffen und mir ihre Unterlagen angeschaut hatte, beschlich mich in einigen Fällen ein ungutes Gefühl. Trotzdem entschied ich mich für die Zusammenarbeit.*

Frage: *Wie kam das? Warum hast du deine Emotionen ignoriert?*

Manuel: *Weil die Mitarbeiter logisch begründen konnten, warum einige ihrer Projekte in der Vergangenheit schief gelaufen waren. Sie stellten die Sache so dar, dass es trotz der roten Zahlen im Nachhinein wie ein gutes Geschäft aussah. Wir hatten in vielen Fällen gute rationale Gründe, uns für die Kooperation zu entscheiden. Zu dem Zeitpunkt konnte ich mir mein ungutes Gefühl einfach nicht erklären. Mittlerweile habe ich dazugelernt.*

Frage: *Du meinst, heute würdest du deine Empfindungen anders bewerten?*

Manuel: *Früher hatte ich oft das Problem, dass ich in Verhandlungen nicht auf mein Gefühl gehört habe. Ich wusste häufig nicht, was ich sagen sollte. »Ich habe so'n schlechtes Gefühl dabei« – das wäre mir nie über die Lippen gekommen.*

Frage: *Der Verstand braucht etwas mehr Zeit, bis er die Argumente zu dem Gefühl liefern kann.*

Manuel: *Teilweise dauerte es wirklich lange, bis mir die Argumente einfielen. Manchmal reichte es, eine Nacht darüber zu schlafen, bei anderen Projekten habe ich zwei, drei Tage lang überlegt, wieso mein Bauch nicht wollte.*

Frage: *Und heute machst du es anders als früher?*

Manuel: *Ja. Dass die Projekte gescheitert sind, für die ich mich gegen meine Empfindungen entschieden habe, hat mich ziemlich viel Geld gekostet. Heute sage ich in Verhandlungen klar und deutlich: Ich kann das nicht befürworten, ich habe kein gutes Gefühl dabei. Und interessanterweise akzeptieren das die meisten Beteiligten.*

Auf einen Blick

Die gefühlsmäßige Reaktion auf Entscheidungen beruht auf den Erfahrungen, die wir im Laufe unseres Lebens gemacht haben.
Sie sind in unserem emotionalen Gedächtnis gespeichert. Sie liefern uns wertvolle Hinweise.
Da der Verstand die rationalen Argumente mit einiger Verzögerung nachliefert, kann es sein, dass wir zwar ein Gefühl wahrnehmen, es aber nicht einordnen können. Machen Sie sich klar, was Ihnen an dem anstehenden Beschluss gefällt, was Ihnen Sorgen bereitet et cetera.

Wenn Kopf und Bauch geteilter Meinung sind

Warum fällt es Ihnen gelegentlich so schwer, eine klare Entscheidung zu treffen? Das ist der Fall, wenn Ihr Verstand und Ihr Gefühl nicht zu derselben Einschätzung finden – oder wenn sie zu gar keinem Ergebnis kommen. Sehen wir uns einige Fälle genauer an:

Wie Verstand und Gefühl einen Sachverhalt bewerten

Einigkeit:
Der Verstand und das Gefühl sind derselben Meinung
Dieser Fall ist der einfachste – egal, ob Verstand und Gefühl zustimmen oder ob beide die Sache ablehnen. Wenn die Bewertungen im Einklang sind, fällt die Orientierung leicht.

»Klasse! Diese neue Wohnung macht richtig Laune. Sie ist optimal, ich hab ein gutes Gefühl dabei.«

Uneinigkeit:
Der Verstand sagt etwas anderes als das Gefühl

Die Entscheidung wird Ihnen schwer fallen. Sollen Sie sich nach Ihrem Verstand oder lieber nach Ihrem Gefühl richten? Diese Frage lässt sich nicht ohne weiteres beantworten. Versuchen Sie herauszufinden, wie dieser Widerspruch zustande kommt. Gehen Sie Ihren Gefühlen auf den Grund.

»Mist! Eigentlich ist der Job das was ich gesucht habe, wenn ich nur diese Bauschmerzen nicht dabei hätte.«

Wirrwarr:
Verstand und Gefühl kommen zu keiner eindeutigen Meinung

Sie sind hin- und hergerissen von Ihren Gefühlen. Die sachlichen Argumente sprechen sowohl dafür als auch dagegen. Es ist unmöglich, eine eindeutige Präferenz abzuleiten. Die ambivalenten Gefühle und das Wirrwarr sind häufig sehr unangenehm. Auch in diesem Fall sollten Sie herausfinden, wie das Wirrwarr zustande kommt. Wie kommt es zu der widersprüchlichen Bewertung?

»Da spricht einiges für aber auch einiges gegen die neue Stelle. Ojeee, ich fühle nur Wirrwarr ...«

Es kommt häufig vor, dass wir Entscheidungsmöglichkeiten widersprüchlich bewerten. Entweder sind sich Verstand und Gefühle nicht einig oder es gibt gute Argumente, die dafür, und auch gute, die gegen die Angelegenheit sprechen. Das führt zu den ambivalenten Gefühlen.

Es gibt noch ein weiteres Problem. Zahlreiche Ratgeber weisen ja auf die Bedeutung des Bauchgefühls hin. Obwohl er so wichtig ist, hat der Bauch nicht immer Recht. Denken Sie nur mal an Ihre letzte Prüfung. Was sagte Ihr Magen dazu? Oder zu Ihrem letzten Besuch beim Zahnarzt?

Ginge es alleine nach Ihrem Bauch, würden Sie solche unangenehmen Situationen womöglich konsequent vermeiden. Nicht wenige Menschen schließen ihr Studium oder ihre Weiterbildung nicht ab oder gehen trotz Karies jahrelang nicht zum Zahnarzt, weil sie zu sehr auf ihren Bauch hören. Das emotionale Erfahrungsgedächtnis ist also nicht immer ein verlässlicher Ratgeber. Wie gesagt, es vergleicht Erlebnisse und Erfahrungen, die wir in der Vergangenheit gemacht haben, mit der anstehenden Entscheidung. Warum Sie damals Angst, Frust, Ärger verspürt haben, kann eine Reihe von Gründen gehabt haben. Vielleicht standen Sie als Schüler vor der Klasse und konnten zur Belustigung aller Kinder die Fragen des Lehrers nicht beantworten. Deshalb hat Ihr emotionales Gedächtnis Prüfungssituationen als unangenehm abgespeichert und versucht, Sie vor einem erneuten Dilemma zu warnen.

Nehmen wir ein anderes Beispiel: Die meisten Menschen haben im Laufe Ihres Lebens schon einmal schlechte Erfahrung damit gemacht, eine andere Person direkt zu kritisieren. Folglich schickt ihnen das emotionale Gedächtnis jedes Mal, wenn sie es erneut versuchen, einen deutlichen Hinweis, dass das schief gehen wird. Im schlimmsten Fall fressen sie den Ärger in sich hinein. Das Gedächtnis ignoriert, dass sie inzwischen vermutlich dazugelernt haben, die Kritik geschickter anbringen, sich vorher des Rückhalts anderer versichert haben. Fazit: Der Bauch hat zwar gute Gründe für sein Grummeln, aber in diesem Fall ist er kein verlässlicher Wegweiser für die Entscheidung. Deshalb gilt:

Gehen Sie den Gründen nach

- Mit Hilfe des folgenden Arbeitsblattes können Sie über Argumente von Kopf und Bauch nachdenken. Rufen Sie sich ins Gedächtnis, dass Sie Gefühle schnell wahrnehmen und die rationale Bewertung von Argumenten etwas länger dauert.

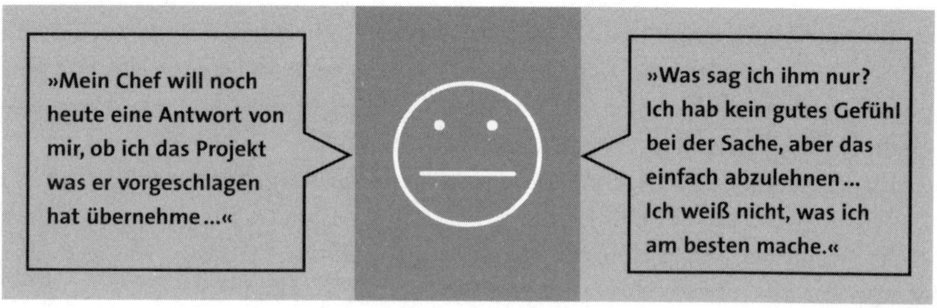

Arbeitsblatt: Das Bauchgefühl

Die Situation

Beschreiben Sie in Stichpunkten den Aspekt der Entscheidung, auf den Sie sich konzentrieren. Geht es Ihnen um die gesamte Situation, um Ihre Ziele oder um Ihre Vorgehensweise et cetera?

Soll ich das neue Projekt annehmen, das mir mein Chef angeboten hat?

Mein Gefühl	Beschreiben Sie, welches Gefühl Sie wahrnehmen. Was empfinden Sie?	*Unbehagen* *Anspannung*
Wie äußert es sich	Wie erleben Sie Ihren Körper? Wo nehmen Sie das Gefühl wahr?	*Bauch verkrampft sich* *Schultern verspannen sich*
Die Argumente des Bauches	1. Warum empfinden Sie so? Was freut Sie, beunruhigt Sie et cetera? 2. Wie wichtig ist dieses Argument für Sie auf einer Skala von 1 (wenig wichtig) bis 10 (äußerst wichtig)?	*1. Ich habe jetzt schon zu viel Stress. Wollte mein Arbeitsvolumen eigentlich reduzieren. (8)* *2. Ich verzettele mich, wenn ich annehme. (6)* *3. Die Sache macht mir eigentlich keinen Spaß. Ist nicht mein Gebiet. (6)*
Meine rationale Bewertung	1. Welche Argumente hat Ihr Verstand? Sprechen diese Gründe dagegen oder stimmen sie mit dem Gefühl überein? 2. Wie wichtig ist dieses Argument für Sie auf einer Skala von 1 bis 10)	*1. Wenn ich ablehne, bietet er mir ein derartiges Projekt nicht mehr an. (6)* *2. Das Projekt wäre eine gute Referenz. (8)*

Mein Fazit

Nachdem Sie sich die Bewertungen von Kopf und Bauch angesehen haben, ziehen Sie ein Fazit. Was denken Sie jetzt über Ihre Situation? Wie können Kopf und Bauch zu einem Kompromiss finden? Welche Schritte wären erforderlich?

Das neue Projekt sollte ich nur annehmen, wenn ich ein anderes Projekt abgeben kann. Ich muss mein Aufgabengebiet klarer eingrenzen. Ich verzettele mich und überfordere mich, wenn nicht klar ist, wo mein Schwerpunkt liegt.

Der erste Schritt

Ein Gespräch mit meinem Chef, um gemeinsam den Schwerpunkt meines Aufgabengebietes festzulegen. Hier muss ich meine Interessen deutlich machen. Dann kann ich entscheiden, ob das neue Projekt dazu passt oder ob nicht.

Arbeitsblatt: Das Bauchgefühl

Die Situation

Beschreiben Sie in Stichpunkten den Aspekt der Entscheidung, auf den Sie sich konzentrieren. Geht es Ihnen um die gesamte Situation, um Ihre Ziele oder um Ihre Vorgehensweise?

....

....

Mein Gefühl	Beschreiben Sie, welches Gefühl Sie wahrnehmen. Was empfinden Sie?	
Wie äußert es sich	Wie erleben Sie Ihren Körper? Wo nehmen Sie das Gefühl wahr?	
Die Argumente des Bauches	1. Warum empfinden Sie so? Was freut Sie, beunruhigt Sie et cetera? 2. Wie wichtig ist dieses Argument für Sie auf einer Skala von 1 (wenig wichtig) bis 10 (äußerst wichtig)?	
Meine rationale Bewertung	1. Welche Argumente hat Ihr Verstand? Sprechen diese Gründe dagegen oder stimmen sie mit dem Gefühl überein? 2. Wie wichtig ist dieses Argument für Sie auf einer Skala von 1 bis 10?	

Mein Fazit

Nachdem Sie sich die Bewertungen von Kopf und Bauch angesehen haben, ziehen Sie ein Fazit. Was denken Sie jetzt über Ihre Situation? Wie können Kopf und Bauch zu einem Kompromiss finden? Welche Schritte wären erforderlich?

....

....

Der erste Schritt

....

Wenn sich Kopf und Bauch widersprechen, haben beide vermutlich wichtige Gründe. Allerdings sollten Sie der Versuchung widerstehen, die Entscheidung ausschließlich nach dem Verstand oder dem Gefühl auszurichten. Für Stresssituationen ist typisch, dass sich der Blickwinkel verengt – in diesem Fall auf zwei Möglichkeiten. Wenn Sie in dieser Bedrängnis einen Beschluss fassen, kommt sicher kein gutes Ergebnis dabei heraus. Sie wählen entweder die Option, mit der Sie sich sehr unwohl fühlen, oder Sie schieben die Argumente Ihres Verstandes einfach beiseite. Beides wäre nicht klug.
Hier sind die Alternativen:

- Entspannen Sie sich als Erstes. Das hilft Ihnen, Stress loszuwerden und verschafft Ihnen eine bessere Perspektive auf die Entscheidung. Machen Sie einen Spaziergang, wenn Sie Zeit haben, oder widmen Sie sich einer Tätigkeit, bei der Sie nicht viel nachdenken müssen – Papier sortieren, aufräumen, bügeln, putzen, Gartenarbeit und so weiter.
- Lösen Sie sich von dem Entweder-oder-Denken, das Sie vermutlich plagt. Akzeptieren Sie, dass sowohl die Argumente Ihres Verstandes als auch Ihr Gefühl berechtigt und wichtig sind.
- Suchen Sie nach einem Kompromiss, der sowohl dem Kopf als auch dem Bauch gerecht wird. Was führt beide Seiten einen Schritt aufeinander zu?

Ambivalenz

Dass Verstand und Gefühl verschiedener Meinung sind, ist gar nicht so selten. Stellen Sie sich vor, ein Bekannter verhilft Ihnen zu einem Jobangebot. Sie sind zwar mit Ihrer alten Firma recht zufrieden, aber im neuen Unternehmen würden Sie etwas mehr verdienen. Trotzdem reißt Sie das Angebot nicht vom Hocker. Sie sind ambivalent. Sie sind weder für noch gegen das Angebot, sondern bewerten einige Aspekte als positiv, andere als negativ. Das ist verwirrend. Sie finden es äußerst kompliziert, zu einem Entschluss zu gelangen.

Sie brauchen eine Methode, die Ihnen dabei hilft, Ihre Gefühle und Ihre Gedanken zu sortieren und sich Klarheit zu verschaffen.

Das innere Team

Mit Hilfe dieser Methode setzen Sie sich mit Ihren Gefühlen auseinander. Sie verstehen besser, warum Sie in die ambivalente Situation geraten sind. Sie klären Ihr inneres Wirrwarr. Im Übrigen ist es völlig normal, eine Angelegenheit gleichzeitig positiv und negativ zu bewerten.

Stellen Sie sich vor, dass die unterschiedlichen Bewertungen Ihrer Lage von mehreren Personen stammen. Sie existieren natürlich nur in Ihren Gedanken. Es sind Mitglieder Ihres inneren Teams, die jeweils aus ihrer Perspektive auf die Entscheidung schauen. Jeder meint, dass ein anderer Aspekt von Belang sei. Vielen Leuten fällt es leichter zu verstehen, warum sie auf eine bestimmte Weise empfinden, wenn sie sich einen Menschen vorstellen können, der diese Emotion hat. Die Person ist quasi Träger, Übermittler des Gefühls. Die Methode dient dazu, das Gefühls- und Gedankenwirrwarr auseinander zu klamüsern.

So gehen Sie vor

Nehmen Sie ein Blatt Papier und schreiben Sie in die Mitte, welche Entscheidung ins Haus steht. Als Nächstes wenden Sie sich Ihren Gefühlen zu. Sie signalisieren entweder Ablehnung oder Zustimmung. Überlegen Sie, welche Gründe das jeweils hat. Was bereitet Ihnen Unbehagen? Was reizt Sie an der Sache, was gefällt Ihnen? Bitten Sie jeweils das Teammitglied um Stellungnahme, das die Emotion vertritt. Welche Argumente hat es für oder gegen die Angelegenheit? Sammeln Sie auf diese Weise eine Liste von Urteilen. Sie können sie noch besser zuordnen, wenn Sie den einzelnen Teammitgliedern einen passenden Namen geben.

Sie können Ihre Notizen sofort auswerten oder Sie ein paar Tage liegen lassen und immer mal etwas dazuschreiben, wenn Ihnen ein neuer Gedanke kommt. Am Ende könnte das Blatt so aussehen:

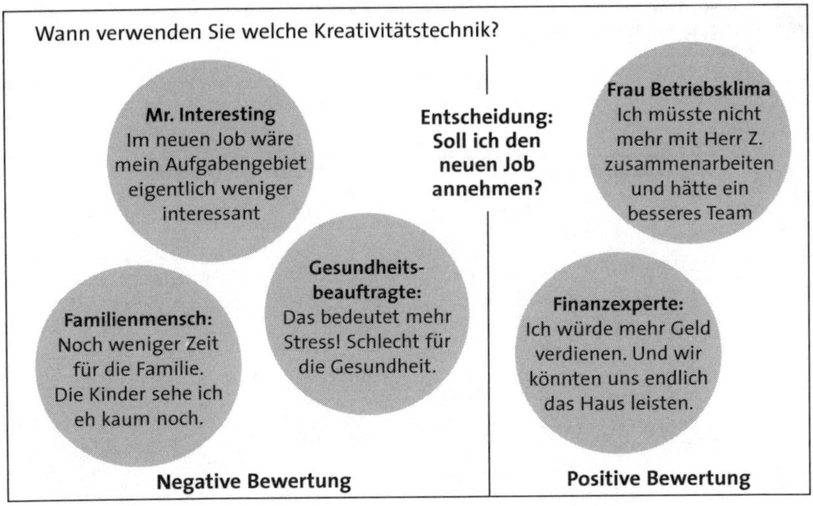

Vielleicht können Sie schon einen Beschluss fassen, nachdem Sie die Bewertungen sortiert und gegenübergestellt haben. Wenn Sie nicht weiterkommen, ordnen Sie die Argumente weiter. Alles, was für die Sache spricht, bekommt ein oder mehrere Pluszeichen, was dagegen spricht, entsprechend Minuszeichen. Wie viel Plus- und wie viele Minuszeichen zählen Sie?

Gesundheit/Stress	– –	Geld:	+
Zeit für die Familie	– –	Neues Haus:	+++
Aufgabengebiet wird uninteressanter	– – –	Besseres Team:	+
Ergebnis	**7–**		**5+**

Sie sehen: Der neue Job würde mehr kosten, als er einbringt.
Falls Sie sich immer noch nicht entscheiden können, spielen Sie das Spiel noch einmal von vorn. Listen Sie Bewertungen auf, wägen Sie ab. Fehlen möglicherweise Aspekte? Dann benennen Sie weitere Teammitglieder.
Vielleicht müssen Sie sich zu einem Kompromiss durchringen. Stellen Sie sich vor, Sie führten ein Gespräch mit jedem Teammitglied. Wie können Sie ihm den Kompromiss schmackhaft machen? Was spricht aus seiner Sicht dafür oder dagegen? Die besten Lösungen in ambivalenten Situationen bestehen häufig nicht in der Entscheidung für das Entweder-oder. Suchen Sie stattdessen nach Möglichkeiten, die die verschiedenen Interessen verbinden.

Arbeitsblatt: Inneres Team

Negative Bewertung	Positive Bewertung

Problem

....

....

....

Entscheidung:

....

....

....

....

....

....

7

So bewerten Sie Ihre Entscheidungsmöglichkeiten

Sie kennen jetzt nicht nur Ihre Ziele, sondern wissen auch, welche Möglichkeiten Sie haben, sich zu entscheiden. Leider ist das manchmal recht schwierig. Wie lautet das Sprichwort? »Wer die Wahl hat, hat die Qual.«

Welcher Weg ist für Sie der richtige, um dorthin zu gelangen, wo Sie hin wollen? Welche Handlungsweise ist optimal? Wir haben festgestellt, dass das Gefühl ein guter Ratgeber ist. Doch häufig ist es wenig ratsam, sich ausschließlich nach den Emotionen zu richten. Sie müssen die Optionen, die Ihnen offen stehen, mitunter auch sachlich miteinander vergleichen. Es kann Nerven kosten, den Überblick zu behalten. Im siebten Kapitel beschäftigen wir uns damit, wie Sie Handlungsmöglichkeiten sortieren und sie bewerten.

Welche Alternativen gibt es?

Um die Handlungsmöglichkeiten, die Ihnen offen stehen, abwägen zu können, benötigen Sie in der Regel nähere Informationen über sie. Fragen wie diese könnten wichtig sein:

- Wie kann ich mein Projekt finanzieren?
- Welche Weiterbildung würde mir nützen?
- Welche Ferienwohnungen werden in Husum oder auf Amrum vermietet?

Forschen Sie nach, tragen Sie Daten und Fakten zusammen. Sie sind die Grundlage für Ihre Entscheidung. Ihre Aufgabe besteht nun darin, die Informationen miteinander zu vergleichen und sie zu bewerten. Dabei können bestimmte Techniken eine große Hilfe sein.

Optionen bewerten:

Erster Schritt: feststellen, welche Informationen benötigt werden

Zweiter Schritt: Informationen beschaffen

Dritter Schritt: Möglichkeiten vergleichen und bewerten

Erster Schritt: Feststellen, welche Informationen benötigt werden

Jagen Sie nicht in blindem Aktionismus durch das Internet und telefonieren Sie nicht wild herum! Überlegen Sie, wie und wo Sie gezielt recherchieren können. Was wollen Sie überhaupt wissen? Wenn Sie mehrere Entscheidungsmöglichkeiten miteinander vergleichen, müssen Sie zuerst überlegen, welche Unterschiede zwischen den Optionen eine Bedeutung für Sie haben. Sie brauchen also entsprechende Bewertungskriterien. Wo liegen die Unterschiede Ihrer Optionen? Was ist für das Ziel, das Sie vor Augen haben, besonders wichtig? Um Ihre Bewertungskriterien konkret in Worte zu fassen, können Sie mit einer Fragenliste arbeiten.

Die Fragenliste

Jürgen ist Informatiker und seit vier Jahren in einer großen Firma angestellt. Dort arbeitet er an verschiedenen IT-Projekten mit. Er möchte sich gerne weiterqualifizieren. »Ein Seminar über Projektmanagement wäre hervorragend, um meine Position im Unternehmen zu verbessern«, überlegt er. Als Erstes schreibt Jürgen alle Informationen auf einen Zettel, die ihm dabei helfen können, eine Entscheidung vorzubereiten. Er fragt sich: »Was müsste ich wissen, um die Weiterbildungsangebote beurteilen und miteinander vergleichen zu können?«

Falls Sie ähnliche Pläne haben wie Jürgen, fällt Ihnen wahrscheinlich relativ schnell eine Reihe von Kriterien ein, die von Belang sein könnten. Notieren Sie die Daten und Fakten auf einem Blatt Papier, z.B. so:

- Welche Abschlüsse sind zurzeit auf dem Arbeitsmarkt gefragt?
- Wo werden Weiterbildungen, die mich interessieren, angeboten?
- Welche Zugangsvoraussetzungen gibt es?
- Wie teuer sind die Seminare?
- Welche Inhalte werden vermittelt?
- Wer erkennt die Weiterbildung oder den Abschluss an?
- Welche Ausbildung/welchen fachlichen Hintergrund haben die Dozenten?
- Wie hoch ist der Aufwand (Vorbereitung/Anfahrt/Arbeiten während des Seminars)?
- Was sagen Kursteilnehmer, die diese Weiterbildung schon absolviert haben?

Die Kriterien eingrenzen

Eine ausufernde Recherche kostet Sie Zeit, Geld und Nerven. Halten Sie das für angemessen? Sicher nicht. Grenzen Sie deshalb die Suche nach Möglichkeit ein. Meist sind es ohnehin nicht 20 oder 30, sondern nur zwei oder drei Kriterien, die beim Vergleich eine Rolle spielen. Wenn Sie zu viele Punkte in Ihre Entscheidung einbeziehen, machen Sie es sich nur unnötig schwer. Behalten Sie also das Verhältnis von Aufwand und Nutzen im Auge. Gehen Sie Ihre Entscheidungskriterien durch und fragen Sie sich bei jedem, ob es wirklich ausschlaggebend ist. Viele Entschlüsse können Sie auf diese Weise stark vereinfachen.

Jürgen grenzt die Suche nach Informationen auf sechs Kriterien ein: die Region, die Kosten, die Dauer der Weiterbildung, der Abschluss, der Inhalt des Seminars, der Aufwand.

Die optimale Entscheidung

Wir leben im Informationszeitalter, haben also Gelegenheit, auf allen nur denkbaren Gebieten umfassendes Wissen anzuhäufen. Die Möglichkeiten, sich über das Für und Wider von Handlungsmöglichkeiten zu informieren, sind groß. Leider macht das die Entscheidungen nicht einfacher. Es dauert länger, bis wir alle Wege geprüft und uns entschieden haben. Außerdem besteht die Gefahr, sich angesichts der Datenmenge zu verzetteln.

Beispiel: Verzetteln

Einmal kam ein Klient in meine Beratung, der versuchte, ständig optimale Beschlüsse zu fassen. Selbst beim Einkaufen dachte er krampfhaft über folgende Fragen nach:
Ist das der richtige Supermarkt? Stimmt der Preis? Ist die Verpackung praktisch und ansprechend? Stimmt die Qualität? Stimmt die Frische? Welche anderen Produkte bekomme ich für den Preis, die Qualität? Sind sie genauso frisch? Wurde die Ware nach den Maßgaben der politischen Korrektheit hergestellt? Wurden bei der Herstellung die Grundsätze des Naturschutzes beachtet? Kann die Verpackung recycelt werden? Gibt es Inhaltsstoffe, die ökologisch bedenklich sind? Falls es sich um Lebensmittel handelt: Welche Alternativen gibt es, sie zuzubereiten?

Sie können sich vorstellen, was passiert, wenn Sie sich den Mann zum Vorbild nehmen. Selbst einfache Entscheidungen werden zu komplexen Problemen. Sie kommen wahrscheinlich nie zu einem Abendessen.

Sinnvolle Recherche bedeutet

Prioritäten setzen
Unzählige Faktoren haben Einfluss auf Ihre Entscheidung und könnten theoretisch berücksichtigt werden. Falls Sie sie alle einbeziehen, kommen Sie aber aus dem Stadium des Daten- und Faktensammelns nicht heraus. Setzen Sie deshalb Prioritäten. Ohne eine gewisse Ignoranz verlieren Sie Ihre Handlungsfähigkeit!

Den Aufwand begrenzen
Der Aufwand muss im Verhältnis zum Nutzen stehen. Suchen Sie nicht nach optimalen Optionen, wenn bereits eine gute Option die Anforderungen erfüllt.

Arbeitsblatt: Information

Welche Aspekte sind für meine Entscheidung ausschlaggebend?

....

....

....

Wie relevant sind sie? In welche Rangordnung kann ich sie bringen?

....

....

Welche Informationen brauche ich, um die einzelnen Aspekte angemessen beurteilen zu können?

....

....

Wo und wie kann ich die nötigen Informationen beschaffen?

....

....

Zweiter Schritt: Informationen beschaffen

Nun beginnen Sie mit der Recherche. Sie nimmt etwas Zeit in Anspruch. Wie Sie vorgehen, hängt natürlich von Ihrer Entscheidung ab. Sie können das Lexikon oder das Telefonbuch benutzen, in eine Bibliothek gehen oder einen Experten konsultieren. Wenn Sie das passende Geburtstagsgeschenk für eine Bekannte suchen, reicht ein kurzer Anruf beim Freund dieser Bekannten. Wenn Sie, ebenso wie Jürgen, eine geeignete Weiterbildung suchen, gehen Sie online und klicken Sie die Homepages verschiedener Institute oder Ihres Berufsverbandes an. Wenn Sie nach Möglichkeiten für die Finanzierung eines Projektes suchen, reden Sie mit einem Fachmann, einem Berater Ihrer Hausbank oder dem Mitarbeiter einer Organisation oder Stiftung, die Stipendien und Fördermittel vergibt.

Beachten Sie grundsätzlich folgende Regeln:

- **Suchen Sie gezielt**
  Sie können dann eine gute Entscheidung treffen, wenn Sie gut informiert sind. An dieser Hürde führt kein Weg vorbei. Investieren Sie also Zeit und Mühe. Vielleicht gibt es Möglichkeiten, von denen Sie nicht einmal etwas ahnen. Wenn Sie sie nicht finden, können Sie sich auch nicht für sie entscheiden.

- **Ordnen Sie die Informationen nach ihrer Relevanz**
  Gehen Sie bei der Recherche überlegt vor. Was hat Priorität? Bringen Sie die Informationen in eine sinnvolle Reihenfolge.

- **Lassen Sie sich nicht blenden. Analysieren Sie die Handlungsmöglichkeiten rational**
  Vielleicht denken Sie, wenn sich Ihnen ein neuer Weg eröffnet: Darauf habe ich immer gewartet! Doch lassen Sie sich von der ersten Euphorie nicht dazu verleiten, vorschnell auf ein Angebot einzusteigen. Analysieren Sie Vor- und Nachteile. Wie sieht die Sache auf den zweiten Blick aus?

- **Strukturieren Sie Ihre Informationen**
  Achten Sie darauf, dass Sie nicht in einem Informationswust versinken. Verschaffen Sie sich einen Überblick. Schreiben Sie auf, welche negativen und welche positiven Aspekte eine Sache hat. Vergleichen Sie sie.

- **Checken Sie ab, wie verlässlich Ihre Informationen sind**
  Schätzen Sie kritisch ein, ob die Daten und Fakten, die Ihnen zur Verfügung stehen, korrekt und aktuell sind. Ist Ihre Quelle zuverlässig?

- **Hören Sie rechtzeitig wieder auf**
  Sie kommen vermutlich nie an den Punkt, an dem Sie sagen können: Jetzt bin ich perfekt informiert. Wenn Sie ewig darauf hinarbeiten, werden Sie nie einen Beschluss fassen. Beschränken Sie sich daher. Verzichten Sie darauf, jedes Detail auszuleuchten. Setzen Sie sich eine Grenze: Wie viel Zeit geben Sie sich für die Recherche? Was müssen Sie mindestens über die Angelegenheit wissen? Mit wem sollten Sie wenigstens gesprochen haben? Hören Sie rechtzeitig auf. Akzeptieren Sie, dass Sie nicht alles wissen können.

Informationen von anderen Menschen
Was müssen Sie beachten, wenn Sie Entscheidungen aufgrund von Informationen treffen müssen, die Ihnen andere Menschen gegeben haben? Möglicherweise führen Sie schon Gespräche, bevor Sie Ihr Ziel ins Auge fassen und nach Handlungsmöglichkeiten suchen. Der Austausch mit anderen kann dabei sehr hilfreich sein. Bereiten Sie sich deshalb kurz darauf vor. Was ist der Zweck der Unterredung? Welcher Gesprächspartner ist geeignet? Was erwarten Sie von ihm?

Beachten Sie zwei Aspekte:

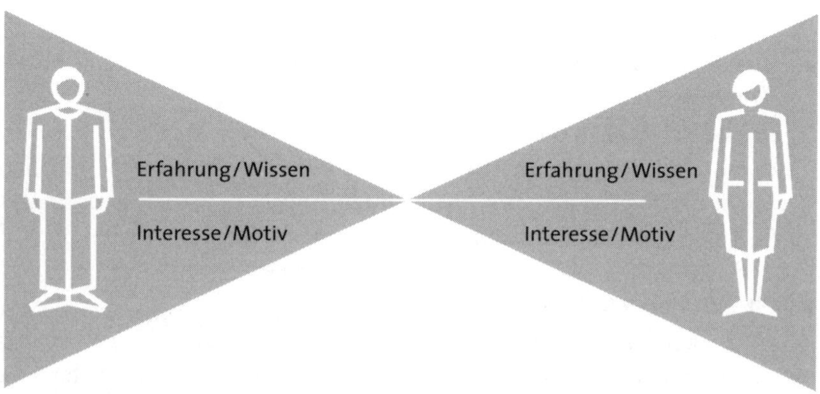

Wissen und Erfahrungen
(siehe Grafik Seite 182):
Wer ist der passende Gesprächspartner? Natürlich wollen Sie von seinem Wissen und seinen Erfahrungen profitieren. Sie suchen eine Person, die Informationen hat, über die Sie derzeit nicht verfügen.

Häufig benutzen wir Gespräche mit anderen Menschen, um uns unserer eigenen Sichtweise zu vergewissern. Auf den ersten Blick sieht es so aus, als würde uns ein Gegenüber, das uns zustimmt, eine schwierige Entscheidung erleichtern. Wir glauben, dass uns dieser Mensch einen Stoß in die richtige Richtung gibt. Hingegen kann es recht unangenehm werden, wenn das Gegenüber eine andere Perspektive hat als wir selbst – andere Probleme entdeckt, andere Ziele setzt, andere Wege vorschlägt. Aus diesem Grund tendieren die meisten Menschen dazu, sich mit Leuten auszutauschen, von denen sie glauben, dass sie ihre Ansichten bestätigen werden. Dabei besteht allerdings die Gefahr, dass wir keine neuen Informationen erhalten – siehe auch das Kapitel über das Vermeiden der kognitiven Dissonanz (S. 241).

Jemand, der Ihre Meinung nicht teilt, kann Ihnen in der Auseinandersetzung wichtige Gegenargumente liefern, die für Ihre Entscheidung von Belang sein können. Er wird Ihre Argumente kritisch hinterfragen. Das ist mitunter wichtiger als bloße Zustimmung.

- Was ist also das Ziel des Gesprächs?
- Geht es Ihnen um eine Bestätigung Ihrer Überlegungen?
- Wollen Sie von Fachkenntnissen profitieren, die Sie nicht haben?
- Möchten Sie mit einer Person reden, die die Angelegenheit mit großer Wahrscheinlichkeit anders sieht als Sie selbst?

So gehen Sie vor:
Des Teufels Advokat

Das ist eine sehr einfache Technik, die Sie ohne Vorbereitung anwenden können. Sie brauchen dazu eine zweite Person, welche die Rolle des Advocatus Diaboli übernimmt. Diese Person hat den Auftrag, Gegenargumente vorzubringen. Diese Technik eröffnet Ihnen eine weitere Perspektive. Wie beurteilt ein anderer Ihre Entscheidung und die Handlungsmöglichkeiten, die Sie wahrnehmen? Welche Nachteile haben die Optionen, die Sie ins Auge gefasst haben? Was spricht gegen Ihre Sichtweise? Das Ziel besteht darin, dass Sie sich mit den Einwänden gegen Ihre Ansichten auseinander setzen.

- Der Advocatus Diaboli sollte keinesfalls Kritik zurückhalten, um zwischen Ihnen Einigkeit herzustellen und die Harmonie nicht zu gefährden. Diese Methode kann sehr befreiend wirken. Sie ist eine Feuerprobe für das, was Sie in der Realität vorhaben.

Die Technik empfiehlt sich auch für Teams – vor allem dann, wenn die Gefahr besteht, dass um des lieben Friedens willen Gegenargumente gar nicht vorgebracht werden. Oder wenn der Gruppendruck so groß ist, dass Sie von einem Konsens ausgehen, obwohl einige Personen gegenteilige Meinungen vertreten.

Motive und Interessen des Gesprächspartners (siehe Grafik Seite 182):

Kommunikation funktioniert immer so, dass alle Beteiligten von dem Gespräch profitieren wollen. Sie erwarten von ihrem Gegenüber mehr oder weniger explizit eine Gegenleistung. Das gilt durchaus auch für enge Freunde. Da besteht der Profit möglicherweise darin, dass sich beide Menschen ihrer Beziehung zueinander versichern oder dem anderen einen Gefallen erweisen, den sie ihm aus einer vorangegangenen Situation schuldig geblieben sind.

Jeder von uns betrachtet die Welt mit einer bestimmten Brille, also mit seinem oder ihrem persönlichen Blickwinkel. Er ist durch unsere Interessen und Erfahrungen geprägt. Diese haben einen großen Einfluss darauf, wie wir mit Informationen umgehen. Dinge, die uns stärker interessieren, sind uns bewusster. Dinge, mit denen wir keine Erfahrungen haben, ignorieren wir womöglich. Es kann vorkommen, dass wir Informationen dadurch ziemlich verzerren.

Besondere Bedeutung hat dieser Aspekt, wenn Sie es mit Gesprächspartnern zu tun haben, die in einer bestimmten Funktion mit Ihnen reden – zum Beispiel als Vorgesetzter in einem Unternehmen, als Berater Ihrer Softwarefirma, als Leiter einer wissenschaftlichen Arbeitsgruppe et cetera. Je nachdem, was für Motive Ihr Gegenüber hat, kann es vorkommen, dass er Informationen in seinem eigenen Interesse darstellt und sie dadurch verzerrt:

- Was verspricht sich Ihr Gegenüber von Ihrem Gespräch?
- Ist der Gutachter, den Sie herangezogen haben, tatsächlich unabhängig?
- Stimmt es, dass der Berater Ihrer Computerfirma keine andere Lösung für Ihr Problem findet als den Kauf der Software XAP?
- Ist es auch in Ihrem ureigenen Interesse, wenn Sie das Forschungsprojekt annehmen, das Ihnen der Leiter eines wissenschaftlichen Institutes anbietet?

Die Informationen, die wir von anderen Menschen erhalten, sind selten neutral. Machen Sie sich bewusst, welche Interessen und Motive Ihr Gesprächspartner verfolgt. Welchen Einfluss hat das auf die Informationen, die Sie von ihm kriegen?

So gehen Sie vor

Bereiten Sie Gespräche, von denen Sie sich wichtige Informationen erhoffen, unbedingt vor.

Vor dem Gespräch

Vergegenwärtigen Sie sich:

- Welche Informationen brauche ich?
- Wer ist der passende Gesprächspartner für mich?

Als Nächstes überlegen Sie:

- Wie könnte Ihr Gegenüber von dem Gespräch mit Ihnen profitieren?
- Welche Absicht könnte er oder sie verfolgen? Auf welche Art könnten daraufhin Informationen verzerrt dargestellt werden?

Während des Gespräches

Machen Sie zu Beginn des Gespräches deutlich, was Sie erwarten. Setzen Sie sich mit den Argumenten Ihres Gegenübers auseinander. Falls Ihnen etwas unklar ist, bitten Sie um eine Erklärung. Seien Sie besonders aufmerksam, wenn die Ansichten und Argumente den Ihrigen widersprechen. Stellen Sie in jedem Fall sachliche Fragen. Provozieren Sie nicht absichtlich genau die Antworten, die Sie sich erhoffen.

- Sagen Sie also nicht:
»Sie denken doch sicher auch, dass es keinen Sinn hat, wenn man…«
»Ist es nicht unglaublich, wie Frau P. sich verhalten hat?«

- Sondern sagen Sie besser:
»Ich würde gerne wissen, wie Sie das einschätzen: Macht es Sinn, dass …?«
»Was denken Sie darüber, wie Frau P. sich in dieser Situation verhalten hat?«

Beachten Sie also folgende Punkte

- Formulieren Sie Ihre Fragen sachlich und möglichst neutral.
- Fragen Sie konkret, wozu Ihnen Ihr Gesprächspartner rät, wovon er Ihnen abrät.
- Kann er begründen, warum er Ihnen diesen Rat gibt?
- Was genau sieht Ihr Gesprächspartner anders?

Nach dem Gespräch

Nun haben Sie Informationen bekommen, die Sie entweder in Ihren Ansichten bestärken, vielleicht sogar Ihre Perspektive erweitern. Oder die neuen Informationen widersprechen dem, was Sie bisher dachten. Überlegen Sie, wie Sie dazu stehen.

- Welche Neuigkeiten haben Sie erfahren?
- Passen sie zu dem, was Ihnen bereits bekannt ist?
- Sind die Informationen vertrauenswürdig?

»Hinter Informationen stehen immer bestimmte Interessen.«

Arbeitsblatt: Gespräche mit anderen Personen

Welche Fragen habe ich? (Neutral und sachlich formulieren)

....

....

Wie stellen Sie zu Beginn des Gesprächs klar, was Sie wollen, eventuell auch, was Sie nicht wollen?

....

....

Verfolgt mein Gegenüber Ziele, die meinen Interessen widersprechen?

....

....

Habe ich diese Person gewählt, weil sie mich in meinen Ansichten bestärken wird?

....

....

Welche weitere Person kann ich befragen, die mit großer Wahrscheinlichkeit einen anderen Standpunkt vertritt?

....

....

Welche Informationen und Argumente hat mein Gegenüber mir geliefert?

....

....

Was denke ich darüber?

....

Vorsicht vor ungenauen Informationen!

Wie gesagt: Es ist wichtig, sich genau zu informieren, aber Sie sollten die Recherche nicht unnötig ausdehnen. Doch auch das Gegenteil ist problematisch. Wenn Sie wichtige Daten und Fakten ausblenden, können Sie Ihre Handlungsmöglichkeiten nicht angemessen bewerten.

In einer Reihe von Situationen neigen wir dazu, Informationen zu übersehen. Stattdessen entscheiden wir uns für die Option, die uns auf den ersten Blick optimal erscheint. Möglicherweise haben Sie in Ihrem Bekanntenkreis auch jemanden, dem etwas Ähnliches passiert ist wie Martin.

Martin ist Ende 30 und Betriebswirtschaftler. Er hat ein eigenes Haus, eine Frau und ein Kind, das bereits in die dritte Klasse geht. Seit fast fünf Jahren ist er in einer Firma als Vermögensberater tätig – mit einem guten Einkommen. Martin hat viele Karriereratgeber gelesen. Sie verkünden unisono, dass, wer in seinem Beruf weiterkommen will, möglichst nicht länger als fünf Jahre auf einem Posten bleiben soll.

In seinem Unternehmen sieht er allerdings zurzeit keine Möglichkeit zum Aufstieg. Deshalb schaut sich Martin nach Alternativen um und schreibt Bewerbungen. Eine Firma signalisiert Interesse und bietet ihm die Position eines Abteilungsleiters an. Martin ist davon überzeugt, dass das die Chance ist, auf die er gewartet hat. Allerdings ist die Firma in einem anderen Bundesland. »Hast du dich informiert, wie sie wirtschaftlich dasteht?« fragen seine Freunde. Martin schüttelt den Kopf. Das sei bestimmt nicht notwendig, meint er.

Um die Stelle anzutreten, muss er seinem alten Betrieb kündigen und das Haus aufgeben. Martins Frau sucht sich eine neue Arbeit, das Kind wechselt die Schule. Es ist wahrlich nicht einfach, das alles zu organisieren, aber schließlich hat die Familie alle Umzugskisten gepackt. Martin wird Abteilungsleiter.

Nach drei Monaten gibt die neue Firma ihre Insolvenz bekannt. Die weiteren Geschäfte werden in die Hände eines Insolvenzverwalters gegeben …

Martin war sich völlig im Klaren über seine Ziele und Prioritäten. Sein Fehler bestand darin, dass er sich nicht genügend informierte. Hätte er über die Firma recherchiert, wäre ihm sicher nicht entgangen, dass sie schon zu Zeiten seines Vorstellungsgespräches knapp vor der Insolvenz stand. Für ihn wären genaue Kenntnisse über die finanzielle Situation des Unternehmens äußerst wichtig gewesen. Doch Martin war von dem Angebot, Abteilungsleiter zu werden, so geblendet, dass er einfach zusagte. Er investierte viel Energie in den Wechsel, der ihn letztlich in seiner Karriere zurückwarf.

Derartige Fehler lassen sich nicht völlig ausschließen. Natürlich ist man hinterher immer klüger. Aber es gibt bestimmte Situationen, in denen wir dazu neigen, etwas zu übersehen. Oder noch schlimmer: Wir verzichten ganz darauf, uns gründlich zu informieren. Die folgende Checkliste hilft Ihnen, solche Irrtümer auszuschließen:

Checkliste: Auf wichtige Informationen achten

Bin ich vertraut mit den Optionen, die ich in dieser Situation habe? Kann ich sie sicher einschätzen?	Ja ☐	Nein ☐
Ist das Thema meiner Entscheidung für mich Neuland?	Ja ☐	Nein ☐
Bin ich mir unsicher, ob ich weitere Informationen benötige?	Ja ☐	Nein ☐
Sind meine Informationen verlässlich? Verfüge ich über handfeste Daten, konkrete Angaben?	Ja ☐	Nein ☐
Ist meine Quelle vertrauenswürdig?	Ja ☐	Nein ☐
Reagiere ich stark gefühlsbetont (euphorisch, ärgerlich, ängstlich), so dass ich mich überwinden muss, weitere Informationen zu suchen?	Ja ☐	Nein ☐
Stehe ich so stark unter Stress oder Zeitdruck, dass ich die Entscheidung schnell über die Bühne bringen will?	Ja ☐	Nein ☐

Auswertung: Wenn Sie die erste Frage mit *Nein* und eine oder mehrere der folgenden Fragen mit *Ja* beantwortet haben, besteht die Gefahr, dass Sie wichtige Informationen übersehen könnten! In diesem Fall sollten Sie Ihre Informationssuche sehr sorgfältig strukturieren.

Dritter Schritt: Möglichkeiten vergleichen und bewerten

Sie haben sich über Ihre Handlungsmöglichkeiten informiert. Nun geht es darum, sie gegeneinander abzuwägen. Wie schwierig das sein kann, wissen alle Nutzer des Internets, die sich regelmäßig einer unübersichtlichen Datenflut ausgesetzt sehen. Sie müssen die Informationen so sortieren, dass sie sie miteinander vergleichen und sie bewerten können.

Vielleicht kennen Sie das: Wenn wir einen Beschluss fassen sollen, entsteht manchmal im Kopf ein regelrechtes Wirrwarr. Das liegt zum großen Teil daran, dass wir Argumente und Urteile in unserem Gehirn nicht gleichzeitig nebeneinander stellen können. Auf einem Blatt Papier ist das ohne weiteres möglich. Das ist auch die Idee, die hinter der Pro-und-Kontra-Liste und den Matrix-Methoden zur Bewertung von Möglichkeiten steckt. Sie bringen Struktur in Ihre Gedanken, damit Sie den Kopf wieder frei kriegen.

Optionen inhaltlich bewerten

Stellen Sie die Argumente gegenüber, die für oder gegen eine Entscheidung sprechen. Veranschaulichen Sie sich die Vor- und Nachteile. Das funktioniert ausgezeichnet mit der Pro-und-Kontra-Liste.

Die Pro-und-Kontra-Liste

Die Methode eignet sich vor allem für Entscheidungen zwischen zwei Optionen. Das sind zum Beispiel Fragen wie diese:

- Soll ich in eine andere Stadt ziehen oder nicht?
- Soll ich eine Doktorarbeit schreiben oder nicht?
- Soll ich den Job bei XY annehmen oder nicht?

So gehen Sie vor

Zeichnen Sie eine Tabelle mit zwei Spalten auf ein Blatt Papier und schreiben Sie Pro- und Kontra-Argumente auf. Sie bekommen einen hervorragenden Überblick über das Für und Wider. Die Tabelle ist sehr übersichtlich. Dadurch, dass Sie Ihre Gedanken in Worte fassen, nehmen sie konkrete Form an.

Wie gestalte ich eine Pro-und-Kontra-Debatte in einer Gruppe?
Teilen Sie die Gruppe in einen Pro- und einen Kontra-Flügel. Beide sammeln Argumente und debattieren dann miteinander. Die gefundenen Argumente werden gesammelt und weiterbehandelt wie in der Pro-/Kontra-Liste, das heißt, sie werden diskutiert und bewertet.

Moralische und praktische Algebra (nach Benjamin Franklin)

Der amerikanische Politiker Benjamin Franklin war ein Fan der Pro-und-Kontra-Liste. Im Jahr 1772 erklärte er in einem Brief, wie er in der Sache vorging. Franklin nannte seine Methode »moralische oder praktische Algebra«. Wenn er eine Entscheidung treffen musste, sammelte er auf einem Blatt Papier in zwei Spalten die Pro- und Kontra-Argumente. Er ließ den Zettel drei bis vier Tage liegen und notierte ein neues Argument, wann immer ihm eines einfiel.

Anschließend ging er die Liste durch und bewertete die einzelnen Punkte. Fand er zwei Argumente, die sich in der Tabelle gegenüberstanden und die ihm gleichermaßen wichtig erschienen, strich er beide durch. Hielt er zwei Argumente in der linken Spalte für ebenso maßgeblich wie drei in der rechten Spalte, tilgte er sie alle fünf. Auf diese Weise bearbeitete er die gesamte Liste. Anschließend fasste er den Beschluss.

Die Pro-und-Kontra-Liste und die moralische und praktische Algebra funktionieren auch, wenn Sie mehr als zwei Optionen gegeneinander abwägen. Sie können die Argumente, die dafür und dagegen sprechen, einander trotzdem gegenüberstellen. Auch in diesem Fall benutzen Sie eine Tabelle, wie dieses Beispiel zeigt:

	Pro-Argumente	**Kontra-Argumente**
Option 1 nach München ziehen	*gutes Kulturangebot* *im Biergarten sitzen können* *hohe Lebenshaltungskosten* *Ausflüge in die Berge möglich* *endlich im Dirndl ausgehen*	*schwieriger Wohnungsmarkt*
Option 2 nach Berlin ziehen	*tolles Kulturangebot* *billige Mieten* *Großstadtflair*	*schwieriger Arbeitsmarkt* *weite Wege* *Großstadthektik*
Option 3 nach Langgöns ziehen	*billige mieten* *gute Luft* *schnell im Grünen* *alles zu Fuß möglich*	*schwieriger Wohnungsmarkt* *mäßiges Kulturangebot*

In vielen Fällen reicht es bereits aus, Pro und Kontra-Argumente einander gegenüberzustellen, um den Nutzen oder Schaden einer Angelegenheit deutlich zu erkennen. Ihnen wird es dann leichter fallen, die Entscheidung zu treffen.

Wann messe ich Pro-und-Kontra-Argumente in Zahlen?

- Wenn Sie den Schaden oder Nutzen, der durch die Entscheidung entstehen würde, in Zahlen ausdrücken können – etwa in einer Gewinn-und-Verlust-Rechnung.
- Wenn Sie Entscheidungen anderen Menschen gegenüber darstellen, erklären oder rechtfertigen müssen.
- Wenn Sie eine größere Anzahl von Optionen oder Argumenten miteinander vergleichen wollen und die Gefahr besteht, dass Sie ohne systematische Bewertung den Überblick verlieren oder Wichtiges übersehen.
- Wenn Sie eine unübersichtliche Menge von Möglichkeiten oder zu vergleichenden Informationen klarer strukturieren wollen.
- Wenn Sie bislang keine Option präferieren oder wenn sich die Möglichkeiten, zwischen denen Sie sich entscheiden, sehr ähnlich sind und es auf die kleinen Unterschiede ankommt.

So wägen Sie Optionen gegeneinander ab

Die Pro-und-Kontra-Tabelle ist nur dann hilfreich, wenn Sie eine überschaubare Anzahl von Optionen und Argumenten haben. Für komplexere Fragen ist sie ungeeignet, da die Gegenüberstellung aufwändig und unübersichtlich wäre. Benutzen Sie dafür andere Techniken, die besser geeignet sind als eine Sammlung ausformulierter Argumente. Beispielsweise bieten sich Zahlenwerte an. Voraussetzung ist, dass Sie einen Maßstab benutzen, der es Ihnen erlaubt, alle Attribute miteinander zu vergleichen. Sie könnten Punktwerte verwenden oder Noten vergeben, wie in der Schule. Damit können Sie die Unterschiede hervorragend veranschaulichen (siehe S. 195).

Bewerten nach objektiven Kriterien

Manchmal hantieren Sie ohnehin mit Zahlen, beispielsweise wenn Sie Ihre Entscheidung danach ausrichten, wie viel es kosten würde, diesen oder jenen Weg einzuschlagen. Oder wenn Sie Bewerber für eine Stelle in Ihrem Unternehmen nur nach ihrer Examensnote aussuchen oder Wohnungen nach der Miete. In diesem Fall haben Sie ein objektives Kriterium, anhand dessen Sie die einzelnen Optionen vergleichen und bewerten.

So gehen Sie vor

Stellen Sie sich vor, Sie arbeiten in der Marketingabteilung einer großen Softwarefirma. Sie sind zuständig für den Messestand, mit dem Sie auf der CEbit das Unternehmen repräsentieren. Sie haben drei Ideen, den Messestand zu gestalten. Nun wollen Sie schauen, wie sich die Kosten unterscheiden.

Optionen

Bewertungskriterien	**Messestand A** (15 m²)	**Messestand B** (15 m²)	**Messestand C** (20 m²)
Entwurf	3.000,– €	5.000,– €	7.000,– €
Gestaltung	1.500,– €	2.000,– €	3.000,– €
Aufbau	1.000,– €	1.000,– €	7.000,– €
Standgebühr	2.900,– €	2.900,– €	3.000,– €
Gesamtkosten	**8.400,– €**	**10.900,– €**	**14.200,– €**

▶ Wenn Sie sich bei dieser Entscheidung einzig an den Kosten orientieren, werden Sie schnell herausfinden, welches der optimale Messestand ist. Letztlich sind es allerdings nur wenige Entscheidungen, die Sie nach derart objektivierbaren Kriterien treffen. Stand C ist zwar am teuersten, aber vielleicht lohnt es sich, das Geld zu investieren, weil Ihre Firma auf der CEbit besonders gut dastehen würde.

▶ Auch eine Wohnung werden Sie kaum allein nach der Miete aussuchen. Selbst wenn das Angebot sehr günstig ist, werden Sie wahrscheinlich auch danach entscheiden, ob sie Ihnen gefällt, wie die Zimmer geschnitten sind, in welcher Gegend das Haus steht …

Objektivierbare Kriterien sind nicht alles

Auf den ersten Blick lassen sich objektive Kriterien leichter beurteilen. Sie sind klarer und auch für andere besser nachvollziehbar als andere Argumente, die sich nicht so leicht in messbaren Zahlen ausdrücken lassen.

Für viele Entscheidungen gibt es jedoch auch subjektive Kriterien, die zählen. Aber es besteht die Gefahr, dass diese übergangen werden, weil es sich nicht um harte Fakten handelt.

Wie sollte die Gemeindeverwaltung auch messen, welcher Entwurf für das neue Shoppingcenter am besten in die Altstadt passt? Wenn Sie beim Kauf eines Autos einzig den Preis der Wagen vergleichen, die Sie ins Auge gefasst haben, könnten Sie sich wahrscheinlich schnell entscheiden. Aber natürlich stellen Sie sich auch vor, wie lässig Sie mit dem coolen Flitzer durch die Landschaft fahren würden. Oder Sie entsinnen sich Ihrer Leidenschaft für Caravans oder Oldtimer. Nur Sie können den Maßstab setzen, der hier zählt. Wie lassen sich Ihre Vorliebe für bestimmte Dinge, Ihr Wohlgefühl und die Sinnhaftigkeit von Optionen zueinander in Beziehung setzen?

Optionen nach subjektiven Kriterien bewerten

Dass sich subjektive Kriterien nicht auf eine objektive Weise messen lassen, bedeutet nicht, dass Sie sie überhaupt nicht bewerten können. Die einfachste Möglichkeit besteht darin, Plus- und Minuszeichen zu verwenden oder so genannte Smileys, also lächelnde oder traurige Gesichter.

Entwickeln Sie einfache Skalen zur Bewertung der Handlungsmöglichkeiten, wie im Folgenden beschrieben:

So gehen Sie vor

Erstes Beispiel

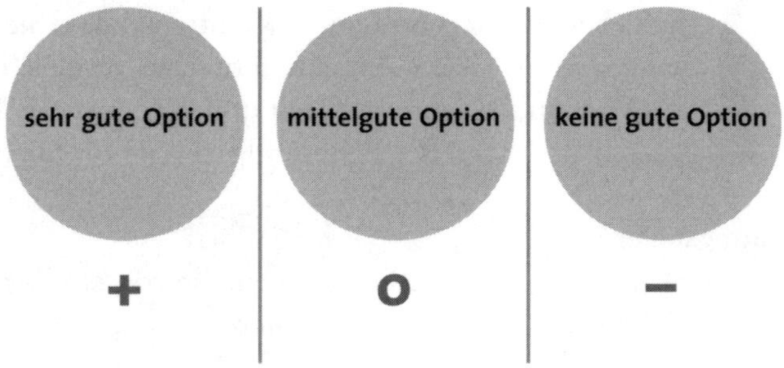

Zweites Beispiel

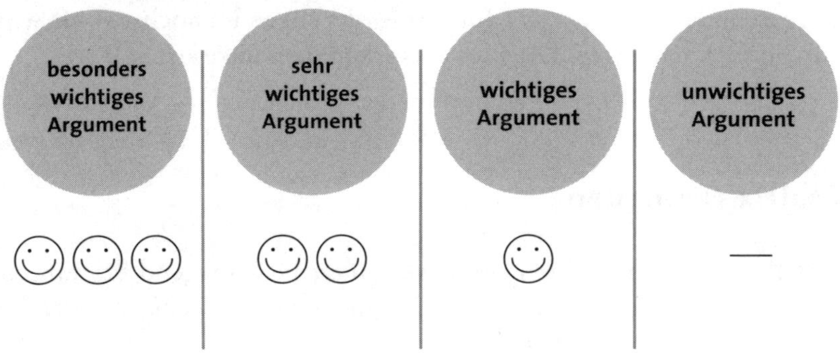

Drittes Beispiel

Einfache Bewertung mit Plus- und Minuszeichen oder Smileys
Gehen Sie die einzelnen Aspekte der Reihe nach durch. Entscheiden Sie sich, ob Sie das Argument als besonders wichtig einstufen, sehr wichtig, wichtig oder unwichtig. Notieren Sie die Bewertungen in einer Tabelle und addieren Sie die Plus- und Minuszeichen.

Pro-Argumente		**Kontra-Argumente**	
	Bewertung		Bewertung
A	☺	B	☺☺☺
C	☺☺	D	☺☺☺
E	☺☺	F	☺
G	—	H	☺
A	☺☺☺	J	☺☺
Gesamt	**8 Punkte**	**Gesamt**	**10 Punkte**

Statt mit Plus- und Minuszeichen und mit Smileys können Sie Ihre Argumente auch mit Punkten bewerten. Verwenden Sie eine Skala, die sich an Ihrer subjektiven Einschätzung orientiert. Schulnoten eignen sich ebenfalls hervorragend. Wichtig ist, dass Sie einen Maßstab beibehalten, damit Sie die Aspekte hinterher vergleichen können. Gehen Sie die Vor- und Nachteile durch und vergeben Sie Punkte oder Schulnoten entsprechend der Bedeutung, die sie für Sie haben.

Ratingskalen

Eine weitere Option sind Ratingskalen, die von eins bis fünf oder von eins bis zehn reichen können. Sie funktionieren genau umgekehrt wie Schulnoten. Das obere Ende der Skala, also fünf oder zehn, ist gleichbedeutend mit der höchsten Bewertungsstufe. Will heißen: Das Argument, dem Sie eine Fünf oder Zehn verpassen, erfüllt Ihre Anforderungen im höchsten Maße oder ist für Sie am wichtigsten. Die Eins entspricht dem niedrigsten Wert.

Matrix-Methoden

Die Pro-und-Kontra-Methode funktioniert hervorragend bei Entscheidungen mit relativ wenig Wahlmöglichkeiten. Entweder Sie tun es oder Sie lassen es bleiben. Sie sagen A oder B.

Oft haben Sie jedoch weit mehr Optionen. Nehmen wir einmal an, Sie wollen ein technisches Gerät anschaffen. Sie müssen eine Reihe unterschiedlicher Attribute miteinander vergleichen. Jede Marke schneidet in Bezug auf Ihre Bewertungskriterien mal gut, mal schlecht ab. Schon wenn Sie fünf Produkte miteinander vergleichen hinsichtlich ihres Preises, ihrer Größe, Farbe, Funktion und der Frage, ob sie einfach zu bedienen sind, erhalten Sie 25 Urteile, die Sie dann zueinander in Beziehung setzen müssen.

In einer solchen Situation haben sich Darstellungsformen bewährt, die als Matrix-Methoden bezeichnet werden. Eine Matrix ist eine Tabelle, mit deren Hilfe Sie verschiedene Möglichkeiten, sich zu entscheiden (etwa für eines von 20 Fahrrädern), eintragen können, und ebenso Ihre Kriterien, also Ihre Attribute (zum Beispiel Preis, Gangschaltung, Sicherheit).

Sehr verbreitet ist die Attributmatrix. Vermutlich kennen Sie sie aus einer der vielen Test-Zeitschriften, in denen Produkte unterschiedlicher Hersteller miteinander verglichen werden.

Die Attributmatrix

	Mittlerer Preis pro Burger in € ca.	Nährwete pro Portion 35%	Sensorische Fehlerfreiheit 35%	Mikrobiologische Qualität 10%	Verpackung 5%	Deklaration 15%	test-Qualitätsurteil
▶ **Burger aus Fast-Food-Restaurants**							
McDonald's Cheeseburger	1,30	+	+	++	o	+	GUT (2,0)
Burger King Cheeseburger	1,20	+	+	++	o	o	GUT (2,3)
McDonald's Mc Chicken	2,75	o	+	+	o	+	BEFRIEDIGEND (2,7)
Kentucky Fried Chicken Filet Sandwich	2,85	o	+	+	o	(–)	BEFRIEDIGEND (2,8)
Burger King Chicken Supreme	3,15	(–)	+	+	+	o	AUSREICHEND (3,8)
▶ **Tiefgekühlte Burger**							
Bofrost Cheeseburger (6 St.)	1,65	o	+	++	+	+	GUT (2,2)
Iglo Bistro express Chicken Burger	1,30	o	+	++	o	(–)	GUT (2,5)
Iglo Bistro express Classic Burger	1,30	+	+	++	o	(–)	GUT (2,5)

Die Nutzwertanalyse

Der Vergleich mehrerer Kriterien in der Attributmatrix ist etwas unübersichtlich. Die Angelegenheit lässt sich weiter vereinfachen, indem Sie die einzelnen Bewertungen für jede Option summieren und so eine Gesamtbewertung aller Faktoren erhalten. Das ist der Nutzwert. Erinnern Sie sich an Jürgen, den Informatiker, der eine Weiterbildung im Projektmanagement sucht? Er erstellt eine Liste mit Fakten, anhand deren er unter verschiedenen Instituten das geeignete aussucht. Inzwischen hat er eine Reihe von Seminaren gefunden, die für ihn in Frage kommen und weitere Informationen eingeholt. Nennen wir die Weiterbildungen einfach W1, W2 und W3. Um sie in Bezug auf die verschiedenen Kriterien zu vergleichen, erstellt Jürgen eine Entscheidungsmatrix.

So geht Jürgen vor – Nutzwertanalyse

1. **Er zeichnet einer Tabelle.** In der Vertikalen listet er die einzelnen Optionen auf – in diesem Fall die Weiterbildungen W1, W2, W3.
2. In der Horizontalen gibt er die **Attribute** an, die für seine Entscheidung wichtig sind.
3. Als Nächstes **bewertet er die Attribute** für jede Weiterbildung. Dafür benutzt er eine Skala von eins bis fünf (eins bis zehn ist ebenfalls denkbar). Für das Angebot, das ihm am günstigsten erscheint, trägt er eine Fünf ein. Er benutzt dieselbe Skala für die gesamte Matrix und bemüht sich, die Unterschiede, die er erkennt, in Zahlen auszudrücken. Das ist notwendig, damit nicht alle Attribute eine mittlere Punktzahl bekommen.
4. Zuletzt errechnet Jürgen für jede Weiterbildung die **Summe aus den Einzelbewertungen.**

Jürgens Entscheidungsmatrix sieht nun so aus:

	Region	Kosten	Dauer	Abschluss	Inhalte	Aufwand	Gesamt
W1	1	4	4	5	3	8	25
W2	5	5	3	10	8	3	34
W3	7	2	5	8	5	7	34

Diese Tabelle enthält eine Menge Informationen. Die Summe zeigt deutlich, welche Weiterbildungen offenbar am besten sind. Gleichzeitig haben Sie einen Überblick über die einzelnen Attribute und können sie auch direkt miteinander vergleichen. In Jürgens Fall schneiden die Weiterbildungen W2 und W3 gleich gut ab. Sie erhalten beide 34 Punkte.

Allerdings hat die Matrix einen Haken: Einige Attribute erscheinen Jürgen vielleicht wichtiger als andere. Dauer und Aufwand der Weiterbildung sind eher von Belang als die Kosten, da er für das Seminar nicht extra Urlaub nehmen will. Außerdem ist ihm eher gleichgültig, in welcher Region es stattfindet. Dafür interessiert ihn mehr, ob und wie er die neu erworbenen Kenntnisse über Projektmanagement in seiner Firma einsetzen kann und ob das Institut den Abschluss hat akkreditieren lassen, ob er bundesweit anerkannt ist. In der Tabelle gelten alle Kriterien als gleichberechtigt und gehen dementsprechend in die Summe ein.

In Wirklichkeit sind die Attribute so gut wie nie gleichermaßen von Belang für Sie. Um ihre Bewertung zu spezifizieren, müssten Sie die einzelnen Kriterien also gewichten – je nachdem, welche Rolle sie für Ihre Entscheidung spielen.

Gewichtung

Sie ist dann zu empfehlen, wenn die einzelnen Faktoren für Sie unterschiedliche Priorität haben. Gewichten bedeutet, dass Sie jede Bewertung mit einem Zahlenwert multiplizieren, der das Attribut im Vergleich zu den anderen auf- oder abwertet. Das gelingt Ihnen am besten, indem Sie die Faktoren in eine Rangfolge bringen:

- Welches der Argumente ist Ihnen am wichtigsten?
- Welches ist weniger wichtig?

So geht Jürgen vor – Gewichtung

Da Jürgen viel an dem Abschluss liegt, sieht seine Rangfolge so aus:

1. **am wichtigsten:** Abschluss
2. **wichtig:** Dauer der Weiterbildung, Aufwand, Inhalt des Seminars
3. **weniger wichtig:** Region, Kosten

Nun teilt Jürgen den einzelnen Argumenten Gewichte zu. Er geht von einem Gesamtgewicht von 100 Prozent aus, das er auf die einzelnen Attribute verteilt. Nachdem er damit fertig ist, überprüft er noch einmal, ob die Gesamtsumme tatsächlich 100 Prozent beträgt.

Jürgens Matrix sieht nun so aus:

	Region	Kosten	Dauer	Abschluss	Inhalte	Aufwand	Ergebnis
Gewicht	10%	20%	10%	30%	20%	10%	100%
W1	0,1 (1)	0,8 (4)	0,4 (4)	1,5 (5)	0,6 (3)	0,8 (8)	3,2
W2	0,5 (5)	1,0 (5)	0,3 (3)	3,0 (10)	1,6 (8)	0,3 (3)	6,7
W3	0,7 (7)	0,4 (2)	0,5 (5)	2,4 (8)	1,0 (5)	0,7 (7)	5,7

Die ungewichtete Bewertung steht in Klammern

Durch die Gewichtung verändert sich der Nutzwert. Bei der vorherigen Bewertung erzielten W2 und W3 denselben Punktwert, nun liegt die Weiterbildung W2 vorne. Das liegt daran, dass die Kriterien, die für Jürgen besonders von Belang sind, in die Matrix einfließen: Abschluss, Inhalt des Seminars und Dauer der Weiterbildung.

Vorsicht vor Zahlenspielereien

Die Gewichtung hat ihre Tücken. Achten Sie auf folgende Fallstricke:

- Rufen Sie sich noch einmal in Erinnerung, was Sie eigentlich erreichen möchten. Ziele sind immer subjektiv. Deshalb kann Ihnen auch kein anderer Mensch sagen, ob Sie die Attribute richtig gewichtet haben. Das können nur Sie selbst beurteilen – anhand Ihrer Ziele.
- Sinnvolle Ergebnisse errechnen Sie nur, wenn die vergebenen Gewichte stimmen. Deshalb sollten Sie bei der Gewichtung realistisch sein, sonst multiplizieren Sie irgendwelche Fantasiewerte.
- Bringen Sie die einzelnen Attribute am einfachsten in eine Reihenfolge. Führen Sie die Gewichte in der Tabelle mit auf, damit Sie weiterhin erkennen können, wie die Unterschiede bei den Bewertungen zustande gekommen sind.
- Attribute lassen sich nur dann verrechnen, wenn sie inhaltlich in gleicher Weise differenziert sind. Die Matrix verzerrt sich, wenn Sie ein Kriterium stärker differenzieren als die übrigen. Wenn Jürgen das Kriterium »Inhalt« noch weiter aufschlüsselte in zwei oder drei Unterpunkte, würde es in der Gesamtwertung viel stärker hervortreten als andere Attribute.

▶ **Tipp: So vergeben Sie in einer Gruppe Punkte**
Wenn Sie mit einer Gruppe eine Entscheidung treffen, müssen Sie sich darauf einigen, wie Sie die einzelnen Attribute gewichten. Am besten stellen Sie gemeinsam eine Reihenfolge auf. Sie können beispielsweise Punkte vergeben. Benutzen Sie dafür eine Tafel oder ein Flipchart. Jedes Teammitglied bekommt dieselbe Anzahl von Punkten, mit der es die Aspekte markiert, die seiner Meinung nach am wichtigsten sind. Zur Auswertung zählen Sie einfach die Summe zusammen.

Das Bewertungsprofil

Sie wollen zusammen mit anderen eine Entscheidung treffen? Oder andere sollen Ihren Beschluss nachvollziehen können? In diesen und in ähnlichen Fällen ist es sinnvoll, eine andere Darstellungsform zu wählen als die Tabelle. Hier kommt es nicht so sehr auf das Endergebnis an, also die Punktzahl, sondern vielmehr darauf, dass Sie die einzelnen Optionen inhaltlich miteinander vergleichen können.

Beispiel: Bewertungsprofil

	W1	W2	W3
Region	**1**-2-3-4-5-6-7-8-9-10	1-2-3-4-**5**-6-7-8-9-10	1-2-3-4-5-6-**7**-8-9-10
Kosten	1-2-3-**4**-5-6-7-8-9-10	1-2-3-4-**5**-6-7-8-9-10	1-**2**-3-4-5-6-7-8-9-10
Dauer	1-2-3-**4**-5-6-7-8-9-10	1-2-**3**-4-5-6-7-8-9-10	1-2-3-4-**5**-6-7-8-9-10
Abschluss	1-2-3-4-**5**-6-7-8-9-10	1-2-3-4-5-6-7-8-9-**10**	1-2-3-4-5-6-7-**8**-9-10
Inhalte	1-2-**3**-4-5-6-7-8-9-10	1-2-3-4-5-6-7-**8**-9-10	1-2-3-4-**5**-6-7-8-9-10
Aufwand	1-2-3-4-5-6-7-**8**-9-10	1-2-**3**-4-5-6-7-8-9-10	1-2-3-4-5-6-**7**-8-9-10
Gesamt:	25	34	34

Das Radar- und das Spinnweb-Diagramm

Sie sind Versionen des Bewertungsprofils. Bei Tabellen besteht die Gefahr, dass Sie sich zu sehr auf das Endergebnis verlassen und dabei aus den Augen verlieren, welche Bedeutung die einzelnen Kriterien für Sie haben. Dieses Problem lässt sich mit einem Radar-Diagramm umgehen. Mittlerweile gibt es Computerprogramme, mit deren Hilfe Sie nicht nur Excel-Tabellen, sondern auch Radar- und andere Diagramme ohne viel Aufwand erstellen können.

Nachfolgend sehen Sie das Beispiel für ein Radar-Diagramm:

Beispiel: Radar-Diagramm

Personalabteilungen verwenden Radar-Diagramme häufig bei der Auswahl neuer Mitarbeiter.

Zielkriterien:

Alternativen	**Gewichtung**	**Hr. Müller (1-10)**	**Fr. Schäfer**
Betriebswirtschaftl. Fachwissen	0,2	9 (1,8)	3 (0,6)
Verhandlungserfahrung	0,25	8 (2)	9 (2,25)
Branchenerfahrung	0,2	7 (1,4)	6 (1,2)
Projekt-Management	0,1	4 (0,4)	3 (0,3)
Kommunikationsstärke	0,15	3 (0,45)	9 (1,35)
Flexibilität	0,1	1 (0,1)	8 (0,8)
Ergebnis		**4,53**	**6,5**

Ein fertiges Radar-Diagramm sieht so aus:
Radar-Diagramm für Herrn Müller (Gesamt: 4,53)

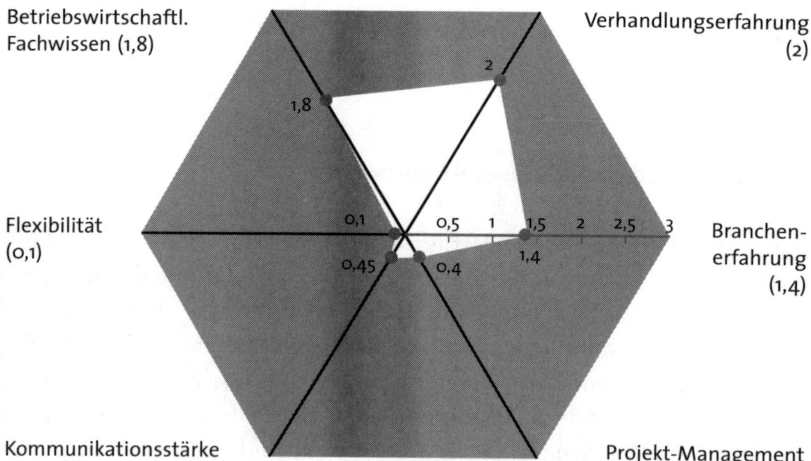

Beachten Sie Ihre Gefühle

Sie haben einen Widerwillen gegen die viele Rechnerei? Möglicherweise liegt das daran, dass Sie dabei Ihr Bauchgefühl vernachlässigen. Sie haben völlig Recht: Es ist Zeit, endlich wieder auf den Bauch zu hören. Entscheidungen sind, wie wir schon festgestellt haben, auch eine Sache des Gefühls. Wer sollte besser wissen als Ihr Bauch, ob eine Option Sie zufrieden stellt?

Die Matrix-Methoden funktionieren nur dann, wenn es Ihnen gelingt, die Kriterien, auf die es Ihnen ankommt, mit Punkten zu bewerten. Schaffen Sie das nicht, kommen Sie auf Ergebnisse, die Sie nicht verwerten können. Wenn Ihr Bauch beim Erstellen einer Matrix leise vor sich hin grummelt, hat das möglicherweise den Grund, dass Sie zwar sachlich richtig liegen, aber wesentliche Faktoren außer Acht lassen. Haben Sie wirklich die Aspekte aufgelistet, die Sie reizen oder die bei denen Sie ein gutes Gefühl haben?

Es kann auch sein, dass Ihr Bauch gegen die Rechnerei opponiert. Sie erscheint ihm sinnlos, weil er längst weiß, worauf es bei dieser Entscheidung ankommt. Wenn Sie Ihren Gefühlen vertrauen, können Sie manche umständliche Operation abkürzen. In vielen Fällen reicht es völlig, wenn Sie Ihre Handlungsmöglichkeiten anhand von Smileys oder Plus- und Minuszeichen bewerten.

- ▶ Wenn Ihnen das nicht ausreicht oder Sie sich nicht sicher sind, welche Bewertungskriterien die für Sie wichtigen sind, befragen Sie Ihre Emotionen. Bewerten Sie Ihre Optionen in zwei Durchgängen.

Arbeiten mit dem Bauch

So gehen Sie vor

Erster Durchgang

Vergeben Sie spontan Plus- und Minuszeichen oder Smileys – ohne Begründung. Bewerten Sie die Optionen zuerst spontan nach Ihren Gefühlen.

- ▶ Was sagt Ihr Bauch dazu?
- ▶ Stimmt er zu?
- ▶ Freut er sich oder grummelt er?
- ▶ Haben Sie ein gutes Gefühl bei der Sache oder signalisiert der Bauch Unlust oder gar Widerwillen?

Zweiter Durchgang

Versuchen Sie nun, für die Bewertungen rationale Argumente zu finden.

- Warum gefallen Ihnen einige Optionen besser als andere?
- Woher kommen Ihre Skepsis, Ihre Vorbehalte?

Optionen	1. Mein Gefühl	2. Argumente
Möglichkeit 1	☺	A
Möglichkeit 2	☺☺☺	B
Möglichkeit 3	☺	C
Möglichkeit 4	☹☹	D

Auf einen Blick

Pro-und-Kontra-Liste

Gut geeignet für Entscheidungen mit wenigen Wahlmöglichkeiten. Sie wählen Optionen aus, indem Sie Argumente einander gegenüberstellen und sie inhaltlich bewerten. Wenn Ihnen viele Wege offen stehen, wird die Pro-und-Kontra-Liste allerdings unübersichtlich.

Plus- und Minuszeichen, Smileys, Schulnoten, Punktwerte, Ratingskalen

Sind genauso gut geeignet wie Punktwerte, um einzelne Optionen zu bewerten. Wenn allerdings Bewertungen verrechnet oder Nutzwerte berechnet werden sollen, müssen die Symbole in Zahlenwerte umgewandelt oder Ratingskalen verwendet werden.

Attributmatrix

Optimal für die exakte Gewichtung der Attribute, die bei Ihrer Entscheidung eine Rolle spielen

Nutzwertanalyse

Ist geeignet, um unter verschiedenen Alternativen die mit dem größten Nutzen auszuwählen. Kann besonders bei vielen Zielkriterien helfen, die Optionen zu strukturieren und übersichtlich zu halten.

Profil- und Radar-Diagramm

Enthalten ebenso viele Informationen wie Tabelle und Matrix, sind aber leichter zu lesen. Der Vergleich fällt deshalb leichter. Hervorragend für Präsentationen.

8

Risiken abwägen

Im siebten Kapitel ging es um das Bewerten von Handlungsoptionen anhand der Konsequenzen, die Sie sich von der Entscheidung erhoffen oder die Sie befürchten. Sie haben Kosten und Nutzen bestimmt und auf dieser Grundlage Möglichkeiten sortiert, die für Sie in Frage kommen. Wenn der Informatiker Jürgen eine von drei denkbaren Weiterbildungen im Projektmanagement auswählt, erwartet er das Resultat, dass er bestimmte Kenntnisse erwirbt und innerhalb einer gewissen Frist einen Abschluss erreicht. Dafür nimmt er Aufwand und Kosten in Kauf.

Die Entscheidungen, die Ihnen Bauchschmerzen bereiten, sind meist die, bei denen Sie sich fragen: »Wird alles so kommen, wie ich es geplant, wie ich es berechnet habe?« Häufig können wir nicht hundertprozentig voraussagen, ob unsere Erwartungen eintreffen. Ebenso wenig wissen wir, welche unbeabsichtigten Folgen unser Tun hat.

Darum geht es in diesem Kapitel: Risiken abwägen, Unsicherheit ertragen. Wie fassen Sie einen Beschluss, wenn nicht sicher ist, welche Konsequenzen er hat?

Beschäftigen Sie sich näher mit den Konsequenzen Ihrer Entscheidung, wenn

- Sie eine größere Geldsumme riskieren oder viel Aufwand betreiben und nicht genau abschätzen können, ob die Sache zu dem gewünschten Ergebnis führt.
- Sie eine Entscheidung treffen, die Auswirkungen auf Ihre Zukunft hat und Sie sich nicht sicher sind, was auf längere Sicht das Richtige für Sie ist.
- Sie bei Ihrem Beschluss so viele Faktoren bedenken müssen, dass es schwierig ist, die Auswirkungen abzuschätzen.
- Sie bei Ihrer Entscheidung Entwicklungen einkalkulieren müssen, die Sie jetzt noch nicht absehen können.

Entscheidungen in unsicheren Situationen

Sollen Sie sich für oder gegen die Sache entscheiden? Wie auch immer Sie sie hin und her wenden, es ändert nichts: Manchmal können Sie gar nicht voraussehen, wie sich die Situation weiter entwickeln wird – es sei denn, Sie vertrauen aufs Kartenlegen oder schauen in eine Kristallkugel.

Es gibt zahlreiche Anekdoten über Profis, die sich in ihren Einschätzungen geirrt haben. Im Nachhinein wirkt es häufig belustigend, dass nicht vorhergesehen wurde, wie bestimmte gesellschaftliche Entwicklungen verlaufen würden. In diese Kategorie gehört jener Mitarbeiter einer Siemens-Tochter, der glaubte, das Telefaxgerät habe keine Zukunft. Deshalb wurde die Idee nach Japan verkauft. Darryl F. Zanuck, Chef der Filmgesellschaft 20th Century Fox , sagte 1946: »Der Fernseher wird sich auf dem Markt nicht durchsetzen. Die Menschen werden sehr bald müde sein, jeden Abend auf eine Sperrholzkiste zu starren.«

Klar, hinterher ist man immer klüger. Diese Geschichten zeigen, dass auch Fachleute gelegentlich falsch liegen, was die Einschätzung ihrer Branche anbelangt.

Was bedeutet das für Sie? Wenn Sie nicht genau wissen, was in ein paar Tagen, Wochen, Jahren geschieht, dann müssen Sie damit rechnen, dass Ihre Entscheidungen nicht immer die Konsequenzen haben werden, die Sie als optimal erachten. Erst im Nachhinein werden Sie beurteilen können, ob Sie heute richtig oder falsch gehandelt haben. Irrtümer gehören zum Leben dazu. Es liegt nicht zwangsläufig an Ihrer Vorgehensweise, wenn etwas nicht so läuft, wie Sie es sich vorgestellt hatten. Das ist normal! Die Annahme, Sie müssten Ihre Entscheidungstechnik nur weiter perfektionieren, um immer das gewünschte Resultat zu erreichen, ist deshalb grundfalsch. Erfahrene Projektmanager wissen, dass sie immer etwas mehr Zeit und Spielraum einplanen müssen, um mit unerwarteten Hindernissen fertig zu werden und Abläufe neu zu überdenken und zu verändern, die sich als ineffizient erwiesen haben. Kalkulieren Sie einfach mit ein, dass auch einmal etwas schief geht oder dass etwas Unerwartetes passiert.

Überspitzt gesagt:

Menschen gehen auf zwei verschiedene Weisen vor

- Die eine Gruppe **zögert** Entscheidungen bis zum letzten Moment hinaus oder trifft sie sogar zu spät. Diese Menschen warten Entwicklungen auch dann ab, wenn die Zeit drängt. Sie möchten unbedingt alle

Umstände und Bedingungen berücksichtigen. Sie brauchen enorm viel Zeit für die Vorbereitung – manchmal sogar zu viel Zeit. Sie treffen weniger Entscheidungen als die zweite Gruppe. Der Vorteil ihrer Vorgehensweise besteht darin, dass die Beschlüsse weniger häufig revidiert werden müssen. Allerdings bringen sie wenig Innovation. Veränderungen nehmen mehr Zeit in Anspruch.

- Die zweite Gruppe ist **relativ schnell**, wartet Entwicklungen also nicht ab. Auch diese Menschen recherchieren und überprüfen Informationen, aber sie benötigen dafür weniger Zeit. Sie treffen häufiger Entscheidungen. Einige sind allerdings falsch. Das bedeutet, dass öfter Korrekturen nötig sind. Allerdings geschehen dadurch Veränderungen sehr viel schneller und leichter.

Mut zum Misserfolg

Die Aufspaltung in zwei Gruppen ist zwar stark vereinfacht, aber realistisch. Wie wir uns entscheiden, hängt aber natürlich auch noch von der Situation ab: Beim Kauf eines neuen Badeanzugs oder einer Badehose gehen Sie kaum Risiken ein. Der Mitarbeiter eines Flughafens hingegen, der während eines Unwetters den Flugzeugen die Landeerlaubnis erteilt, hat Verantwortung für hunderte von Menschen. Er überlegt genau, was er tut.
Die Menschen in der zweiten Gruppe besitzen etwas, was denen in der ersten Gruppe in der Regel fehlt: Mut zum Misserfolg. Sie gehen das Risiko ein, auch einmal falsch zu liegen und die Konsequenzen dafür tragen zu müssen. Das bedeutet keinesfalls, dass Unbekümmertheit die richtige Strategie ist und dass es angemessen ist, schwer wiegende Entscheidungen künftig ganz sorglos zu treffen. Allerdings sollten Sie sich klar machen, dass Konsequenzen häufig nicht bis ins Letzte planbar und berechenbar sind. Wir müssen alle damit leben, dass wir uns gelegentlich falsch entscheiden. Es fällt nicht leicht, das zu akzeptieren.

Entschlüsse sind immer mit Risiken verbunden.
Schauen wir sie uns genauer an:

- Sie treffen eine Entscheidung, die Sie halbwegs zufrieden stellt. Das ist wirklich nicht die Option, nach der Sie eigentlich gesucht, von der Sie geträumt haben.

- Sie investieren zu wenig Zeit und Energie und treffen deshalb eine falsche Entscheidung.
- Sie treffen eine Entscheidung, die zunächst sinnvoll aussieht, deren Folgen Sie aber später völlig überfordern.
- Sie treffen eine falsche Entscheidung und müssen für den Rest Ihres Lebens die Konsequenzen ertragen.

Kennen Sie Befürchtungen dieser Art? Trösten Sie sich, Sie sind nicht der Einzige, die sich damit herumschlägt.

Einige Gedanken in dieser Aufzählung offenbaren einen überhöhten Anspruch. Sehen wir sie uns einmal näher an: Beginnen wir mit der Entscheidung, die hundertprozentig richtig sein soll. Darum ging es bereits im siebten Kapitel. Dass eine Option Sie in allen Aspekten glücklich macht, ist sicher die Ausnahme. Es ist die Frage, ob Sie die 100 Prozent wirklich brauchen. Reichen nicht auch 90 Prozent? Für weitere 10 Prozent müssten Sie noch mehr Zeit investieren, recherchieren, vergleichen …

Die Gefahr, eine falsche Entscheidung zu treffen, lässt sich, wie gesagt, nicht aus der Welt schaffen. Aber in den meisten Fällen gibt es die Möglichkeit, Fehler zu korrigieren. Nur wenige Entscheidungen sind endgültig. Nehmen Sie das Risiko also auf sich. Gestehen Sie sich zu, nicht alles zu wissen. Aus Missgriffen können Sie lernen.

Setzen Sie sich ein Zeitlimit

- Welche Frist gewähren Sie sich für das Nachdenken über die Entscheidung? Manchmal ist es sinnvoller, dass eine Angelegenheit endlich vom Tisch kommt, als dass sie perfekt gelingt.

Auf einen Blick

Es lässt sich nicht alles genau planen, was in der Zukunft geschieht. Viele Beschlüsse werden Sie deshalb erst im Nachhinein als richtig oder falsch einstufen können. Wenn die Bedingungen unklar sind, können Sie keine optimalen Entscheidungen treffen. Gestehen Sie es sich deshalb zu, dass Ihnen gelegentlich auch Fehler unterlaufen. Wenn Sie übermäßig grübeln und sich mit den Risiken beschäftigen, verlieren Sie nur Zeit.

Benutzen Sie das folgende Arbeitsblatt, falls Sie nicht sicher sind, ob Sie sich übermäßig mit Risiken beschäftigen.

Arbeitsblatt: Risiken eingehen

Erster Schritt: Welcher Typ sind Sie? Finden Sie Beispiele für Befürchtungen, die Sie davon abhalten, sich zu entscheiden.

Typ 1:	»Ich treffe Entscheidungen, die nicht wirklich optimal sind.«	
Typ 2:	»Ich investiere zu wenig in meine Entscheidungen. Deshalb sind sie nicht gut.«	
Typ 3:	»Ich entscheide mich bestimmt falsch. Mit den Konsequenzen muss ich dann lange leben.«	
Andere:		

Zweiter Schritt: Was müssten Sie riskieren, um Ihre Entscheidung zu treffen?
(z. B. »Riskieren, dass ich mir nicht hundertprozentig sicher bin«, »Riskieren, dass Ich mich vielleicht irre« oder »Riskieren, dass Ich nicht die bestmögliche Alternative gefunden habe«)

....

....

Dritter Schritt: Was können Sie tun, um künftig bessere Entscheidungen zu treffen?
(z. B. mir Zeit für die Vorbereitung nehmen, mir einen Termin setzen, mich entscheiden, auch wenn Ich dabei Fehler riskieren)

....

....

Treffen Sie strategische Entscheidungen

Besonders schwer fallen den meisten Menschen Entscheidungen, mit denen sie Weichen für ihre Zukunft stellen. Dabei geht es zum Beispiel um die Wahl ihrer Berufsausbildung oder ihres Studiums. In Firmen betreffen solche Beschlüsse unter anderem die Kernkompetenzen, die künftigen Tätigkeitsfelder und maßgebliche, langfristige Projekte.

Es ist durchaus verständlich, dass viele Menschen sich damit schwer tun. Wie können sie es auch wagen, sich auf etwas einzulassen, dessen Folgen nicht klar vorhersehbar sind? Zu Beginn dieses Kapitels haben wir festgestellt, dass bisweilen Mut zum Risiko erforderlich ist. Wie können Sie also das Risiko vernünftig abwägen? Die Antwort klingt erst mal einfach: Agieren Sie so, dass Ihnen für die Zukunft so viel Spielraum wie möglich bleibt, damit Sie gegebenenfalls noch etwas verändern können. Verstehen Sie Ihre Entscheidungen also als strategische Entscheidungen.

Die folgenden drei Punkte helfen Ihnen dabei, eine strategische Perspektive einzunehmen.

Drei Punkte für strategische Entscheidungen

Punkt (A) (siehe Grafik Seite 212): Setzen Sie sich strategische Ziele

Sie fragen sich jetzt wahrscheinlich, wie Sie vorgehen müssen, wenn Sie strategische Entscheidungen treffen. Erinnern Sie sich noch an die Meilensteine, über die wir im vierten Kapitel gesprochen haben (siehe S. 113)? Sie sind hilfreiche Stationen auf dem Weg zum Fernziel. Stellen Sie sich vor, Sie steuern dieses Mal als Fernziel keinen Berggipfel an, sondern eine Gruppe von Inseln. Wenn Sie auf dem Meer unterwegs sind, können Sie die Meilensteine wohl kaum der Reihe nach abwandern. Sie müssen beim Steuern damit rechnen, dass der Wind dreht oder die Strömung sich ändert oder dass Ihnen plötzlich eine andere Insel als sinnvolles Ziel erscheint. Sie müssen also den Kurs immer wieder neu bestimmen. Sie brauchen Orientierungspunkte, anhand deren Sie überprüfen können, in welche Richtung es weitergehen soll.

Diese Stationen sind eine Art flexibler Meilensteine. Nennen wir sie Zwischenziele. Damit sie ihren Sinn erfüllen, müssen sie zu Ihrer Strategie passen. Sie sollten Ihnen Möglichkeiten eröffnen und Veränderungen des Kurses zulassen. Setzen Sie sie so, dass sie Ihnen nicht den Weg verbauen, sondern vielmehr Anpassungen erlauben, sofern sich die Umstände verändern.

So gehen Sie vor

Beachten Sie folgende Regeln, wenn Sie sich strategische Ziele setzen:

- **Regel 1:** Manövrieren Sie sich **nicht in Sackgassen**, sondern lassen Sie sich Möglichkeiten, die Richtung zu korrigieren.
- **Regel 2:** Setzen Sie sich **Zwischenziele**, die Kursanpassungen zulassen.
- **Regel 3:** **Entscheiden** Sie sich für Optionen, die Ihren Handlungsspielraum vergrößern, nicht verringern.
- **Regel 4:** **Beobachten und reflektieren** Sie Entwicklungen und Trends, die Ihr Ziel beeinflussen.
- **Regel 5:** Schaffen Sie Möglichkeiten zur **Überprüfung** und korrigieren Sie gegebenenfalls Ihre Richtung.
- **Regel 6:** Falls Kursveränderungen nötig sind: Werfen Sie nicht alles über den Haufen, vollziehen Sie keine 180-Grad-Drehung. **Korrigieren** Sie stattdessen maßvoll!

So sehen strategische Ziele in der Realität aus, drei Beispiele:

Karin möchte eine private Krankenversicherung abschließen. Sie weiß nicht, ob sie in den kommenden Jahren weiter Single bleibt oder eine Familie gründet. Während einer Beratung stellt sie fest, dass es zwar ein optimales Angebot für ihre momentane Situation gibt, dass sich der Beitrag aber nicht wie bei einer gesetzlichen Versicherung anpassen würde, falls sich in Zukunft ihr Verdienst ändert. Wenn sich während ihres Mutterschaftsurlaubs ihr Einkommen verringern würde, müsste sie dieselbe Summe zahlen wie jetzt. Da Karin wirklich keine Ahnung hat, wie sich ihre familiäre Situation entwickelt, entscheidet sie sich für eine gesetzliche Versicherung, die durch private Zusatzversicherungen verändert und gegebenenfalls an ihr neues Leben angepasst werden kann.

Die Geschäftsführungen vieler Unternehmen trafen in den letzten Jahren die Entscheidung, Aufgaben auszulagern und in die Hände anderer Firmen zu legen. Neben einer größeren Wirtschaftlichkeit verfolgten sie mit dem Outsourcing auch ein strategisches Ziel: Sie wollten anpassungsfähiger werden, um flexibler und schneller auf den Markt reagieren und leichter Kurskorrekturen vornehmen zu können. Allerdings zeigte sich bald, dass Outsourcing nicht in jedem Fall Wettbewerbsvorteile bringt. Einige Firmen korrigierten die Entscheidung bereits wieder.

Georg strebt eine Karriere als Mathematiker an der Uni an. Ihm ist klar, dass eine wissenschaftliche Laufbahn nicht hundertprozentig planbar ist. Sie hängt von vielen Faktoren ab. Deshalb ist es für Georg wichtig, Alternativen im Auge zu behalten. Bei der Auswahl des Promotionsthemas achtet er darauf, dass es ihm nicht nur eine Karriere an der Hochschule eröffnet, sondern auch in der Wirtschaft. Er sucht sich ein Thema, das auch das Interesse einer großen Versicherung weckt.

Arbeitsblatt: strategische Ziele

Muss ich eine längerfristige Entscheidung treffen, während es sehr wahrscheinlich ist, dass sich wichtige Umstände weiter verändern?

Ja ☐ Nein ☐

Welches minimale Zwischenziel setze ich mir?

....

....

....

Verschafft mir mein Zwischenziel mehr Möglichkeiten/Handlungsspielraum?

Ja ☐ Nein ☐

Welche Vorteile und Möglichkeiten eröffnet mir mein Zwischenziel?

....

....

....

Welche Nachteile hat mein Zwischenziel? Welche Wege verbaut es mir?

....

....

....

Punkt (B) (siehe Grafik Seite 212): Bedenken Sie bei Ihrer Entscheidung Konsequenzen und weitere Entwicklungen

Ob eine Entscheidung gut ist, zeigt sich an ihren Konsequenzen. Sie treten meist nicht aus heiterem Himmel ein. Welche Folgen der Beschluss hat, lässt sich gelegentlich vorhersehen. Wie wird sich Ihr Verhältnis zu Ihren früheren Kollegen verändern, wenn Sie die Beförderung zur Abteilungsleiterin annehmen? Werden Ihre Eltern noch mit Ihnen reden, wenn Sie diesen Mann oder diese Frau heiraten? Was geschieht, wenn Sie einen Anwalt einschalten, um den Konflikt mit Ihrem Nachbarn zu regeln, der regelmäßig mitten in der Nacht laute Musik hört?

Außer von diesen eher persönlichen Aspekten ist unsere Zukunft auch geprägt von gesellschaftlichen Entwicklungen und Trends. Sie tragen maßgeblich dazu bei, dass uns vor allem langfristige Entscheidungen schwer fallen.

Wissenschaftliche Studien belegen, dass wir uns langfristige Prozesse nicht gut vorstellen können. Häufig nehmen wir Trends und Entwicklungen zu spät wahr und berücksichtigen sie deshalb nicht rechtzeitig. Wenn Sie sich strategische Ziele setzen, können Sie sich schneller daran anpassen. Je früher Sie merken, dass Ihnen eine Gefahr droht, umso eher können Sie gegensteuern.

So gehen Sie vor

Stellen Sie sich dazu folgende Fragen:

- Welche Entwicklungen/Trends betreffen die Entscheidung?
- Welche Chancen und Gefahren ergeben sich daraus?
- Was bedeutet das für meinen Beschluss?

Wenn Sie die Konsequenzen und Entwicklungen besonders interessieren: Am Ende dieses Kapitels stelle ich eine Reihe von Methoden vor, die sich näher damit beschäftigen.

Punkt (C) (siehe Grafik Seite 212): Achten Sie auf Ihr Bauchgefühl

Sie haben es sicher gemerkt: In diesem Kapitel sind wir wieder einmal an die Grenzen des rationalen Entscheidens gestoßen. In der Regel haben Sie keine verlässlichen Zahlen darüber, wie wahrscheinlich ein bestimmtes Ereignis eintritt oder nicht eintritt. Allerdings haben Sie noch ein Ass im Ärmel.

Hören Sie auf Ihren Bauch, wenn Sie die Konsequenzen einschätzen. Sie lassen sich häufig kraft unserer Erfahrung beurteilen. Auch wenn Ihnen die Umstände neu sind, können Ihnen Ihre Erfahrungen helfen. Sie erinnern sich, dass Ihr Gehirn Eindrücke aus früheren Entscheidungssituationen speichert (S. 161)? Ihr Bauchgefühl resultiert daraus, dass Ihr Gehirn diese riesige Bibliothek aus gesammelten Erfahrungen nach ähnlichen Situationen durchsucht. Nutzen Sie diesen Schatz! Achten Sie auf Ihre Empfindungen.

Erfolgreiche alte Hasen, die seit Jahren in ihrem Job sind, verfügen häufig über ein sehr gut entwickeltes Gespür, auf das sie sich verlassen. Dieser Instinkt ist nichts anderes als ihr Erfahrungsgedächtnis, auf das sie zurückgreifen, um die Lage zu beurteilen. Dieses Gespür können Sie auch entwickeln.

So gehen Sie vor

Achten Sie also auf körperliche Reaktionen. Aber verlassen Sie sich nicht allein auf Ihr Gefühl. Hinterfragen Sie es:

► Woher kommt das Grummeln im Bauch? Warum bereitet Ihnen die Angelegenheit schlaflose Nächte? Wovor werden Sie gewarnt? Welche sachlichen Aspekte sprechen für oder gegen einen Entschluss? Möglicherweise brauchen Sie eine Weile, bis Ihnen Argumente einfallen, denn der Verstand verarbeitet Informationen um einiges langsamer. Ignorieren Sie Ihr Gefühl nicht, nur weil Sie es nicht sofort begründen können, sondern nur eine Ahnung haben, dass etwas schief gehen könnte. Lassen Sie sich etwas Zeit.

Auf einen Blick

Bei Entscheidungen in unsicheren Situationen sollten Sie strategische Entscheidungen treffen. Das bedeutet:

1. **Fixieren Sie sich nicht auf Nahziele. Fassen Sie Fernziele ins Auge, die eine Korrektur des Kurses ermöglichen. Dabei lassen Sie sich genug Spielraum für Veränderungen. Behalten Sie trotzdem die Richtung bei.**
2. **Beziehen Sie mögliche Entwicklungen und Veränderungen mit ein. Welche Chancen und Risiken entstehen daraus?**
3. **Achten Sie auf Ihren Bauch, insbesondere, wenn Sie über Konsequenzen nachdenken.**

Arbeitsblatt: Konsequenzen analysieren

Was sagt mein Bauch? Mache ich mir Sorgen
oder habe ich ein gutes Gefühl bei der Sache?

....

....

....

Welche Entwicklungen / Trends / Tendenzen spielen
für meine Entscheidung eine Rolle?

....

....

....

Wie kann ich zukünftige Gegebenheiten beeinflussen?

....

....

....

Welche Chancen sehe ich?

....

....

....

Worin liegen Gefahren?

....

....

....

Was bedeutet das für meine Ziele?

....

....

Veränderungen in Gedanken durchspielen

Wahrscheinlich müssen Sie sich intensiver mit einigen Umständen beschäftigen und mehr Informationen einholen, um Entwicklungen überhaupt beurteilen zu können und mögliche Veränderungen in Gedanken durchzuspielen. Im Folgenden werden einige Techniken vorgestellt, die dazu geeignet sind.

Gespräch mit einem Experten

Es gibt Themen und Fragen, die Sie nicht mit Ihrer Allgemeinbildung und Ihrem gesunden Menschenverstand beurteilen können. Sprechen Sie mit einem Experten, sofern Sie mit einem Fachthema konfrontiert sind. Das ist beispielsweise sinnvoll, wenn es um die Medizin geht. Ein Arzt erklärt Ihnen, welche Konsequenzen die Herzoperation haben kann. Falls Sie überlegen, ob Sie einen Gerichtsprozess anstreben, konsultieren Sie einen Anwalt, der Sie über finanzielle und andere Risiken und weitere Folgen informiert. Auch bei komplexen Entscheidungen ist es häufig hilfreich, Experten aus dem jeweiligen Fachgebiet hinzuzuziehen. So etwa bei städtebaulichen Maßnahmen, bei denen Verkehrs- und Umweltexperten hinzugezogen werden, um Auswirkungen von Bebauungen zu erörtern.

Bei dem Gespräch sollten Sie Ihre Ziele vor Augen haben.
Bereiten Sie sich gut vor.

- Überlegen Sie, welche Entscheidungsmöglichkeiten für Sie in Fragen kommen. Was wollen Sie erreichen?
- Denken Sie darüber nach, welche Informationen Sie brauchen.
- Sagen Sie dem Experten zu Beginn des Gesprächs, was Sie wollen und was Sie nicht wollen. Der Fachmann z. B. soll nicht mit Ihnen über Ihre Ziele debattieren, sondern Ihnen Informationen über die Umstände liefern, damit Sie eine kluge Entscheidung treffen können.
- Machen Sie deutlich, dass Sie am Spezialwissen Ihres Gegenübers interessiert sind. Das können Sie tun, indem Sie nach den Folgen Ihres Entschlusses fragen, sich Zusammenhänge und mögliche Risiken und Nebenwirkungen erläutern lassen.
- Benutzen Sie zur Vor- und Nachbereitung des Gesprächs die Checklisten im Kapitel 7, in denen es darum geht, andere Personen zu befragen und einzubeziehen (S. 187).

Fantasieübung: So tun, als ob …

Setzen Sie sich mit den Konsequenzen auseinander, indem Sie die Entscheidung gedanklich vorwegnehmen. Das ist eine sehr gute Übung, mit der Sie Ihren Kopf und Ihren Bauch zur Zusammenarbeit bewegen können. Vielen Menschen gelingt es, die Folgen ihres Tuns einzuschätzen, indem sie sich vorstellen, wie die Welt aussähe, wenn XY schon eingetreten wäre.

So gehen Sie vor

Stellen Sie sich vor, Sie hätten schon Ihren Beschluss gefasst. Wie wäre jetzt Ihr Alltag/Ihr Job/Ihre Partnerschaft? Seien Sie so realistisch wie möglich.
Denken Sie daran, dass Ihr Gefühl meistens schneller ist als Ihr Verstand. Konzentrieren Sie sich daher zunächst auf Ihre Emotionen.

- Welche Gefühle haben Sie?
- Was genau verändert sich dadurch, dass Sie diese Entscheidung getroffen und das Ziel erreicht haben?
- Welche Konsequenzen könnten noch eintreten? Was wäre jetzt einfacher?
- Mit welchen Problemen müssen Sie vielleicht rechnen?

Nehmen Sie nun einen großen Zettel zur Hand und notieren Sie die Konsequenzen, die auf Ihre Entscheidung folgen könnten. Wenn Sie damit fertig sind, versuchen Sie, sie zu beurteilen.

- Wie wahrscheinlich ist es, dass diese Folgen eintreten?
- Mit welchen Informationen könnten Sie die Konsequenzen besser beurteilen? Was müssten Sie noch wissen, um sich entscheiden zu können?

Lassen Sie diese Liste ruhig ein paar Tage liegen und schreiben Sie alles auf, was Ihnen noch dazu einfällt.

Karen

Frage: *Als freie Journalistin triffst du Entscheidungen darüber, welche Reportagen und Storys bei den Medien wahrscheinlich ankommen, mit denen du zusammenarbeitest.*

Karen: *Ja, das ist häufig unangenehm. Oft kann ich darüber nur spekulieren. Ich weiß nicht, ob ich die Geschichte später verkaufen kann, nachdem ich so viel Arbeit in die Recherche und das Schreiben gesteckt habe.*

Frage: *Wie gehst du vor, wenn du nicht sicher bist?*

Karen: *Zuerst versuche ich, ein Gespür für die Sache zu bekommen. Das ist das Wichtigste für mich. Ich stelle mir vor, wie es wäre, wenn ich das Projekt umsetzte.*

Frage: *Benutzt du einen Trick dabei?*

Karen: *Ich stelle es mir wie ein Paket vor. Als würde ich es auspacken und mir anschauen, was alles drin ist. Was interessiert mich besonders? Was wird meine Kunden interessieren? Wie könnte ich die Geschichte am besten umsetzen?*

Frage: *Das heißt, du sortierst vorher, was du von dem Stoff gebrauchen kannst und was nicht?*

Karen: *Ja, genau. Dann habe ich schon eine recht konkrete Idee davon, was ich aus der Geschichte rausholen kann und bei welchen Themen ich nicht landen will.*

Die Kraftfeldanalyse

Die Kraftfeldanalyse ist einfach anzuwenden und vielseitig einsetzbar. Sie dient dazu, genauer zu analysieren, welche Konsequenzen eine bestimmte Handlungsweise hätte. Diese Folgen werden durch imaginäre Spieler und Gegenspieler veranschaulicht, also durch Kräfte, die die Sache fördern oder behindern könnten. Damit sind beispielsweise Personen, Entwicklungen, Prozesse, Mittel und Strukturen gemeint. Diese Aspekte werden in einer Tabelle aufgelistet. Anschließend überlegen Sie, wie Sie die positiven Kräfte am geschicktesten nutzen und wie Sie am besten mit den negativen Aspekten umgehen. Sie brauchen nur ein Blatt Papier und einen Stift. Die Kraftfeldanalyse eignet sich Gruppen und für die Arbeit allein.

So gehen Sie vor

Fertigen Sie eine Tabelle mit zwei Spalten an:

► unterstützende Aspekte, behindernde Aspekte

Das Best-Case- / Worst-Case-Szenario

Damit durchdenken Sie Entscheidungen, die von zukünftigen Ereignissen beeinflusst werden könnten. Es eignet sich gut für Situationen, die von Unsicherheit geprägt sind. Schätzen Sie Risiken und Möglichkeiten ein, indem Sie in verschiedenen Szenarien die Zukunft durchspielen mit der Frage »Was wäre, wenn?«

Das Ziel ist eine möglichst realistische Prognose zukünftiger Entwicklungen. Sie konzentrieren sich dabei auf eventuelle Chancen und Gefahren. Auf dieser Basis können Sie Entscheidungen treffen und gleichzeitig überlegen, wie Sie im Schadensfall intervenieren.

Sie betrachten sowohl das beste als auch das schlimmste Szenario, das im günstigsten oder im ungünstigsten Fall eintreten könnte. Es ist sinnvoll, sich nicht auf den allerschrecklichsten Fall zu versteifen und sich deshalb auch den Best Case anzusehen. Profis arbeiten häufig mit weiteren Szenarien, die im mittleren Bereich liegen.

Je nachdem, wie komplex die Situation ist, kann die Methode sehr zeitaufwändig sein:

- Sie durchdenken Entwicklungen und vergegenwärtigen sich Einflüsse in Bezug auf größere Zeiträume.
- Die Szenario-Methode weckt Ihr Verständnis für das Zusammenwirken von verschiedenen Faktoren. Ziehen Sie gegebenenfalls Fachleute zu Rate.
- Sie erwägen Strategien und Methoden der Intervention für den Fall, dass ungünstige Ereignisse eintreffen.
- Der Nachteil dieser Technik besteht darin, dass wir häufig nicht in der Lage sind, uns den schlimmsten Fall vorzustellen.

So gehen Sie vor

Sie können die Best-Case- / Worst-Case-Methode allein ausprobieren. Besser ist es jedoch, wenn Sie mit einer Gruppe arbeiten, da für eine solide Prognose häufig Fachleute mit unterschiedlichen Kompetenzen notwendig sind.

Es gibt vier Stufen:

1. Analysieren Sie die Einflüsse
Zuerst müssen Sie festlegen, welche Schlüsselfaktoren eine Rolle spielen. Was hat Einfluss auf die Angelegenheit, über die Sie entscheiden wollen? Beschränken Sie sich auf die wesentlichen Aspekte.

2. Welche Entwicklung ist denkbar?
Sie haben die Schlüsselfaktoren festgelegt. Jetzt denken Sie weiter. Welche Entwicklungen und Veränderungen sind für diese Faktoren möglich? In welche Richtung könnten sich aktuelle Trends fortsetzen?

3. Wie sieht das Szenario konkret aus?
Ausgehend von den Entwicklungen, die Sie für denkbar halten, überlegen Sie sich nun konkrete Szenarien. Wie wäre es, wenn in zehn Jahren diese oder jene Veränderung eingetreten ist? Was wäre der günstige Fall (Best Case), was der ungünstige (Worst Case)? Welches Szenario liegt zwischen dem Best und dem Worst Case, also im mittleren Bereich (Most Likely Case)?

4. Formulieren Sie Richtlinien für Entscheidungen und Interventionen
Welche Konsequenzen hätte es, wenn die jeweiligen Szenarien eintreten würden?

Überlegen Sie nun die konkreten Auswirkungen auf Ihre Entscheidung:
- Welche Chancen/welche Risiken gibt es?
- Mit welchen Folgen müssten Sie im schlimmsten/besten Fall rechnen?
- Wie hoch ist die Wahrscheinlichkeit, dass der schlimmste/beste Fall eintritt?
- Welche Gegenmaßnahmen wären nötig, um den Worst Case zu verhindern beziehungsweise die Auswirkungen zu minimieren?
- Welche Konsequenzen hätten die Interventionen?

Die Ergebnismatrix

Die Ergebnismatrix ist geeignet für Entscheidungen in unsicheren, riskanten Situationen. Im siebten Kapitel wurde beschrieben, wie mit einer Matrix Optionen anhand von Attributen bewertet werden. Ebenso lassen sich mit der Ergebnismatrix Entscheidungsalternativen anhand ihrer möglichen Konsequenzen beurteilen. Dabei wägen Sie ab, wie die jeweilige Alternative in

Bezug auf die möglichen Konsequenzen abschneidet. Die Matrix hilft Ihnen dabei, die Entscheidungssituation besser zu strukturieren und transparenter zu machen. Voraussetzung dafür ist, dass Sie die Ausgangslage genau kennen und mögliche Folgen Ihres Tuns abschätzen können.

Beispiel Geschäftsleitung einer Firma:

Nehmen wir an, die Geschäftsleitung einer Firma will darüber entscheiden, ob sie Geld für eine neue Technologie ausgeben soll. Die Investition lohnt sich unter der Voraussetzung, dass das Unternehmen mehr Aufträge bekommt. Anhand der Zahlen aus den vergangenen Jahren wird die Wahrscheinlichkeit für eine Steigerung auf 75 Prozent geschätzt.

Optionen	**Konsequenz 1** Aufträge nehmen zu (75%)	**Konsequenz 2** Aufträge unverändert (25%)
Option 1 in spezielle Technik investieren	F11: Kapazitätssteigerung durch Technologie entspricht der Auftragslage	F12: Überschuss an Kapazität
Option 2 nicht in spezielle Technik investieren	F21: Kapazität reicht nicht aus, Verlust von Aufträgen	F22: Kapazität reicht aus; notwendig

Die Entscheidungsmatrix zeigt deutlich, dass sich in 75 Prozent der Fälle die Investition lohnt. Sollte die Geschäftsleitung kein Geld dafür ausgeben, hätte das den Verlust von Aufträgen zur Folge. In 25 Prozent der Fälle lohnt sich die Investition nicht. Das hätte keine weiteren nachteiligen Konsequenzen.

Oft lassen sich keine genauen Angaben darüber machen, mit welcher Wahrscheinlichkeit ein bestimmtes Ereignis eintreten wird oder nicht. Sie müssen sich auf mehr oder weniger genaue Schätzungen verlassen. Auch in diesem Fall macht es Sinn, die Ergebnismatrix oder den im Folgenden beschriebenen Entscheidungsbaum anzuwenden. Mit Hilfe dieser beiden Methoden können Sie die Ausgangslage klarer strukturieren und die Konsequenzen Ihrer Entscheidung durchdenken.

Wenn Sie tiefer in die Berechnung von Wahrscheinlichkeiten einsteigen wollen, sollten Sie sich beispielsweise mit der Spieltheorie beschäftigen.

Der Entscheidungsbaum

Der Entscheidungsbaum ist bei mehrstufigen Entscheidungen mit Unsicherheitsfaktoren von Nutzen. Erstens können Sie mit dieser Methode die Struktur eines Entscheidungsprozesses über mehrere Stufen hinweg veranschaulichen. Die grafische Darstellung (Seite 226) verdeutlicht den Zusammenhang zwischen Alternativen, Risiken, Ungewissheiten und den jeweiligen Konsequenzen des Beschlusses. Der Entscheidungsbaum kann also als Denkhilfe für bestimmte Entscheidungen dienen und die logische oder zeitliche Abfolge von Schritten im Entscheidungsvorgang darstellen.

Zweitens ist der Entscheidungsbaum ein gutes Mittel, um Chancen und Risiken zu kalkulieren. Sie können für einen Entschluss berechnen, mit welcher Wahrscheinlichkeit eine bestimmte Konsequenz eintritt. Voraussetzung dafür ist allerdings, dass Ihnen Alternativen offen stehen und Sie Informationen über mögliche Folgen und zukünftige Ereignisse haben.

Entscheidungsbäume sind außerdem nützlich, wenn Sie anderen Menschen veranschaulichen wollen, welche Aspekte bei einem Beschluss zu berücksichtigen sind oder wie eine Entscheidung zustande gekommen ist.

Ein Entscheidungsbaum besteht aus folgenden Elementen:

- **Entscheidungspunkte:** Von ihnen zweigen mehrere Alternativen ab.
- **Entscheidungszweige:** Sie veranschaulichen Alternativen/Ereignisse.
- **Endpunkte:** Dort endet jeweils ein Entscheidungszweig, weil z.B. eine bestimmte Konsequenz eingetreten ist.

So gehen Sie vor

- Formulieren Sie **eine Frage**. Stellen Sie die Handlungsmöglichkeiten durch Zweige dar.
- Ordnen Sie auf der nächsten Ebene die **Alternativen**, zwischen denen Sie auswählen können, die Ereignisse und Zustände, die eintreten könnten, und die Konsequenzen, die Ihrer Entscheidung folgen könnten, einander zu.

- Auf jeder Ebene des Entscheidungsbaums gibt es nur Elemente **eines Typs**, also nur Konsequenzen, nur Alternativen usw.
- Ordnen Sie den Ereignissen jeweils eine der **Wahrscheinlichkeiten** zu. Das ist schwierig und trotzdem notwendig, denn sonst können Sie die Konsequenzen nicht richtig abschätzen.
- Drücken Sie die Wahrscheinlichkeit in **Zahlen** aus. Begriffe wie »höchstwahrscheinlich«, »unwahrscheinlich« oder »kaum machbar« sind zwar in der Alltagssprache gebräuchlich, eignen sich aber nicht für diese Methode, da sie zu ungenau sind. Jeder versteht darunter etwas anderes. Arbeiten Sie mit Dezimalzahlen (0,5) oder mit Prozenten (50 Prozent).
- Die Gesamtsumme jeder Stufe im Entscheidungsbaum muss **100 Prozent** betragen.
- Um bei komplexen Entscheidungsbäumen die Gesamtwahrscheinlichkeit eines Zweiges zu errechnen, **multiplizieren** Sie die Einzelwahrscheinlichkeiten dieses Astes miteinander.

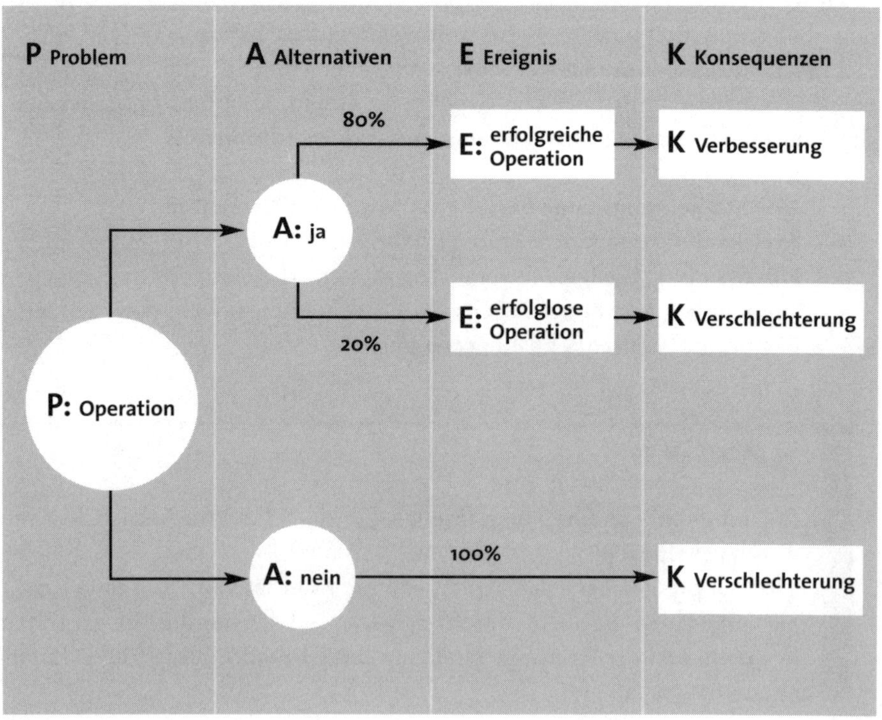

Auf einen Blick

Gespräch mit einem Experten
Geeignet für Entscheidungen, für die Sie Fachwissen benötigen.
Sie analysieren die Konsequenzen mit Hilfe des Experten.

Best-Case-/Worst-Case-Szenario
Geeignet, um Risiken in Bezug auf längerfristige Entscheidungen abzuwägen. Sie spielen positive und negative Entwicklungen durch.

Fantasieübung: So tun, als ob
Sie stellen sich vor, dass Sie den Entschluss gefasst haben.
In Ihrer Fantasie gehen Sie die Konsequenzen durch.

Kraftfeldanalyse
Geeignet, um förderliche und hinderliche Kräfte zu analysieren, die zutage treten würden, wenn Sie sich für XY entscheiden.

Ergebnismatrix
Geeignet, um Entscheidungsmöglichkeiten in Bezug auf mögliche Konsequenzen zu bewerten.

Entscheidungsbaum
Geeignet, um mehrstufige Entscheidungsprozesse und mögliche Chancen und Risiken zu veranschaulichen.

9

Vorsicht vor Denkfehlern!

Ende der neunziger Jahre beschäftigte ein Börsenereignis die Wirtschaftspsychologen. Es war zu einer starken Überbewertung von Wertpapieren gekommen. An sich ist das für Investoren ein Dauerthema: ob nicht die Pharmabranche, die Medien oder die Biotechnologie gerade über- oder unterbewertet sind? Wenn sich Anleger entscheiden, in Firmen zu investieren, dann orientieren sie sich an den Gewinnerwartungen. Die können aber nicht genau prognostiziert werden. Das heißt, die Entscheidungen sind immer unsicher. Der aktuelle Marktwert schwankt und es ist nicht klar, was von dem Unternehmen und der Branche in Zukunft zu erwarten ist.

Ende der Neunziger stellten die Wirtschaftspsychologen fest, dass der Neue Markt massiv überbewertet wurde – er spiegelt unter anderem Geschäfte im Internet wider. Die Überbewertung erreichte derartige Ausmaße, dass Fachleute später von einer Spekulationsblase sprachen. Die Wertpapiere wurden zu Preisen gehandelt, die sich nicht mehr an den tatsächlichen Gewinnaussichten der Branche orientierten. Im Jahr 2000 platzte die Blase. Das bedeutet, dass der Wert wieder auf ein realistisches Niveau sank, verbunden mit Kurseinbrüchen und Verlustgeschäften.

Wie konnte das geschehen? Experten gehen davon aus, dass verschiedene psychologische Faktoren das Urteilsvermögen der Investoren und ihr Entscheidungsverhalten beeinflussten. Sie nahmen Informationen verzerrt wahr und schätzten die Situation falsch ein.

Die meisten Menschen gehen davon aus, dass sie in der Lage sind, ihre Umwelt objektiv wahrzunehmen, jedenfalls, wenn sie sich dabei ein bisschen Mühe geben. Die Wahrnehmungspsychologie belehrt uns eines Besseren: Das Gehirn filtert Informationen nach Kriterien, die keinesfalls objektiv sind – nämlich zum Beispiel danach, ob die neuen Daten und Erfahrungen zu dem passen, was wir bereits denken, ob sie unsere Werte stützen, ob sie uns im Moment relevant erscheinen oder nicht. Außerdem ist entscheidend, ob die Informationen an erster oder erst an einer nachfolgenden Stelle auftauchen.

Es ist im Alltag sogar hilfreich, dass das Gehirn Informationen nicht nach objektiven Maßstäben sortiert. Wir würden zu fast gar nichts kommen, wenn wir pausenlos damit beschäftigt wären, jedes klitzekleine Detail, das wir sehen, hören, riechen und schmecken, einzeln zu bewerten. Nicht nur, dass schon allein die Menge zu groß wäre. Fachleute schätzen, dass das Gehirn etwa 10.000 Reize pro Sekunde verarbeitet. Der Biologe Frederic Vester geht sogar von 10^9 Bits pro Sekunde aus. Wir wären vor allem ständig mit Nebensächlichkeiten beschäftigt. Versuchen Sie einmal, bewusst darauf zu achten, wie viel Eindrücke Ihre Sinneskanäle gerade aufnehmen. Das funktioniert am besten, indem Sie Ihre Aufmerksamkeit auf alle Geräusche richten, die Sie normalerweise weitgehend ignorieren.

Eine wichtige Funktion des Gehirns ist also die Auswahl von wichtigen Informationen. Wenn es die Reize nicht filtern und sortieren würde, was wesentlich ist und was nicht, würden Sie gar keine Entscheidungen mehr treffen können.

Die Forschung kennt eine Reihe von Denkmustern, die wir in Entscheidungssituationen benutzen, um Informationen zu beurteilen. Diese Muster können zu Fehlern bei der Wahrnehmung von Informationen führen, aufgrund deren wir unsere Beschlüsse fassen. Das kann gravierende Konsequenzen haben. Es kommt beispielsweise vor, dass wir bestimmte Daten und Fakten in den Vordergrund stellen, obwohl das völlig unangemessen ist, und andere dafür ausblenden, obwohl sie viel eher von Belang wären.

Besonders anfällig für Denkfehler sind wir,

- wenn uns wenig Informationen vorliegen, wir den aktuellen Stand der Dinge kaum kennen und trotzdem eine Entscheidung treffen müssen.
- wenn wir Risiken und Konsequenzen der Entscheidung nicht einschätzen können.
- wenn wir wenig Erfahrungen mit derartigen Entscheidungen gesammelt haben und nicht über Expertenwissen verfügen.

Wie gesagt, viele Denkfehler, die uns in solchen Situationen regelmäßig unterlaufen, sind wissenschaftlich untersucht worden. Einige kognitive Fehler, die für Entscheidungen von großer Bedeutung sind, schauen wir uns im Folgenden genauer an. Um sie vermeiden zu können, müssen Sie zunächst herausfinden, zu welchen Irrtümern Sie in bestimmten Situationen neigen. Der erste Schritt besteht also darin, sich mit den Denkfehlern auseinander zu setzen und bei Entscheidungen routinemäßig zu überprüfen, ob Sie gerade wieder im Begriff sind, Informationen falsch einzuschätzen.

Im Anschluss daran kommen wir zu einigen Regeln: Wie können Sie mit der Tatsache umgehen, dass Ihr Gehirn Daten und Eindrücke nicht objektiv abbildet und verarbeitet?

Der Frequency-Validity-Effekt: Was man oft hört, glaubt man eher

Die Geldanlage

Ein Bekannter erzählt Ihnen von einer Geldanlage, die bei Expertentests angeblich eine sehr gute Beurteilung erhalten hat. Da Sie zurzeit zufällig nach einer Möglichkeit suchen, Ihr Geld sinnvoll anzulegen, finden Sie die Sache interessant.

Lohnt sich diese Geldanlage oder nicht? Leider besitzen Sie nicht das Fachwissen, um das beurteilen zu können. Da Sie keine verlässlichen Informationen haben, fällen Sie zunächst ein vorläufiges Urteil. Allein die Tatsache, dass Ihr Bekannter auf diese Karte setzt, hat Sie neugierig gemacht. Sie überlegen, ob das eine interessante Option für Sie selbst wäre.

Auch ein Arbeitskollege berichtet Ihnen von einer sehr guten Anlagemöglichkeit. Siehe da: Es ist dieselbe, die Sie schon »kennen«. Obwohl er Ihnen keinesfalls neue Fakten mitteilt, sind Sie nach dem Gespräch überzeugt davon, dass da wirklich etwas dran ist.

Im Alltag geschieht es sehr häufig, dass wir uns eine Meinung über eine Angelegenheit bilden müssen, obwohl wir gar keine Grundlage für ein sicheres Urteil haben. Verlässliche Daten sind häufig nicht so schnell verfügbar oder nur schwer zu beschaffen. Sobald wir den Briefkasten öffnen, den Fernseher oder das Radio einschalten oder in eine Zeitschrift schauen, werden wir bombardiert mit allen möglichen Behauptungen, mit Nachrichten und Werbung – also mit Informationen, zu denen wir eine Position beziehen müssen. Glauben wir's oder glauben wir's nicht?

Schon wenn wir etwas mehrmals hören, meinen wir, dass etwas dran sein muss – ohne dass wir es aufgrund unseres Wissens tatsächlich einschätzen können. Es besteht also ein Zusammenhang zwischen der **Häufigkeit** (**Frequenz**), mit der wir Informationen wahrnehmen, und ihrer **Glaubwürdigkeit** (**Validität**). Dieser Effekt ist aus der Forschung über Lernprozesse bekannt. Die Wiederholung von Aussagen führt nicht nur dazu, dass sie sich besser einprägen, sondern auch dazu, dass sie einem vertraut werden. Im Klartext: Je häufiger wie eine Aussage hören, umso eher halten wir sie für glaubwürdig. Informationen sind Glaubenssache.

Zwei Beispiele für den Frequency-Validity-Effekt:

- Bestimmt haben Sie auch schon gehört, dass man Fleisch kurz anbraten soll, damit sich die so genannten »Poren« schließen und das Stück saftig bleibt. Fragen Sie mal jemanden vom Fach! Er wird Ihnen bestätigen, dass Ihr Steak aus Muskelgewebe besteht, das gar keine »Poren« hat – es sei denn, Sie stechen mehrmals mit der Gabel hinein. Dass diese Information nicht schon längst als unsinnig entlarvt wurde, liegt mit hoher Wahrscheinlichkeit an der Werbung für Bratfett.

- Früher wurde behauptet, Spinat sei ein hervorragender Lieferant für Eisen, ein Stoff, den der Körper dringend benötigt, um rote Blutkörperchen aufzubauen. Mittlerweile hat sich herausgestellt, dass diese Annahme auf dem Rechenfehler eines Forschers beruht. (Jahrelang war niemandem eingefallen, das Ergebnis zu überprüfen.) Obwohl der Irrtum jetzt bekannt ist, sind viele Menschen nach wie vor von der Wunderwirkung des Spinats überzeugt. Die Aussage wurde einfach zu oft wiederholt.

Die Gefahr

Die Gefahr besteht darin, dass wir Informationen als gesichert ansehen, obwohl wir über keinerlei handfeste Argumente verfügen. Das heißt, wir gehen zu schnell davon aus, dass die Dinge so sind, wie andere es behaupten. Wir glauben an etwas, weil uns die Information vertraut ist, und nicht, weil wir überzeugende Argumente haben. Das trifft besonders auf Gebiete zu, auf denen wir uns fachlich nicht gut auskennen und uns deshalb gern auf das Urteil anderer verlassen.

Jetzt könnten Sie sagen, dass Sie, wenn Sie jemanden von etwas überzeugen wollen, es nur oft genug wiederholen müssen. Irgendwann wird er es schon glauben. Ganz so einfach ist es zum Glück aber auch wieder nicht.

Was tun dagegen?

Die Werbung zeigt uns, wo die Grenzen dieses Phänomens liegen. Wenn etwas übertrieben wird, wenn Sie beispielsweise eine Botschaft alle fünf Minuten hören, kann das zu einer Übersättigung führen – oder sogar dazu, dass Sie sie komplett ablehnen.

Sobald Sie sich ein klares Urteil über den Sachverhalt gebildet haben, nutzt es nichts mehr, die Ausgangsinformationen wieder und wieder abzuspulen. Sie sind quasi immun dagegen. Nur in einem Graubereich ist der Frequency-Validity-Effekt wirksam – da, wo Sie ahnen, spekulieren.

Schalten Sie also Ihren gesunden Menschenverstand ein. Überlegen Sie, welche sachlich fundierten Informationen Sie tatsächlich haben und was lediglich Behauptungen sind, die nicht belegt werden können. Sie brauchen keineswegs alle Details zu überprüfen. Das wäre sicher ineffektiv. Aber Sie sollten keine wichtige Entscheidung mehr auf Geschichten bauen, die man sich in Ihrem Bekanntenkreis oder Ihrer Firma erzählt.

Die Kontrollillusion: »Ich bin mir sicher, dass ich alles im Griff habe«

»Experte« für den Neuen Markt

Erinnern Sie sich noch an das eingangs erwähnte Beispiel von der Börse ?

Stellen Sie sich vor, Sie wollen in Aktien investieren. Sie reden mit einem Bekannten, der in der Branche beschäftigt ist. Er gibt Ihnen den Tipp, sich auf den Neuen Markt zu konzentrieren. Ebenso wie viele andere Kleinsparer stecken Sie nun Geld in diese Branche. Längere Zeit bleibt der Markt stabil. Sie lesen in einer Zeitschrift, dass mehrere Experten den Neuen Markt sehr optimistisch beurteilen. Diese Fachleute glauben, dass die Internet-Technologie auch in der Zukunft zu den führenden Wachstumsmärkten gehören wird. Daraufhin fühlen Sie sich in Ihren bisherigen Entscheidungen bestärkt und investieren weiter. Der Erfolg scheint Ihnen Recht zu geben. Die Kurswerte steigen unvermindert und scheinen Ihre Erwartungen zu bestätigen. Sie gewinnen langsam den Eindruck, dass Sie das Geschehen an der Börse verstehen und die Situation unter Kontrolle haben, obwohl Sie wahrlich kein Fachmann sind. Anderen Anlegern ergeht es ähnlich. Das führt dazu, dass Sie und die anderen weiter entsprechende Aktien kaufen. Selbst Experten wagen nicht zu sagen, ob sich die Entwicklung von Börsenkursen tatsächlich vorhersehen lässt. Aber sie sind sich darin einig, dass es einen hohen Unsicherheitsfaktor gibt.

Wenn Sie eine Entscheidung treffen, deren Ergebnisse Sie nicht voraussagen können, laufen Sie Gefahr, Ihre eigenen Kontrollmöglichkeiten zu überschätzen.

Wenn wir in einer unsicheren Situation Entscheidungen treffen, glauben wir, dass wir mehr Einfluss ausüben können, als das in Wirklichkeit der Fall ist. Gleichzeitig blenden wir die tatsächlichen Zusammenhänge ein Stück weit aus. Das heißt, wir beschäftigen uns mehr mit unserer vermeintlichen Macht als mit den Faktoren, die das Ergebnis in stärkerem Maße bestimmen, als wir in diesem Moment denken. Wir haben den Eindruck, dass wir die Dinge im Griff haben, obwohl das keineswegs der Fall ist. So kommt es zu Fehleinschätzungen und Fehlentscheidungen, weil die maßgeblichen Aspekte außer Acht gelassen werden.

Die Gefahr

Das Gute an der Kontrollillusion ist, dass wir uns auf die Aspekte der Situation konzentrieren, auf die wir meinen Einfluss zu haben und von denen wir glauben, wir können sie verändern. Dadurch bleiben die Motivation und die gute Laune auch über Durststrecken hinweg erhalten. Die Kontrollillusion hilft uns also über die Runden.

Natürlich hat sie auch Nachteile. Die treten oft in Situationen zutage, in denen wir schon eine Reihe von Entscheidungen getroffen haben. Sie erscheinen uns alle richtig und wir glauben, wir wären Herr der Lage. Deshalb verhalten wir uns plötzlich sorglos, obwohl wir viel besser auf mögliche Gefahren achten sollten. Wir meinen ja, wir hätten alles unter Kontrolle. Möglicherweise fühlen wir uns so sicher, dass wir die Basis, auf der der Beschluss beruht, nicht mehr gründlich prüfen. Wir fragen nicht mehr, ob Daten und Argumente plausibel sind.

Was tun dagegen?

Schätzen Sie Ihre Kompetenzen und Fähigkeiten realistisch ein. Die Illusion, dass Sie alles im Griff haben, wirkt zwar eine ganze Weile motivierend, aber der Absturz ist hinterher umso schlimmer. Der erste Schritt in die richtige Richtung ist der, sich zu vergegenwärtigen, dass überhaupt die Gefahr besteht, dass Sie Situationen falsch einschätzen. Um professionell vorgehen zu können, sollten Sie die Risiken abwägen. Auch der Zufall kann eine Rolle spielen.

Eine Möglichkeit ist die, sich damit auseinander zu setzen, mit welcher Wahrscheinlichkeit ein Ereignis eintritt. Am besten, Sie benutzen dafür verlässliche Zahlen oder Sie informieren sich darüber, was Fachleute zu dem Thema sagen. Wie hoch ist das Risiko, dass die Sache anders ausgeht, als Sie bisher angenommen haben? Skizzieren Sie einen Entscheidungsbaum (siehe S. 225).

Der Priming-Effekt: der Einfluss der ersten Informationen

Die Forschung verweist auch auf den Einfluss, den die allerersten Informationen über eine Angelegenheit auf uns haben können. Diese Fakten oder Eindrücke nehmen wir bewusst oder unbewusst zur Kenntnis. Sie bestimmen wesentlich darüber, in welche Richtung wir uns informieren und uns hernach entscheiden. Oder andersherum: welchen Bereich wir von vornherein nicht oder nicht ausreichend berücksichtigen. Stellen Sie sich ein Fernrohr vor, dessen Stativ Sie fixieren, so dass Sie nur einen bestimmten Teil des Horizontes im Blick haben.

Die neue Mitarbeiterin

Sie sind Unternehmer und suchen eine neue Mitarbeiterin. Über ihre Vorgängerin, Frau X., haben Sie sich sehr geärgert. Sie ist Ihnen nicht gut in Erinnerung geblieben. Ihre Stellenanzeige erscheint in einer Zeitung. Bewerbungen treffen ein. Sie wählen einige Kandidatinnen aus und laden sie zu einer Vorstellungsrunde ein. Ihre Sekretärin bringt Ihnen vor jedem Gespräch die Unterlagen der Person.

Während sie Ihnen die Mappe auf den Schreibtisch legt, macht sie Sie jeweils auf ein Detail aufmerksam:

- »Haben Sie gesehen? Die Frau A. hat ihre Ausbildung im selben Institut gemacht wie unsere Frau X.«, oder
- »Haben Sie gesehen? Frau B. hat ein sehr gutes Abschlusszeugnis!«

Beide Informationen lenken Sie in eine bestimmte Richtung. Bei Frau A. werden Sie an die Vorgängerin erinnert, die Sie ja nicht mögen. In Ihrem Kopf entsteht die Vorstellung »Das ist vielleicht auch so eine …« In der Folge sind Sie besonders empfänglich für alle Informationen, die Ihnen Ihre Hypothese bestätigen. Von Frau B. glauben Sie, dass sie eine besonders gute Mitarbeiterin sei. Im Gespräch mit ihr suchen Sie also nach Details, die Ihre Vermutung bekräftigen.

Wissenschaftler haben herausgefunden, dass beispielsweise das erste Wort, mit dem eine Personenbeschreibung beginnt, uns in der Beurteilung dieses Menschen maßgeblich lenkt. Ist es positiv, ist unsere Beurteilung eher positiv, ist das erste Wort negativ, ist unser Urteil eher negativ.

Die ersten Eindrücke und Gedanken werden unter Umständen rein zufällig wahrgenommen: etwa ein Statement im Fernsehen, der Kommentar eines Bekannten, ein Schätzwert, der in einer Präsentation angegeben wird. Diese Informationen bestimmen die Richtung der nachfolgenden Gedanken – also den Rahmen, innerhalb dessen Sie nach Lösungen suchen und in dem Sie dann Ihre Entscheidung treffen.

Die Gefahr

Die Gefahr besteht darin, dass Sie bei Entscheidungen zu schnell nur noch Informationen in einer bestimmten Ecke suchen. Alle Ihre Überlegungen gehen in eine Richtung. Andere wichtige Fakten und Eindrücke nehmen Sie nicht mehr wahr. Sie konzentrieren sich voreilig auf ein bestimmtes Gebiet, favorisieren zu schnell eine bestimmte Lösung, indem Sie sich auf eine Hypothese, eine Idee festlegen. Die Wahrnehmungen, auf deren Grundlage Sie Ihr Urteil abgeben, sind stark verzerrt. Bestimmte Punkte sind überrepräsentiert, während Sie anderen gar keine oder zu wenig Aufmerksamkeit widmen.

Was tun dagegen?

Der Priming-Effekt lässt sich nicht völlig vermeiden. Das liegt an der Arbeitsweise unseres Gehirns: Wir legen uns bei der Einschätzung einer Situation zu schnell auf einen zentralen Aspekt fest und verlieren andere dabei aus den Augen. Das ist nicht nur negativ! Diese Eigenschaft des Gehirns dient der Ökonomie bei der Verarbeitung von Informationen. Dadurch können Entscheidungen schneller, also leich-

ter getroffen werden. Wenn allerdings viel davon abhängt, dass Sie Handlungsoptionen differenziert bewerten und den richtigen Ansatzpunkt finden, sollten Sie bedenken, ob Sie möglicherweise gerade dem Priming-Effekt auf den Leim gehen.
Konzentrieren Sie sich nicht zu schnell auf den Aspekt, der Ihnen als Erstes ins Auge fällt. Gehen Sie systematisch vor, damit Sie nichts Wesentliches übersehen. Machen Sie sich eine Checkliste über die Punkte, auf die Sie achten wollen. Arbeiten Sie die Punkte der Reihe nach ab. Achten Sie darauf, dass Sie sie möglichst präzise und konkret beurteilen. Am besten halten Sie Ihre Einschätzung dazu schriftlich fest.

Der Ankereffekt: die Gedanken hängen

Dass erste Informationen einen großen Einfluss auf unser Urteil ausüben können, gilt auch für den Fall, dass es sich um Zahlen handelt. Forscher sprechen von Ankereffekten. Sie treten auf, wenn Sie sich nicht nach einem klaren Maßstab richten können.

Stellen Sie sich vor, dass Sie in einer bestimmen Situation eine Zahl nennen sollen. Da Sie nicht über exakte Daten verfügen, müssen Sie schätzen – zum Beispiel einen Preis, die Anzahl neuer Mitarbeiter, die Sie benötigen, eine Rechnungssumme, ein Budget oder die Stundenzahl, die Sie für ein Projekt brauchen. Sie haben keine Größe, an der Sie sich orientieren können, und gehen einfach von einem denkbaren Spielraum aus. In dieser Situation sind Sie anfällig für Ankereffekte. Sie gehen von geschätzten Zahlen aus, was zu verzerrten Bewertungen führen kann.

Die Existenzgründung

Sie planen, eine Existenz zu gründen. Natürlich wollen Sie ausrechnen, wie groß der Gewinn Ihres Unternehmens wäre, wenn der Laden später optimal läuft. Um das Maximum zu ermitteln, gehen Sie von dem Gewinn aus, den Sie unter idealen Bedingungen erreichten. Die Summe ist recht zufrieden stellend. Auch wenn Ihnen klar ist, dass Sie diesen Gewinn nur unter optimalen Voraussetzungen erzielen können, verzerrt sich in der Folge Ihre Urteilsfähigkeit in Bezug auf die Umstände, die Sie im normalen Alltag zu erwarten haben.

Die maximale Summe wirkt wie ein Anker. Sie überschätzen den Gewinn Ihrer Firma.

Mit diesem Effekt müssen Sie in vielen Situationen rechnen. Stellen Sie sich vor, Sie sollen als Laie den Verkaufswert eines gebrauchten Autos schätzen. Sie erinnern sich an die Bemerkung eines Kollegen darüber, was sein neuer BMW gekostet hat. Oder ein alter Trick: Der Verkäufer zeigt Ihnen als Erstes einen erstklassigen Anzug, der vom Preis her etwas über dem liegt, was Sie ausgeben wollten. Daraufhin korrigieren Sie innerlich Ihre Preisvorstellungen ein Stück nach oben, während Sie zu den weniger exklusiven Kleidungsstücken hinübergehen.

Die Gefahr

Es fehlt der richtige Maßstab für Preise, Schätzungen, Kalkulationen, Verhandlungen … Wenn Sie nicht wissen, woran Sie sich orientieren sollen, besteht die Gefahr, dass Sie sich an Summen und Zahlen klammern, die Sie irgendwann schon einmal gehört oder gelesen haben: Ihr Anker. Da es keinen klaren Maßstab gibt, richten Sie sich unbewusst nach einer Zahl, die in mehr oder weniger engem Zusammenhang zu Ihrer Situation steht. Sie legen eine Messlatte an, die nicht richtig passt, die Ihr Bild nach oben oder unten verzerrt. Das kann dazu führen, dass Sie überhöhte Kosten akzeptabel finden, dass Ihnen ein zu niedriger Preis angemessen erscheint.

In einem Experiment ließen sich Menschen von einer Zahl beeinflussen, die zuvor an einem Glücksrad gezogen wurde, als es darum ging, Einwohnerzahlen zu schätzen. Anker werden also sogar dann gebildet, wenn die Zahlen in einem ganz anderen Zusammenhang stehen.

Was tun dagegen?

Die Ankerbildung ähnelt den zuvor besprochenen Priming-Effekten. Ganz verhindern lässt sie sich nicht. Um die Verzerrung zu reduzieren, greifen Sie zu denselben Mitteln wie bei den Priming-Effekten (siehe S. 238).

Die Vermeidung von kognitiver Dissonanz: »Ich sehe nur das, was ich sehen will«

Das Team

Sie müssen darüber entscheiden, wie Sie in Ihrem Team die Arbeitsaufgaben neu verteilen. Sie haben auch bereits eine Vorstellung davon, wie Sie die Sache anpacken. Allerdings sind Sie sich noch nicht hundertprozentig sicher. Deshalb wollen Sie mit jemandem darüber reden, bevor Sie aktiv werden. Sie rufen einen Bekannten an und fragen ihn nach seiner Meinung. Nachdem Sie die Ausgangslage und Ihre Ansichten dargestellt haben, sagt Ihr Bekannter: »Du hast völlig Recht. An deiner Stelle würde ich genauso vorgehen.« Sie antworten: »Ja, vielen Dank! Ich dachte mir schon, dass du das auch so siehst.«

Sie hatten ja nach weiteren Informationen gesucht. Nun haben Sie sich selbst ausgetrickst. Sie haben keine neue Meinung gehört, sondern nur eine Bestätigung Ihrer eigenen erhalten. Genau das war nämlich Ihre unbewusste Absicht, als Sie Ihren Bekannten anriefen. Sie hatten vermutet, dass er Sie in Ihrer Sichtweise bestärkt.

Kognitive Dissonanz bedeutet: Sie verfolgen bewusst oder unbewusst das Ziel, sich Ihre eigenen Ansichten bestätigen zu lassen. Andere (also dissonante) Gedanken wollen Sie nicht hören. Dieser Effekt hat seine Ursache darin, dass wir versuchen, Informationen in unserem Gehirn so zu organisieren, dass es zu möglichst wenig Widersprüchen führt.

Stellen Sie sich vor, Sie wären ein Fan der Fußballmannschaft in den roten Trikots. Jemand bietet Ihnen zwei Broschüren mit Informationen über diesen Verein an: in der ersten sind nur positive Informationen über die Sportler, die Spiele und den Verein, in der zweiten Broschüre sind nicht nur wohlwollende, sondern auch kritische Beiträge. Rational betrachtet, müssten Sie zu der Broschüre mit Lob und Tadel greifen, denn sie enthält eine ausgewogene Darstellung. Es besteht jedoch eine viel höhere Wahrscheinlichkeit, dass Sie als Fan der Mannschaft die erste Broschüre kaufen.

Wissenschaftler erklären dieses Verhalten damit, dass wir verstärkt Informationen wahrnehmen, die unsere Meinung stützen. Wir suchen regelrecht danach. Was unseren Überzeugungen widerspricht, meiden wir aktiv oder ignorieren es einfach. Dieses Denkmuster verleitet uns dazu, dass wir Informationen, die uns selbst bestätigen, zu hoch bewerten, und Informationen, die unserer Einstellung widersprechen, zu gering. Der Effekt davon ist, dass wir uns einseitig informieren und uns dadurch weiter in unserem Standpunkt bestärken.

Die Gefahr

Sie liegt klar auf der Hand: Dadurch, dass Sie sich bevorzugt Quellen und Gesprächspartner suchen, die Ihre eigene Position bekräftigen, und andersherum solchen aus dem Weg gehen, die eine gegenteilige Ansicht vertreten, wird Ihr Blick auf die Angelegenheit stark verzerrt. Das kann dazu führen, dass Sie an dem einmal gewählten Standpunkt kleben bleiben, obwohl er vielleicht falsch ist. Mit Argumenten, die gegen Ihren Standpunkt sprechen, setzen Sie sich nicht gründlich genug auseinander, und Sie übersehen wichtige Alternativen. Sie umgehen die Debatte mit Menschen, die eine andere Meinung vertreten als Sie. In Gruppen werden Informationen nicht (mehr) frei ausgetauscht; notwendige Diskussionen finden nicht statt.

Was tun dagegen?

Suchen Sie gezielt nach Gegenargumenten und nach Informationen, die Ihre Sichtweise nicht bestätigen. Tauschen Sie sich mit anderen Menschen über Ihre Meinung aus. Wer käme dafür in Frage? Was spricht gegen das, was Sie momentan glauben? Eine gute Möglichkeit dazu ist, jemanden zu bestimmen, der den Advokaten des Teufels spielt (siehe S. 183). Auf diese Weise erhalten Sie ein differenzierteres Bild, das der Situation wahrscheinlich besser entspricht.
Kognitive Dissonanz ist ein Phänomen, das auch in Gruppen auftritt. Es kann das Denken der Gruppenmitglieder stark beeinflussen. Hier ist es hilfreich, abweichende Standpunkte nicht zu übergehen, sondern die Ursachen von Meinungsverschiedenheiten zu analysieren. Welche Perspektiven haben die Beteiligten, welche Interessen verfolgen sie?

Sunk Costs: sich die Sache schön reden

Das wirtschaftliche Projekt

Sie haben eine Menge Geld und Energie in ein wirtschaftliches Projekt investiert, das offenbar nicht rentabel ist. Sie sind mit der Situation unzufrieden. Es kann unmöglich so weitergehen wie bisher! Obwohl Sie bereits alles Mögliche versucht haben, dümpelt das Projekt vor sich hin. Der Profit ist minimal und steht in keinem Verhältnis zu Ihrem Aufwand. Die Frage ist: Sollen Sie das Vorhaben weiter verfolgen oder sich anderen Dingen zuwenden? Sie denken Sätze wie »Dafür muss man eben Opfer bringen«, »In ein paar Wochen oder Monaten wird sich die Lage ändern« und »Vielleicht muss ich einfach nur abwarten«.

Kennen Sie das? Wenn Sie schon viel investiert haben, fällt es Ihnen schwer, sich von der Sache zu lösen.

Dieser Effekt tritt häufig im Geschäftsleben auf – da ist er berühmt-berüchtigt. Menschen halten an Projekten fest, die viel Geld kosten, aber offensichtlich nur Miese bringen, ein irrationales Verhalten. Sie können sich einfach nicht davon trennen, um sich auf lohnendere Unternehmungen zu konzentrieren. Stattdessen versuchen sie krampfhaft, das Blatt doch noch zu wenden und die Sache durch weitere Ausgaben irgendwie zu retten. Das hat allerdings meistens zur Folge, dass sich die Verluste weiter vergrößern.

Die Gefahr

Die Gefahr besteht darin, dass die Investitionen ins Uferlose steigen. Sie klammern an alten Fehlentscheidungen fest, statt einen Schlussstrich zu ziehen, Sie geben weiter Geld, Zeit und Energie für ein Projekt, das offensichtlich keine Zukunft hat. Je größer das Manko, umso verbohrter halten manche Menschen an der Sache fest und gehen weitere Risiken ein.

Die Fehlentscheidung einzugestehen fällt umso schwerer,

- je weniger Erfahrungen Sie mit einer solchen Situation haben,
- je mehr Geld/Aufwand Sie bereits erfolglos investiert haben,
- je weniger Klarheit Sie über die Situation und Ihre Handlungsmöglichkeiten haben.

Was tun dagegen?

Viele Menschen tendieren dazu, sich bei Verlusten irrational zu verhalten und zusätzliche Risiken einzugehen. Prüfen Sie, ob Sie auch dazu neigen. Besprechen Sie sich mit anderen. Eine weitere Strategie ist, sich eine Grenze zu setzen, wie viel Geld/Zeit/Energie Sie noch verwenden wollen. Im Aktiengeschäft ist eine Quote von etwa 10 Prozent üblich. Übersteigen Ihre Ausgaben das Limit, nehmen Sie unwiderruflich Abschied von dem Projekt.
Manchmal verursachen Konflikte zwischen Wertvorstellungen solche Entscheidungsprobleme. Sie denken zum Beispiel: »Es erfordert viel Idealismus, diese Arbeit zu tun« oder »Um wirklich etwas zu erreichen, muss ich eben in meinem Privatleben Abstriche hinnehmen«. Wenn das auf Sie zutrifft: Setzen Sie sich mit diesen Glaubenssätzen auseinander. Woher kommen sie? Wollen Sie sie wirklich beibehalten – ohne sie zu hinterfragen? Solche Konflikte sind häufig bei Tätigkeiten in der Politik, im Sozialwesen, der Kunst und der Wissenschaft. Also in allen gesellschaftlichen Bereichen, die von starken Ideologien geprägt sind.

Hindsight Bias: der Rückschaufehler

Man könnte es auch so zusammenfassen: Hinterher ist man immer schlauer. Hindsight Bias bedeutet auf deutsch »Rückschaufehler«. Es geht um das Urteil, das wir über eine Sache fällen, während sie noch läuft und nachdem sie abgeschlossen ist. Im Nachhinein haben wir den Eindruck, dass wir mit unserer Einschätzung richtiger lagen, als es tatsächlich der Fall war. Wir kennen ja das Ergebnis, wissen, wie die Angelegenheit ausgegangen ist, und überschätzen aufgrund dessen unsere eigene Urteilsfähigkeit.

Eine große Rolle spielt der Effekt, wenn Beschlüsse von Prognosen oder Urteilen abhängen, die zum Zeitpunkt der Entscheidung nicht hundertprozentig sicher sind. Das ist zum Beispiel an der Börse, bei der Herstellung von Konsumgütern, in der Touristikbranche, bei der Diagnose und bei der Suche nach Fehlern der Fall, also überall dort, wo Trends berücksichtigt werden müssen und die Fähigkeit, Prognosen zu stellen, gefragt ist. Der Hindsight

Bias gaukelt uns vor, unsere früheren Bewertungen und Entscheidungen seien planvoller gewesen, als sie es tatsächlich waren. Die Gefahr vergrößert sich, wenn die früheren Urteile Treffer waren.

Das Modehaus

Ihre Aufgabe ist es, zu entscheiden, welche Kleidungsstücke ein Modehaus für die kommende Saison einkauft. Sie fahren zu verschiedenen Messen, sehen sich sich die Ware an, planen, wie Sie über Ihr Budget verfügen. Dabei kalkulieren Sie Trends ein. Sie wägen ab, ob sie tatsächlich eine bedeutende Rolle spielen oder ob die Garderobe, die sich daran orientiert, floppen wird. Sie denken an die zurückliegenden Jahre. Ihre Einschätzungen haben sich eigentlich immer als richtig erwiesen. Da Sie über den Hindsight Bias Bescheid wissen, werten Sie trotzdem den Umsatz der letzten Saison aus und vergleichen Ihre damalige Auswahl mit dem, was tatsächlich Absatz fand. Dabei merken Sie, dass Sie doch in einigen Punkten falsche Prognosen gestellt hatten. Von einer Damenkollektion hatten Sie gehofft, dass sie bei den Kunden auf weit größeres Interesse stoßen wird. Da Sie die Fehlerquelle erkannt haben, sind Sie nun beim Einkauf etwas vorsichtiger.

Die Gefahr

Wenn wir das Ergebnis einer Entscheidung kennen, erscheint es uns häufig so, als hätten wir es auch so vorhergesehen oder zumindest vorhersehen können. Besonders wenn wir ein paar Mal richtig gelegen haben, werden wir leichtsinnig. Wir überschätzen unsere Fähigkeit, Prognosen zu stellen und Entscheidungen zu treffen, und lassen außer Acht, dass auch ein ungeahntes Ereignis unsere Pläne durchkreuzen kann. Bei Glücksspielern kann dieser Effekt fatale Folgen haben. Nachdem sie mehrere Male gewonnen haben, erhöhen sie ihre Einsätze, weil sie glauben, sie wüssten, wie das Spiel ausgeht. Dadurch verlieren sie noch mehr Geld.

Was tun dagegen?

Es lässt sich nicht verhindern, dass dieser Effekt eintritt. Allerdings gibt es Möglichkeiten, ihn deutlich abzuschwächen. Rechnen Sie damit, dass Sie Ihre Urteilsfähigkeit eventuell überbewerten. Das gilt beson-

ders dann, wenn Sie mit Ihren Einschätzungen in der Vergangenheit richtig lagen. Kalkulieren Sie ein, dass Sie vermutlich unvorsichtig werden, nachdem Sie mehrere Treffer gelandet haben.
Überprüfen Sie sich selbst. Begründen Sie beispielsweise Ihre Urteile schriftlich. Das hilft Ihnen, später nachzuvollziehen, was Sie in Wirklichkeit gedacht, in welchen Punkten Sie sich geirrt haben.

Arbeitsblatt/Checkliste: Wie anfällig sind Sie für Denkfehler?

	ja	eher ja	eher nein	nein
Sind mir viele Aspekte der Entscheidung unklar?	3	2	1	0
Ist die Entscheidung unter Unsicherheit zu treffen?	3	2	1	0
Kann ich Konsequenzen und Risiken der augenblicklichen Situation nicht klar abschätzen?	3	2	1	0
Weiß ich genug, um die Situation beurteilen zu können? Sind meine Informationen aktuell?	0	1	2	3
Verlasse ich mich in hohem Umfang auf die Meinung/das Wissen anderer?	3	2	1	0
Gibt es solide Argumente?	0	1	2	3

Je mehr Punkte Sie erreichen, umso höher ist Ihre Anfälligkeit für Denkfehler.

Auf einen Blick

Haben Sie nun jeden Denkfühler gründlich studiert, der in diesem Kapitel beschrieben ist? Jetzt fragen Sie sich wahrscheinlich, ob Sie überhaupt die Chance haben, Informationen nicht verzerrt wahrzunehmen.

Was hilft gegen Denkfehler und kognitive Verzerrungen?

Die Effekte, die im neunten Kapitel geschildert werden, wurden durch zahlreiche wissenschaftliche Experimente belegt und erforscht. Einige sind so hartnäckig, dass auch Profis ihnen zum Opfer fallen. Das hängt mit der Arbeitsweise unseres Gehirns zusammen. Bestimmte Prozesse lassen sich einfach nicht abschalten. Trotzdem können Sie die Effekte minimieren und gegensteuern.

Betrachten Sie das Problem, das Ihrer Entscheidung zugrunde liegt, aus mehreren Perspektiven. Welche neuen Gesichtspunkte ergeben sich aus dem anderen Blickwinkel?

Sammeln Sie Informationen nicht nur, um sich das zu bestätigen, was Sie bereits wissen. Suchen Sie Argumente, die für und gegen Ihre Sichtweise sprechen.

Wenn Sie Freunde um Rat fragen wollen, wenden Sie sich nicht nur an die Personen, von denen Sie schon ahnen, dass sie Ihnen Ihre Ansichten bestätigen werden. Reden Sie auch mit denen, die mit großer Wahrscheinlichkeit eine andere Meinung vertreten oder sogar die Rolle des Advocatus Diaboli spielen.

Lassen Sie sich von einem Menschen beraten, der Ihre früheren Entscheidungen nicht kennt und deshalb unvoreingenommen ist.

Vergegenwärtigen Sie sich Ihre Motive. Seien Sie ehrlich zu sich selbst. Setzen Sie sich auch mit widersprüchlichen Gedanken und Empfindungen auseinander.

Vertrauen Sie auf Ihre Gefühle. Fragen Sie: Warum empfinde ich so?

Bedenken Sie, dass gerade bei Entscheidungen unter Ungewissheit auch der Zufall eine Rolle spielen kann.

Durchdenken Sie Einflüsse und Konsequenzen systematisch. Nutzen Sie beispielsweise den Entscheidungsbaum (siehe S. 225).

Zum Schluss

Entscheidungen sind zu unterschiedlich, als dass wir sie nach einem Patentrezept treffen sollten. Unser Leben lang entscheiden wir uns für oder gegen etwas, Tag für Tag. Dazu sind verschiedene Wege und Methoden erforderlich. Welche sich gerade eignen, müssen Sie situationsgerecht auswählen. Sie haben gelernt, Ihre Ausgangslage zu analysieren, Ziele zu definieren, kreativ Ideen zu entwickeln, Handlungsmöglichkeiten zu bewerten und mit den Konsequenzen umzugehen. Sie wissen auch, dass kluge Entscheidungen nicht allein Angelegenheit des Verstandes sind. Auch das Bauchgefühl muss stimmen.

Entscheidungen sind keine Rechenaufgabe. Wie wir gesehen haben, arbeitet unser Gehirn nicht rein rational, sondern unsere Empfindungen spielen eine Hauptrolle. Sicher, wenn Sie die Reiseroute an den Atlantik auswählen oder überlegen, wie die Produktionskosten am niedrigsten bleiben, sind ein Tourenplaner und ein Taschenrechner gute Hilfsmittel, um die optimale Variante herauszufinden. Aber oft ist es anders.

Wie können wir zum Beispiel ein glückliches Leben führen, es zumindest so verändern, dass wir damit zufriedener sind? Das können wir nicht einfach ausrechnen. Dazu müssen wir uns mit Zielen und Möglichkeiten auseinander setzen. Dabei vertrauen wir natürlich auch auf unsere Emotionen. Das bedeutet, Sie müssen auf ein »gutes Gefühl« beim Entscheiden achten. »Gutes Gefühl« steht deshalb in Anführungszeichen, weil damit nicht gemeint ist, dass gleich alles gut ist. Mit guten Entscheidungen fühlt sich nicht automatisch alles harmonisch an. Gute Entscheidungen können Sie sehr herausfordern und aufgeregt oder ängstlich machen, aber sie geben einem das Gefühl in die richtige Richtung zu gehen. Die Methoden, die in diesem Buch beschrieben sind, können Sie dabei unterstützen, aber die Aufgabe, herauszufinden, welche Ziele Sie für erstrebenswert halten, nimmt Ihnen niemand ab. An diesem Punkt sind Entscheidungen häufig nicht mehr objektiv nachzuvollziehen. Es liegt in Ihrer Persönlichkeit, in Ihren Vorlieben und Wünschen begründet, welchen Weg Sie einschlagen. Stehen Sie dazu!

In Managerzeitschriften finden sich immer wieder Statements von Führungskräften, die den Faktor Schnelligkeit bei Entschlüssen betonen. Was ist da eigentlich dran? Eine ganze Menge – wenn man darunter nicht versteht, Entscheidungen übers Knie zu brechen.

Menschen fassen Beschlüsse in ihrer eigenen Geschwindigkeit. Manche brauchen wenig Zeit, andere etwas länger. Nehmen Sie sich so viel Zeit, wie Sie benötigen, aber verschleppen Sie die Angelegenheit nicht.

In den meisten Fällen ist es deshalb nicht sinnvoll, über eine Entscheidung lange zu grübeln. Arbeiten Sie aktiv darauf hin, statt den Entschluss vor sich her zu schieben und die Sache in Gedanken immer wieder von der einen auf die andere Seite zu drehen und zu wenden. Eine Fehlentscheidung lässt sich meistens berichtigen. Falls nicht, haben Sie zumindest etwas gelernt. Eine verschleppte Entscheidung lässt sich hingegen häufig nicht mehr korrigieren. Verpasste Gelegenheiten bieten sich meist kein zweites Mal. Probieren Sie aus, experimentieren Sie! Gehen Sie die Dinge an. Das ist viel besser, als immer dieselben Gedanken zu wälzen.

Sie können dabei auf alle Hilfsmittel zurückgreifen, die in diesem Buch beschrieben sind. Wie Sie ihre Entscheidung treffen, das ist letztlich eine Frage des Stils. Mit Stil ist gemeint: Wie schnell beschließe ich etwas, wie spontan reagiere ich, wie gründlich wäge ich ab, wie hoch ist mein Anspruch? Wie gut bereite ich mich vor? Bin ich Perfektionist? Oder lasse ich Raum für Unvorhersehbares – und: habe ich Spaß an der Sache?

Schließlich geht es darum, wie wir in unserem Leben Ziele verfolgen. Ihre Art zu entscheiden zeigt, welche Einstellung Sie zum Leben haben. Die Pro- und-Kontra-Liste etwa brauchen Sie sicher nicht für jedes Problem. Oder vielleicht doch?

In manchen Fällen finden Sie es angebracht, Ihre Entscheidungen gründlich vorzubereiten. Ein anderes Mal ist vielleicht ein ad hoc gefasster Beschluss angemessen, der alles andere als perfekt ist. Pflegen Sie Ihren Stil. Was eine gute Entscheidung war, können letztlich nur Sie selbst sagen. Keine andere Instanz kann Ihnen objektiv bescheinigen, ob es richtig oder falsch war. Es ist ein bisschen wie beim Fotografieren: Bei einem Schnappschuss stimmen zwar Farben und Helligkeit nicht immer hundertprozentig, dafür wirkt ein spontanes Bild mit einer Polaroid-Kamera oder einem Handy manchmal lebendiger als eine Aufnahme, die sorgfältig arrangiert und belichtet ist.

Frankfurt, April 2006
Jochen Albert

Literaturverzeichnis

Dietrich Dörner (2001) »Die Logik des Misslingens. Strategisches Denken in komplexen Situationen«, Rowohlt Verlag GmbH, Hamburg

Edward DeBono (1992) »Laterales Denken«, Econ Verlag, München

Edward DeBono (2005) »Der kluge Kopf«, Moderne Verlagsgesellschaft

Frederic Vester (2002) »Die Kunst, vernetzt zu denken« DTV Verlag GmbH & Co KG, München

Friedemann Schulz v. Thun (1998) »Miteinander reden. Band 3. Das innere Team und situationsgerechte Kommunikation«, Rowohlt Verlag GmbH, Hamburg

Güntet Ogger (1995) »Nieten in Nadelstreifen. Deutschlands Manager im Zwielicht«, Knaur Verlag, München

Hartlich H. Stavemann (2001) »Im Gefühlsdschungel«, Beltz Verlag, Weinheim

Helmut Jungermann u. a. (1998) »Die Psychologie der Entscheidung«, Spektrum Verlag, Heidelberg

John S. Hammond, Ralph L. Keeney, Howard Raiffa (2001) »Schnell und sicher entscheiden. Die neue Methode der Harvard Business School«, Metropolitan Verlag, Düsseldorf, Berlin

Maja Storch (2003) »Das Geheimnis kluger Entscheidungen«, Pendo Verlag GmbH, Zürich

Marco von Münchhausen (2004) »So zähmen Sie Ihren inneren Schweinehund«, Piper Verlag, München

Matthias Horx (2003) »Future Fitness«, Eichborn Verlag, Frankfurt

Matthias Nöllke (2001) »Entscheidungen treffen. Schnell, sicher, richtig«, STS Verlag, Planegg

Michael Liebig (1993) »Entscheiden. Die kreativen Werkzeuge der Chancendenker«, Gabler Verlag GmbH, Wiesbaden

Stuart Crainer (2004) »Die 75 besten Managemententscheidungen aller Zeiten«, Redline, Frankfurt

Thomas Wieke (2002) »Kreativität im Job. Wie Sie Ideen entwickeln und Denkblockaden lösen«, Eichborn Verlag, Frankfurt

Tony Buzan, Bary Buzan (2002) »Das Mind-Map-Buch«, Moderne Verlagsgesellschaft

Wolfgang Hell, Klaus Fiedler, Gerd Gigerenzer (Hrsg.) (1993) »Kognitive Täuschungen. Fehl-Leistungen und Mechanismen des Urteilens, Denkens und Erinnerns«, Spektrum Verlag, Heidelberg

Besser entscheiden

Gebrauchsanweisung für Unentschlossene